陳希夷先生著

河洛理數

文奎堂藏板

是集闡河洛之源發先後天之∴生尅制化玄妙無窮一入彀中難逃品鑑誠秘典也第因行世多年其板以致模糊今本、重鐫修補校正字跡無訛。俾後學真相傳之不朽也幸勿忽略識者鑒之

（清）文奎堂珍藏善本

河洛理数

（宋）陈　抟◇撰　（宋）邵　雍◇述
柯　誉◇整理

九州出版社
JIUZHOUPRESS

图书在版编目(CIP)数据

河洛理数 / (宋) 陈抟撰；邵雍述；柯誉整理. —
北京：九州出版社，2010.4(2021.1 重印)
ISBN 978-7-5108-0435-9

Ⅰ. ①河… Ⅱ. ①陈… ②邵… ③柯… Ⅲ. ①周易—
研究 Ⅳ. ①B221.5

中国版本图书馆 CIP 数据核字(2010)第 054521 号

河洛理数

作　　者	(宋)陈抟 撰　(宋)邵雍 述　柯誉 整理
出版发行	九州出版社
地　　址	北京市西城区阜外大街甲 35 号(100037)
发行电话	(010)68992190/3/5/6
网　　址	www.jiuzhoupress.com
电子信箱	jiuzhou@jiuzhoupress.com
印　　刷	河北华商印刷有限公司
开　　本	710 毫米×1000 毫米　16 开
印　　张	22.25
字　　数	388 千字
版　　次	2010 年 6 月第 1 版
印　　次	2021 年 1 月第 6 次印刷
书　　号	ISBN 978-7-5108-0435-9
定　　价	38.00 元

出版说明

河图上黑、白点排列数阵，蕴藏无穷奥秘，洛书上纵、横、斜三数皆十五，阴阳相错万般变化。河图和洛书是华夏文明之源、阴阳五行术数之根，各类纷繁复杂的中国古代术数莫不以河图洛书为理论基础。《易传》之中，诸子之著多有记述。太极、八卦、周易、六甲、九星、风水等皆可追源至此。

“河出图，洛出书，圣人则之。”上古羲皇依《河图》始画八卦，禹王依《洛书》制《洪范》治水成功，遂划天下为九州，定九章大法传千载。周文王囚羑里演八卦，《周易》流传至今。《河洛理数》是历代易学图书派的经典著作，在中国易学史上有着特殊的地位。它不仅是预测学专著，更是揭示《易经》千古之谜的伟大哲学著作。

《河洛理数》一书，相传是和宋太祖赵匡胤博弈赢下华山的陈抟老祖所著，是一种用八卦推算人事的预测法。此法以《易经》与河图、洛书合而为一，配合人的生年、月、日、时，以测人事，自成一家。“人托阴阳所生，岂有逃其数者；予虽学出世法，能免形累乎？”

该书初不外传，也未立文字。宋代易学家朱震在其所著《汉上易传》载：“陈抟以先天图传种放，放传穆修，修传李之才，之才传邵雍。”邵康节穷究其理，深究其数，使之发扬光大，流传后人。也正是此书成就了邵康节，使之成为理学大家、风水大师、占卜之祖。

此次整理出版，以明崇祯年间史应选重刻、清文奎堂复刻七卷版为蓝本（又称故宫秘本），悉心订正。在整理、校核过程中我们遵循了以下原则：

1、编排。竖排繁体改简体横排，以适当今读者。为保原书之原貌，在整理中除个别错字予以更正，未敢妄加一言。

2、汉字简化。以国家文字工作委员会发布的《文字使用规范条例》、《简化字总表》为基准，以《辞海》、《汉语大字典》为依据，未尽之处，仍依古籍整理通例处理。

3、古版混刻字。如：戌戍戊戎、己已巳、人八入、日曰等，一律改为规范字。

4、通假字。除含义相当确定而改正外，一般保留繁体时的原貌。

5、错别字。以原版本为主，杂以其他版本互对，对存在的错别字进行了详尽的核校和审慎的修改，尽可能更正诸版本中的疏忽之处。

6、标点符号。在参考古今研究成果的基础上，对于明显不符合当今标点使用规范和使用习惯以及疏漏的地方，均予以进一步的修正。

柯　誉

2009年9月于北京

河洛理數序

易逆數也數盡之矣註易家紛紛此謂數此謂理此謂理先於數此謂理數合一何舛乎夫嘗期之數凡天理之數嘗萬物之數不聞又有期之理天地之理萬物之理反對也天一地二天三地四天五地六天七地八天九地十如是而已矣不聞又有自天一至地十之理爲成變化行鬼神之樞紐也數起天地天地之數起參兩參兩之八極起易易者何卽元堂元氣云故圖書中五五卽數也建用皇極建之者人耳然則數何爲而逆理何爲而順極數知來不逆惡乎

順也不數惡乎理也今天下非無理之患而無數之
患何也天尊地卑內徙外順理如故也數非其數矣
奉無數之理則不尊陽畏其有理陰欺其無數亂是
用長理者數而已矣奚遁焉
史大夫念翁爲刻希夷書也堯夫註希夷二程心折
矣程言理邵言數得無分道角乎惜未有以數合併
之者雖然相見在午正難求在子中惟反復道乎道
有變動故曰爻列貴賤齊小大變易之妙推移即大
數乾元之爲上中下元也陽爻陰爻之定於有生也
諸卦之隨時更換也可定理執耶歲月日時爻各稟

承可私智穀亂耶所貴乎先天者爲其超然屈伸之外惟變所適也此天地之數異於讖緯之數也是故得中數當爻位應時合節吉莫大焉數與時偕行不以意益損而有援得勢必因之矣黃龍晦堂曰人托陰陽以生豈有逃其數者予雖學出世法能免形累乎富鄭公書本身卦戒子弟曰予今年爻象不吉汝等切勿生事夫世外之人弃世法同其謹畏士大夫之身弃士大夫子弟同其修省庶幾无咎哉范文正公得大有之九二以天下爲已任溫公曰圖南此數大有益於吾輩可謂存心養性之書知言哉念翁淸

貞持已教訓正俗思弄吳民共臻寡過而約以儉以柔以叅三言三者數而已矣易以定吉凶而大書以衍忒而信乾坤以易簡而貞一皇極以 好德而錫福生天下生萬世生我吳中父老子弟不出此書以卜筮小吾易者誰敢哉

皇明崇禎壬申季春朔日

通家治生陳仁錫書于介石居

河洛理數凡例

一刻內用直竪丨者乃數中一定之名目

一刻內用連圈〇〇者乃數中綱領之所存

一刻內用連點、、者乃數中切要之所在

一刻內用止畫乚者恐上下有混淆之所辨

一刻內用頂批者恐初學不加詳審視若泛閒故爲一題醒耳

一刻內或用空竪▯或用方圈□皆醒發眼目之處學者自宜詳審

凡　例

刻内用直竖"丨"者，乃数中一定之名目。

刻内用连圈"○○"者，乃数中纲领之所存。

刻内用连点"、、"者，乃数中切要之所在。

刻内用止画"乚"者，恐上下有混淆之所辨。

刻内用顶批者，恐初学不加详审，视若泛闲，故为一题醒耳。

刻内或用空竖"▯"，或用方圈"□"，皆醒发眼目之处，学者自宜详审。

注：凡例中所说标记，原书中均未发现，为保原书完整，亦加标点排入。

目　录

河洛理数卷之一

河洛理数卷之二上

上经三十卦详解

河洛理数卷之二下

下经三十四卦详解

河洛理数卷之三

六十四卦诗诀

河洛理数卷之四

流年卦

河洛理数卷之五

月　卦

河洛理数卷之六

河洛理数卷之七

序

易,逆数也,数尽之矣。注《易》家纷纷:此谓数,此谓理;此谓理先于数,此谓理数合一。何舛乎!夫当期之数,凡天理之数当万物之数,不闻又有期之理、天地之理、万物之理反对也。天一地二,天三地四,天五地六,天七地八,天九地十,如是而已矣,不闻又有自天一至地十之理,为成变化行鬼神之枢纽也。数起天地,天地之数起参两,参两之人极起易。易者何?即元堂元气云。故图、书中五,五即数也。建用皇极,建之者人耳。然则数何为而逆,理何为而顺?极数知来,不逆恶乎顺也,不数恶乎理也。今天下非无理之患,而无数之患何也?天尊地卑,内健外顺,理如故也,数非其数矣。奉无数之理则不尊,阳畏其有理,阴欺其无数,乱是用长理者,数而已矣,奚遁焉?

史大夫念翁为刻希夷书也,尧夫注希夷,二程心折矣。程言理,邵言数,得无分道角乎?惜未有以数合并之者,虽然相见在午正,难求在子中,惟反复道乎!道有变动,故曰爻列贵贱齐小大,变易之妙推移即大数。乾元之为上、中、下元也,阳爻阴爻之定于有生也,诸卦之随时更换也,可定理执耶?岁月日时,爻各禀承,可私智淆乱耶?所贵乎先天者为其超然于屈伸之外,惟变所适也。此天地之数,异于谶纬之数也。是故,得中数、当爻位、应时合节,吉莫大焉。数与时偕行,不以意益损,而有援得势必因之矣。黄龙晦堂曰:“人托阴阳以生,岂有逃其数者?予虽学出世法,能免形累乎?”富郑公书本身卦,戒子弟曰:“予今年爻象不吉,汝等切勿生事。”夫世外之人与世法同其谨畏,士大夫之身与士大夫子弟同其修省,庶几无咎哉!范文正公得大有之九二,以天下为己任。温公曰:“图南此数,大有益于吾辈,可谓存心养性之书。”知言哉!念翁清贞持己,教训正俗,思与吴民共臻寡过,而约以俭、以柔、以养三言,三者数而已矣。《易》以定吉凶而大,书以衍忒而信,乾、坤以易简而贞一,皇极以好德而锡福。生天下,生万世,生我吴中父老子弟。不出此书,以卜筮小吾《易》者,谁敢哉!

皇明崇祯壬申季春朔日

通家治生陈仁锡书于介石居

河洛理数卷之一

序大易源流

八卦之书，始于伏羲，有画无文，先天之《易》也。

六十四卦，重于文王，卦下有辞，后天之《易》也。

爻象无文，则《易》道不显，故系之者周公也。

《系辞》十传，乃吾夫子所著，兼先后二天而总括之，至是谓中天之《易》也。乃若《乾坤·文言》，则穆姜常称之，而夫子引之以为二卦之发挥者也。

周易卦爻彖象辨

《易》始羲皇，独名《周易》，何也？盖以《易》更四圣，至周而始大备，故名曰《周易》。

《易》者，阴阳之变，从"日、月"字会意成名耳。

《易》有二义：交易者，阴阳之对待；变易者，阴阳之流行。

卦者，挂也，如悬挂物象以示人也。

卦必六画，法天地之气各六也。

画必始于下，犹阴阳之气从下而生也。

爻谓彼此相交而后成。又，爻者，效天下之动者也。

文王卦下之辞，谓之曰《彖》。何也？盖彖茅犀猛兽之名，豨神是也。犀形独角，知几知祥，其牙最坚，能啮物，故取以为决断卦义之名。

周公系辞，谓之大象、小象者何也？盖象大荒之兽也，象备百兽肉有分数，如爻备百物之理也。象有十二种肉，配十二辰，如爻配十二月也。象胆不附肝，随四时之月，变动不一，如爻趋时而至变也。

以上皆为初学未读《易》者设也，若经生学士家则讵庸喙？

河图运行次序

《河图》之序，自北而东，左旋而相生。然对待之位，则北方一六水，克南方巳午火；西方四九金，克东方三八木，而相克者寓乎相生之中。盖造化之理，生而不克，则生者无从而裁制，其《河图》生克之妙有如此乎！

河　图

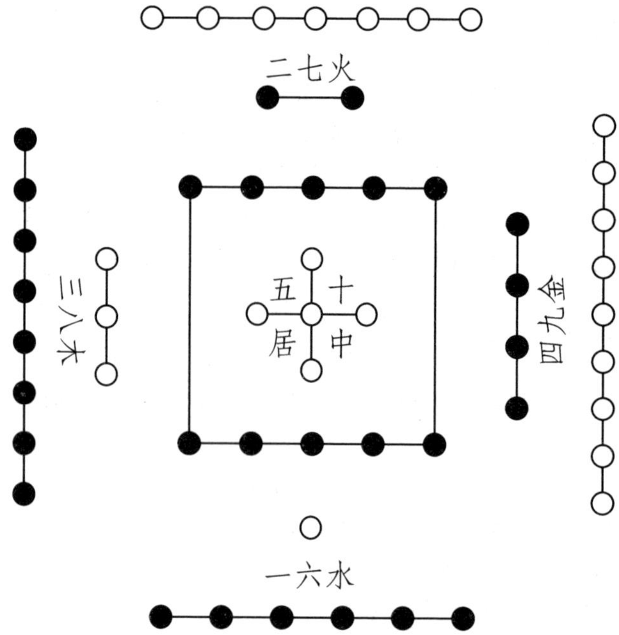

天一生水，地六成之；地二生火，天七成之；天三生木，地八成之；地四生金，天九成之；天五生土，地十成之。

说河图篇　龙马负图之初，有点一白六黑在背近尾，七白二黑在背近头，三白八黑在背之左，九白四黑在背之右，五白十黑在背之中。羲皇与大挠氏定以一六在下，合于北而生水，亥子属焉；二七在上，合于南而生火，巳午属焉；三八在左，合于东而生木，寅卯属焉；四九在右，合于西而生金，申酉属焉；五十在中为土，而辰、戌、丑、未属焉。此八字地支之数所由始也，续自图南，先生慨《易》道之不明，乃以人生年、月、日、时支干配同《洛书》取数，而后知天地所赋之厚薄，大《易》之道灿然复明，诚可谓有功于先圣者。后之学者，苟视为玩具，几何而不流于自暴自弃也哉？

洛书运行次序　《洛书》之序，自北而西，右转而相克。然对待之位，则东南四九金，生西北一六水；东北三八木，生西南二七火，而相生者已寓乎相克之中。盖造化之理，克而不生，则所克者有时而间断，其《洛书》克生之妙有如此乎！

洛书

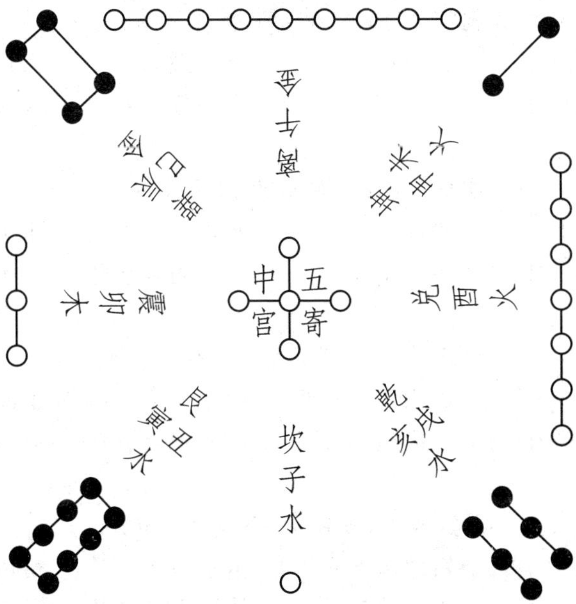

戴九履一，左三右七，二四为肩，六八为足，五十居中。

说洛书篇 夫河龟负书者非龟也，乃大龟也。其背所有之文，有一长画二短画。一点白近尾，九点紫近头，二黑点在背之右，四碧点在背之左，六白点在近足之右，八白点在近足之左，三绿点在胁之左，七赤点在胁之右，五黄点在背之中，凡九而七色焉。于是则九位以定方，因二画而生爻，以一白近尾为坎，二黑在右肩属坤，左三绿属震，四碧在左肩属巽，六白近右足属乾，七赤在右属兑，八白近左足属艮，九紫近头属离，五数居中，以维八方，八卦由是生焉，此神龟出洛之表象也。

八卦取象

乾三连☰，坤六断☷，
震仰盂☳，艮覆碗☶，
离中虚☲，坎中满☵，
兑上缺☱，巽下断☴。

注：初学画卦，必观此象，庶几易晓。

八宫所属

乾宫属金，与坤地相对，无水雷泽。

乾为天四月	天风姤五月	天山遁六月	天地否七月
风地观八月	山地剥九月	火地晋二月	火天大有正月

坎宫属水，与离火相对，无天山风。

坎为水十月	水泽节七月	水雷屯六月	水火既济正月
泽火革二月	雷火丰九月	地火明夷八月	地水师七月

艮宫属土，与兑泽相对，无水雷地。

艮为山四月	山火贲十一月	山天大畜十二月	山泽损七月
火泽睽二月	天泽履三月	风泽中孚八月	风山渐正月

震宫属木，与巽风相对，无天山火。

震为雷十一月	雷地豫五月	雷水解十二月	雷风恒正月
地风升八月	水风井三月	泽风大过二月	泽雷随七月

巽宫属木，与震雷相对，无地水泽。

巽为风四月	风天小畜十一月	风火家人六月	风雷益七月
天雷无妄二月	火雷噬嗑九月	山雷颐八月	山风蛊正月

离宫属火，与坎水相对，无雷地泽。

离为火四月	火山旅五月	火风鼎十二月	火水未济七月
山水蒙八月	风水涣三月	天水讼二月	天火同人正月

坤宫属土，与乾天相对，无山风火。

坤为地十月	地雷复十一月	地泽临十二月	地天泰正月
雷天大壮二月	泽天夬三月	水天需八月	水地比七月

兑宫属金，与艮山相对，无天风火。

兑为泽十月	泽水困五月	泽地萃六月	泽山咸正月
水山蹇八月	地山谦九月	雷山小过二月	雷泽归妹七月

六十四卦次序歌

上经三十卦

乾坤屯蒙需讼师，比小畜兮履泰否。
同人大有谦豫随，蛊临观兮噬嗑贲。
剥复无妄大畜颐，大过坎离三十备。

下经三十四卦

咸恒遁兮及大壮，晋与明夷家人睽。
蹇解损益夬姤萃，升困井革鼎震继。
艮渐归妹丰旅巽，兑涣节兮中孚至。
小过既济兼未济，是为下经三十四。

广八卦之象 乾为天，为圆，为君，为父，为玉，为金，为寒，为冰，为大赤，为良马，为老马，为瘠马，为驳马，为木果。

坤为地，为母，为布，为釜，为吝啬，为均，为子母牛，为大舆，为文，为众，为柄，其于地也为黑。

震为雷，为龙，为玄黄，为旉，为大途，为长子，为决躁，为苍筤竹，为萑苇；其于马也，为善鸣，为异足，为作足，为的颡；其于稼也，为反生；其究为健，为蕃鲜。

巽为木，为风，为长女，为绳直，为工，为白，为长，为高，为进退，为不果，为臭；其于人也，为寡发，为广颡，为多白眼。为近利市三倍。其究为躁卦。

坎为水，为沟渎，为隐伏，为矫輮，为弓轮；其于人也，为加忧，为心病，为耳痛，为血卦，为赤；其于马也，为美脊，为亟心，为下首，为薄蹄，为曳；其于舆也，为多眚，为通，为月，为盗；其于木也，为坚多心。

离为火，为日，为电，为中女，为甲胄，为戈兵；其于人也，为大腹；为乾卦，为鳖，为蟹，为蠃，为蚌，为龟；其于木也，为科上槁。

艮为山，为径，为路，为小石，为门阙，为果蓏，为阍寺，为指，为狗，为鼠，为黔喙之属；其于木也，为坚多节。

兑为泽，为少女，为巫，为口舌，为毁折，为附决；其于地也，为刚卤。为妾，为羊。

总取八卦象　　八卦万物属类，并为上卦；所属之方，为下卦。乾西北方，坎北方。余当类推，皆可起卦。

八字天干配卦例

壬甲从乾数，乾之数六，壬甲属乾，故亦下六数。
乙癸向坤求。坤之数二，乙癸属坤，故亦下二数。
庚来震上立，震之数三，庚属震，故亦下三数。
辛在巽方游。巽之数四，辛属巽，故亦下四数。
丙于艮门立，艮之数八，丙属艮，故亦下八数。
己以离为头。离之数九，己属离，故亦下九数。
戊须坎处出，坎之数一，戊属坎，故亦下一数。
丁向兑家流。兑之数七，丁属兑，故亦下七数。

天干取数定局　戊一乙癸二，庚三辛四同。
壬甲从六数，丁七丙八宫。
己九无差别，五数寄于中。

地支取数定局　亥子一六水，寅卯三八真。
巳午二七火，申酉四九金。
辰戌丑未土，五十总生成。

八字天干地支数例

男　命　甲六子一六　丁七巳二七　丁七卯三八　丙八午二七
庚三申四九　壬六寅三八　庚三辰五十　辛四丑五十

女　命　庚三午二七　癸二卯三八　戊一戌五十　壬六戌五十
己九酉四九　甲六申四九　乙二亥一六　辛四未五十

注：此四命格为初学入门之法也，各有八字。不论男女，就此八字之中查，单数者共算多少，则为天数；双数者共算多少，则为地数，照后所开定之。

八字内天数地数例　天数二十五，地数三十，乃《河图》正数也。今演八字，例以天干布前《洛书》“戊一乙癸二”之数，地支布前《河图》“亥子一六水”之数，然后将干支所得之数，单者聚为天数，双者聚为地数。看天数所得多少，除天数二十五之外，以所余之数为卦。徜止有二十五，则除二十不用，止用五；徜不满二十五数，则除十不用，只用零数为卦。看地数所得多少，除地数三十之外，以所余之数为卦。徜只有三十，则遇十不用，只作三数起卦；徜不满三十，则遇十不用，只用零数起卦。此起数定例也。

依洛书取卦例　一数坎兮二数坤，三震四巽数中分。

五寄中宫六乾是，七兑八艮九离门。

假如前甲子、丁卯、庚申、庚辰，天数得三十一，除二十五还天数外，余六数属乾，是天之数得乾也；地数得三十四，除三十还地数外，余四数，四数为巽，是地之数得巽也。

假如前丁巳、丙午、壬寅、辛丑，天数二十九，除二十五还天数外，余四数属巽，是天之数得巽也；地数四十，除三十还地数外，余十数，遇十不用，只用一数，一属坎，是地之数得坎也。

假如前庚午、戊戌、己酉、乙亥，天数三十五，除二十五还天数外，余十数，遇十不用，只用一数，一属坎，是天之数得坎也；地数二十四，不满三十，除二十不用，只用四数，四属巽，是地之数得巽也。

假如前癸卯、壬戌、甲申、辛未，天数二十二，不满二十五数，亦除二十不用，只用二数，二属坤，是天之数得坤也；地数五十，除三十还地数外，余二十，遇十不用，只用二数，二属坤，是地之数得坤也。余仿此。

八卦相荡成卦例　阳命男，阴命女，天数在上，地数在下；阴命男，阳命女，天数在下，地数在上。以天地二数，相荡而成一卦也。如前天数余六数是乾，地数余四数是巽。若是甲子生，阳命男，天数在上，地数在下，演得天风姤卦是也。

注：以天数、地数二卦共成一卦，谓之曰荡。

阳命男荡卦例

<table>
<tr><td colspan="2">甲子</td><td colspan="2">丁卯</td><td colspan="2">庚申</td><td colspan="2">甲辰</td></tr>
<tr><td colspan="3">天数乾☰阳命
男当在上</td><td colspan="2">荡得天风姤卦
䷫</td><td colspan="3">地数巽☴阳命
男当在下</td></tr>
</table>

阴命男荡卦例

丁巳	丙午	壬寅	辛丑
天数巽☴阴命男当在下	荡得水风井卦䷯	地数坎☵阴命男当在上	

阳命女荡卦例

庚午	戊戌	己酉	乙亥
天数坎☵阳命女当在下	荡得风水涣卦䷺	地数巽☴阳命女当在上	

阴命女荡卦例

癸卯	壬戌	甲申	辛未
天数坤☷阴命女当在上	荡得纯坤卦䷁	地数坤☷阴命女当在下	

五数寄宫例　凡天地二数，所余之数得五数者，则寄中宫。盖五与十数，八方无位，属在中宫故也。

寄宫诗

上元男艮女为坤。上元生人，不论阴阳，男得五数为艮卦，女得五数为坤卦。

女兑男离属下元。下元生人，不论阴阳，男得五为离卦，女得五为兑卦。

中元阴女阳男艮。中元生人，阳男得五为艮，阴女得五为艮。

阳女阴男亦寄坤。中元生人，阴命男得五寄坤，阳命女得五寄坤。

注：诗内所谓阴阳男女者，盖以甲、丙、戊、庚、壬生人为阳，乙、丁、己、辛、癸生人为阴。

详上元中元下元例　如弘治甲子至嘉靖四十二年是上元，自嘉靖四十三年甲子至天启三年癸亥是中元，自天启四年甲子起为下元，以后再遇甲子又是上元。康熙甲子属上元。乾隆甲子属中元。

遇十不用例　凡遇十则为弃数，不用。盖遇十则用一也，二十则用二，三十则用三。假如天数三十五，则除去二十五，还天数后，余十数不用，只用一也。如地数三十则只用三，地数四十则除三十，还地数后，余十数，只用一也。若地数六十，则除三十，还地数后，余三十不用，亦只用三也。盖大《易》之数，初无所谓五与十，故只用一二三四六七八九，而不用五与十也。

详元堂爻位式　凡人命所得之卦，元堂所系最重，得其气之吉者，为富贵，为贤良，为高寿；得其气之凶者，为贫贱，为下愚，为夭折。元堂一定，毫厘不爽者也。其取爻之法，专以人之生时为主。凡一日有十二时，上六时属阳，子、丑、寅、卯、辰、巳是也；下六时属阴，午、未、申、酉、戌、亥是也。阳时生人，则取本卦阳爻，从子时数起；阴时生人，则取本卦阴爻，从午时数起。但卦有纯阴纯阳，一阴一阳，二阴二阳，三阴三阳，四阴四阳，五阴五阳，难乎一概，故又有阴阳之别也，其例详具于后。

起元堂诗曰　阴阳一二重而寄，三位虽重没寄宫。
四五无重应有寄，纯爻男女不相同。

注：如一二阴阳则重，则而寄。如三位则可重，因阴阳各半不同，阴寄阳，阳寄阴也。如四五则当就本阴阳位算过，再寄他宫。

阴阳六爻元堂式

一阳爻元堂卦式

师　卦

凡一阳爻之卦，推子丑二时同在阳爻一位，至寅时乃寄阴爻。假如人是丑时生，得地水师卦，乃一阳卦也。则子丑二时，同在二爻为元堂；寅时生，在初爻为元堂；卯时生，在三爻为元堂；辰时生，在四爻为元堂；巳时生，在五爻为元堂也。

注：师卦本五阴爻，今独谓之一阳何也？盖人生于阳时故也。若阴时生人，则谓之五阴卦矣。

一阴爻元堂卦式

小畜卦

凡一阴爻之卦，推午未二时同在阴爻一位，至申时乃寄阳爻。假如人是阴时生，得风天小畜卦，乃一阴卦也。则午未二时，同在四爻为元堂；申时生，则以初爻为元堂；酉时生，则以二爻为元堂；戌时生，则以三爻为元堂；亥时生，则以五爻为元堂也。

二阳爻元堂卦式

萃　卦

凡二阳爻之卦，必于阳爻重数，两次往复，方寄阴爻。假如人是阳时生，得泽地萃卦，乃二阳卦也。则子时，在四爻为元堂；丑时生，则以五爻为元堂；寅时生，复以四爻为元堂；卯时生，又以五爻为元堂；辰时生，则以初爻为元堂；巳时生，则以二爻为元堂也。

二阴爻元堂卦式

无妄卦

凡二阴爻之卦，必于阴爻重数两次往复，方寄阳爻。假如人是阴时生，得天雷无妄卦，乃二阴爻也。则午时，在二爻为元堂；未时生，则以三爻为元堂；申时生，则复以二爻为元堂；酉时生，又以三爻为元堂；戌时生，则以初爻为元堂；亥时生，则以四爻为元堂也。

三阳爻元堂卦式

旅　卦

凡三阳爻之卦，只于阳爻往来，不寄阴爻。假如阳时生人，得火山旅卦，乃三阳卦也。子时，则元堂在三爻；丑时，则元堂在四爻；寅时，则元堂在上爻；卯时，则元堂复在二爻；辰时，则元堂复在四爻；巳时，则元堂复在上九之爻也。

三阴爻元堂卦式

节　卦

凡三阴之卦，只于阴爻往来，不寄阳爻。假如阴时生人，得水泽节卦，乃三阴卦也。午时生，则元堂在三爻；未时生，则元堂在四爻；申时生，则元堂在上爻；酉时生，则元堂复在三爻；戌时生，则元堂复在四爻；亥时生，则元堂复在上爻也。

四阳爻元堂卦式

巽　卦

凡四阳之卦，先于阳爻行完，然后寄阴爻。假如阳时生人，得纯巽卦，乃四阳卦也。子时生，元堂在二爻；丑时生，元堂在三爻；寅时生，元堂在五爻；卯时生，元堂在上爻；辰时生，元堂在初爻；巳时生，元堂在四爻也。

四阴爻元堂卦式

震　卦

凡四阴爻之卦，先于阴爻行完，然后寄阳爻。假如阴时生人，得纯震卦，乃四阴卦也。午时生，元堂在二爻；未时生，元堂在三爻；申时生，元堂在五爻；酉时生，元堂在上爻；戌时生，元堂在初爻；亥时生，元堂在四爻也。

五阳爻元堂卦式

同人卦

凡五阳之卦，必先行完阳爻，而后寄阴爻。假如阳时生人，得天火同人卦，乃五阳卦也。子时生，元堂在初爻；丑时生，元堂在三爻；寅时生，元堂在四爻；卯时生，元堂在五爻；辰时生，元堂在上爻；巳时生，元堂在二爻也。

五阴爻元堂卦式

豫　卦

凡五阴之卦，必先行完阴爻，而后寄阳爻。假如阴时生人，得雷地豫卦，乃五阴卦也。午时生，元堂在初爻；未时生，元堂在二爻；申时生，元堂在三爻；酉时生，元堂在五爻；戌时生，元堂在上爻；亥时生，元堂在四爻也。

六阳爻元堂卦式

乾　卦

六阳爻之卦，男女不同，必须详慎，方无差误。如男得乾卦，是子、丑、寅、卯、辰、巳六时生，当依羲皇三画按元堂，自下而上重数下卦三爻。若是午、未、申、酉、戌、亥六时生，当依羲皇三画安元堂，重数上卦。

乾 卦

若女得六阳之卦，冬至后，夏至前，当自上行下。如是子、丑、寅、卯、辰、巳六时，则重数上卦。若是午、未、申、酉、戌、亥六时，则重数下卦。若女得六阳之卦，生于夏至后，冬至前，则亦自下行上，照男例也。

注：女遇六阳卦，行阳令，逆也，故自上行下。女得乾卦，而行阴令，顺时也，故自下行上。

六阴爻元堂卦式

坤 卦

六阴爻之卦，男女不同，必须详慎，方无差误。如女得坤卦，是子、丑、寅、卯、辰、巳六时生人，当依羲皇三画安元堂，自下而行上，重数下卦三爻。若是午、未、申、酉、戌、亥六时生，重数上三爻。

坤 卦

若男得六阴之卦，夏至后，冬至前，当自上而行下。如是子、丑、寅、卯、辰、巳六时，则重数上卦三爻。若是午、未、申、酉、戌、亥六时，则重数下卦三爻。若男得六阴之卦，生于冬至后，夏至前，则亦照女例，自下而上行也。

换后天卦例　先天之卦既成，元堂既定，却以元堂之爻，阳爻变阴，阴爻变阳，乃移外卦入内，内卦出外，看得何卦，乃天旋地转，更革之象，是为后天之卦也。假如前甲子、丁卯、庚申、庚辰，辰时生人，乃阳时也，先天之卦得天风姤卦，元堂在上九爻，后天之卦却以先天在外，乾卦上九爻变而为阴，换入后天在内为兑，以先天在内之巽卦，换出在外，仍为巽，是后天之卦为风泽中孚，以三爻为元堂也。

先天换甲子、丁卯，天数三十一，除二十五外，余六数属乾。

先天姤卦

后天式庚申、庚辰，地数三十四，除三十外，余四数属巽。

后天中孚卦

三至尊换卦不同例　坎、屯、蹇三卦，九五君位遭不利之时，遇屯难险阻之世，不可与诸卦六子兆民变重易轻者同也。盖九五阳之君，上六阴之主，极高至尊之爻，必当应时而动，不当同小民轻举移易。故九五阴令变而不易，阳月则易；上六阳月变而不易，阴令则易也。

注：变者变其卦，非变其爻。不易者，不易其位。

论元气年上看

甲壬戌亥属乾，乙癸未申属坤，丙丑寅属艮，丁与酉属兑，戊与子属坎，巳与午属离，庚与卯属震，辛辰巳属巽。如甲壬戌亥生人，卦中有乾，谓之有元气是也。

凡元气自人当生之年干支上取，与日月时不相涉。天干逢者，谓之天元气，地支逢者，谓之地元气。假如甲戌生人，得天泽履卦，则是卦中有乾矣，甲属乾，戌亦属乾，是天元气、地元气皆全也。夫元气专主富贵名誉，谓之官禄星，又谓之诰命星，不论男女遇之皆主吉庆，更得当生纳音之气尤妙。

注：纳音之气，如甲子生人，纳音属金之类。

逢元气诗　元气称为诰禄星，遇者分明主富盈。
气旺更兼居本位，纵然白手振家声。

元气相反　甲壬戌亥逢坤，乙癸未申逢乾，丙丑寅逢兑，己与午逢坎，丁与酉逢艮，戊与子逢离，辛辰巳逢震，庚与卯逢巽。如天地元气属乾卦，中无乾而有坤，则是相反矣。

凡人与元气则相反者，平生所为不如意，事多迍蹇，主短寿，克父母子孙，被妻佚，乐中致病，喜处生忧，更加正对反对，多至死亡，轻者痼痈。暗昧不逞之徒，最忌克制。

元气反诗　禄星主富诰星名，只在干支元气寻。
倘若一朝相反背，顿教名利化灰尘。

反中有救诀　元气虽冲莫作凶，要分节气浅深中。
反处气虚无克制，应知财寿亦丰隆。

乾反，天道失也，主夭。坤反，地道残也，主贫。坎反，多聋耳受病。离反，多瞽目受病。艮反，多痈疽气塞。兑反，唇齿多缺。震反，多跛。巽反，多痼疾。巽为手肚也。

论化工月上取

冬至以后春分前坎，春分以后夏至前震，夏至以后秋分前离，秋分以后冬至前兑，每序季月坤、艮各旺十八日。

凡化工，与年日时无干，只在月上取。如人是冬至后生，则水当正旺，化工属坎，直管至春分前一日止。若先天后天卦中有坎卦者，谓之有化工。执此为例，余可类推。夫化工专主名誉，士人得之为科甲，已仕者为天恩眷渥。女人得之为贤良贞淑、母仪妇道。

逢化工诗 当生月令化工逢，名誉芬芳子息隆。
纵是衡茅终发达，若居富贵愈亨通。

化工反例 夏至以后秋分前逢坎，秋分以后冬至前逢艮，冬至以后春分前逢离，春分以后夏至前逢巽，每季月十八日逢乾、兑。

凡人根基不得化工而有相反者，逢灾咎横祸，恩变成恼。盖夺造化之权，占正伯之位，遇此无不应也。小象与大象如之，轻者讼狱，重者横祸不测，最忌克剥，相生则吉也。

化工反诀 当生月令化工违，嗣续功名化作灰。
若是气虚无克战，纵反还堪着力为。

正对反对体

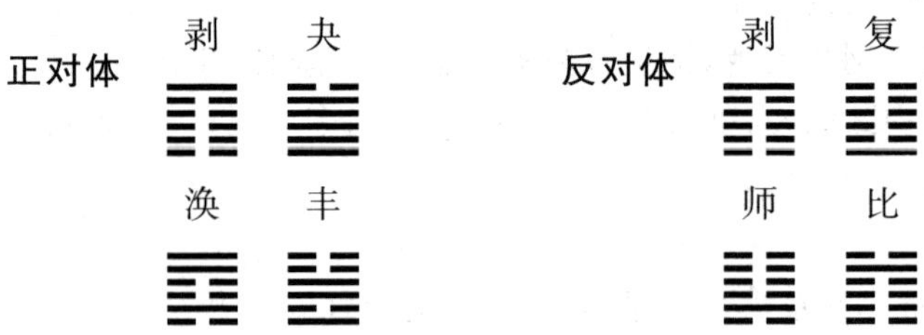

凡正对反对之卦，本主不吉，但内有相生或与月卦元气相孚，则不为凶，最忌克战。

演八字图式

<table>
<tr><td colspan="2">甲六
子一六</td><td colspan="2">丁七
卯三八</td><td colspan="2">庚三
申四九</td><td colspan="2">庚三
辰五十</td></tr>
<tr><td>正对复</td><td>先天姤</td><td>反对夬</td><td>天数三十一</td><td>地数三十四</td><td>正对小过</td><td>后天中孚</td><td>反对无反对</td></tr>
<tr><td colspan="3">一岁起▬▬九岁止
元
四十三▬▬五十一
三十四▬▬四十二
二十五▬▬三十三
十　六▬▬二十四
十岁起▬ ▬十五岁
阴爻管六年</td><td colspan="2">先一乃起天
岁换至六，
后九爻至天
十共五三九
管十爻岁五
二，止十
岁行。</td><td colspan="3">七十三▬▬八十一
六十四▬▬七十二
二十八▬ ▬六　十
五十二▬ ▬五十七
元
九十一▬▬九十九
八十二▬▬九　十</td></tr>
<tr><td>生值二月十七日辰时</td><td>阳命男</td><td>节值惊蛰后二日</td><td>候值卦未逢故不注</td><td>气值四阳谓卯月也</td><td>天元乾
甲遇
六甲
数以
属乾
乾为
故天
天元
元气</td><td>地元坎
子遇
一子
数以
属坎
坎为
故地
地元
无气</td><td>化工坎冬至起</td></tr>
</table>

注：此盘乃演人八字之模概，至若变而通之，又在学者之润色何如耳。

小象阳爻九年运行例　夫探人之休咎气数，如人必有所适也。盖卦气必有所游，然后见天地运行之象，周流六虚之理，福善祸淫之机，鬼神吉凶之发，日月盈亏之道，四时顺逆之布，星辰变易之会。其一年变一卦之法，亦自本卦之爻而始也。其阳爻九年谓之大象，其小象则一年一变。假如人一岁是同人九三爻坐明堂，则二岁取应爻，变同人上九为革上六，三岁则变革九三爻而成随六三，然后自下而上，四岁变随九四为屯六四，五岁变屯九五爻为复六五，六岁变复上六爻为颐上九，七岁变颐初九为剥初六，八岁变剥六二为蒙九二，九岁变蒙六三为蛊九三。此同人九三爻，小象九年游变之法也。再看其人十岁当换九四之爻是阳是阴，如其人十岁，换同人九四爻，如遇阳年，九四阳爻不变，十岁是同人九四爻，十一岁是应爻，变如前例。其人十岁若是阴年，则阳爻见阴年必变，则将同人九四爻变为家人六四，十一岁变家人应爻初九为渐卦初六，十二岁复将渐六四变为遁九四，十三岁变遁九五为旅六五爻，十四岁变旅上九爻为小过上六爻，十五岁变小过初爻为丰初九爻，十六岁变丰六二爻为大壮九二爻，十七岁变大壮九三爻为归妹六三爻，十八岁变归妹九四爻为临六四爻，是阳爻遇阴年游变之法也。其阳爻游变极难，切须仔细看初爻之年是阳是阴，方无误矣。其阴爻六年游变，但到处自本爻变去，无阴阳之间也。阳爻九年一过运，阴爻六年一过运，盖乾用九，坤用六也。

注：阳爻九年，阴爻六年为运。

爻只有六阴爻六年可以运行。阳爻当加本爻之上一年，次应爻上一年，复还本爻一年，然后行六爻六年，方有九年。

小象阴爻六年运行例 假如元堂得同人卦六二爻，此是阴爻也，只管六年，则一岁即变同人六二为乾九二爻，二岁变乾九三为履六三爻，三岁变履九四为中孚六四爻，四岁变中孚九五为损六五爻，五岁变损上九为临上六爻，六岁变临初九为师初六爻。是一爻变一年，六爻变六年，无阴阳之间也，余仿此。

论月卦从世应起例 阳世还从子月起，阴世还于午月生。
欲知月卦真端的，从初数至世方分。

起月卦定式 此法难明，必先以阳月排定，然后取应爻为双月，庶几易晓。

观　卦

假如：其年流年卦是观卦上爻为元堂。

即将流年观卦前一位初六爻，变为风雷益卦初九起正月。

益　卦

正　月

中孚

次变益卦六二爻为中孚九二为三月。

三月

小畜

次变中孚六三为小畜九三为五月。

五月

乾卦

次变小畜六四为乾九四为七月。

七月

大有卦

次变乾九五为大有六五为九月。

九月

大壮卦

次变大有上九为大壮上六为十一月。

十一月

益卦

阳月既定，然后却取阳月应爻为双月。如前正月是益卦初爻。

正月

无妄卦

二月则取益卦应爻六四变为无妄九四，是无妄九四为二月卦也。

二月

中孚卦

如前三月是中孚九二爻。

三月

损卦

四月则取中孚应爻九五变为损六五，是损卦六五为四月卦也。

四月

小畜

如前五月是小畜九三爻。

五月

需卦

六月则取小畜应爻上九变为需上六，是需卦上六为六月卦也。

六月

乾卦

如前七月是乾九四。

七月

姤卦

八月则取乾卦应爻初爻变为姤初六，是姤卦初六为八月卦也。

八月

大有卦

如前九月是大有九五爻。

九月

离　卦

十月则取大有应爻九二变为离六二，是离卦六二，乃为十月卦也。

大壮卦

如前十一月是大壮上六爻。

归妹卦

十二月则变大壮应爻九三为归妹六三，是归妹六三，乃为十二月卦也。以此为例，余可类推。

注：起月卦说，当于流年卦元堂上进一位起正月。如上爻则初爻起，初爻则二爻起，起爻以阳月正，三、五、七、九、十一月先定，然后以二月对正月应爻，四月对三月应爻，六月对五月应爻，八月对七月应爻，九月对十月应爻，十二月对十一月应爻。是月应爻，是书四、五卷上有流年、月卦造定。

起日卦定式　其法将月卦为主，假如万历二十三年七月，月卦是既济六二爻，除此一爻不变，只将既济九三变为屯六三爻，管六日，自下爻行至上爻，盖取一爻一日也。然日卦行起，必须按月卦节气方不误。如本年七月初二日午时立秋节，则屯卦初九爻即从初二日午时管起，屯卦六二爻管初三日，屯卦六三爻管初四日，屯卦六四爻管初五日，屯卦九五爻管初六日，屯卦上六爻管初七日，是此屯卦六爻从下而上一爻一日，自初二日至初七日，屯共管六日也。至初八日又变前既济卦六四为革九四，此一卦自下而上又管六日，则初八日属革初九爻管，初九日革六二爻管，初十日革九三爻管，十一日革九四爻管，十二日革九五爻管，十三日革上六爻管。此革卦六爻，从下行上，一爻管一日，又共管六日也。至于十四日，又变前既济卦九五爻，为明夷六五，自下而上，一爻一日，又管六日，至十九日也。其余仿此推上，除既济卦六二爻是月卦不变，其余五爻变五卦，一卦管六日，五六方三十爻，管三十日也。随其爻断，其吉凶应如影响，毫无差谬。

定时刻法　每日一百刻，以下二甲子轮，只有九十六刻。盖寅、申、巳、亥则用九刻，以金生在巳，火生在寅，水土长生居申，木生在亥。此四时长生，故多一刻。凡起日卦，每日该添一刻七分。大数一年虽曰三百六十日，实乃三百六十五日。其余五日，该坐六十时辰，以其无地可安，故每一月寄五时，十二个月共寄六十时辰，以此推之，则每日该添一刻七分。夫六日坐一卦数，当过一时，若初卦未时几刻起，二卦便宜申时几刻起也，余以类推。

定节候卦说　年有四时，春、夏、秋、冬。气有八节，立春、春分、立夏、夏至、立秋、秋分、立冬、冬至，总之其卦四，坎、震、离、兑。候有七十二，五日为一候，一月六候，一年七十二候。细分之，其卦六十，冬至起颐六四爻蚯蚓结之类是也。

节　卦

坎初爻起冬至，二爻小寒，三爻大寒，四爻立春，五爻雨水，上爻惊蛰。

震初爻起春分，二爻清明，三爻谷雨，四爻立夏，五爻小满，上爻芒种。

离初爻起夏至，二爻小暑，三爻大暑，四爻立秋，五爻处暑，上爻白露。

兑初爻起秋分，二爻寒露，三爻霜降，四爻立冬，五爻小雪，上爻大雪。

以上坎、震、离、兑四卦，谓之节卦，每一卦各管九十日，自初爻而至上爻，每一爻各管十五日也。

候卦定局

颐六四起冬至　蚯蚓结

复初九　水泉动

谦初六　雉始雊

升初六　征鸟厉疾

小过初六起立春　东风解冻　蛰虫始振

益初九起雨水　獭祭鱼

泰初九　草木萌动

随初九　鹰化为鸠

解初六　雷乃发声

豫初六起清明　桐始华　田鼠化为鴽

蛊初六起谷雨　萍始生

夬初九　戴胜降于桑

师初六　王瓜生

小畜初九　靡草死

大有初九起芒种　螳螂生　鵙始鸣

井初六起夏至　鹿角解

中孚初九　麋角解

屯初九起小寒　雁北乡　鹊始巢

睽初九起大寒　鸡乳

临初九　水泽腹坚

蒙初六　鱼陟负冰

渐初六　候雁北

需初九起惊蛰　桃始华　仓庚鸣

晋初六起春分　玄鸟至

大壮初九　始电

讼初九　虹始见

革初九　鸣鸠拂其羽

旅初六起立夏　蝼蝈鸣　蚯蚓出

比初六起小满　苦菜秀

乾初九　麦秋至

家人初九　反舌无声

咸初六　蜩始鸣

卦爻	物候	卦爻	物候
姤初六	半夏生	鼎初六起小暑	温风至 蟋蟀居壁
丰初九	鹰始击	涣初六起大暑	腐草为萤
履初九	土润溽暑	遁初六	大雨时行
恒初六起立秋	凉风至 白露降	节初九	寒蝉鸣
同人初九起处暑	鹰乃祭鸟	损初九	天地始肃
否初六	禾乃登	巽初九起白露	鸿雁来 玄鸟归
萃初六	群鸟养羞	大畜初九起秋分	雷始收声
贲初六	蛰虫坯户	观初六	水始涸
归妹初九起寒露	鸿雁来宾 雀入大水为蛤	无妄初九	菊有黄花
明夷初九起霜降	豺乃祭兽	困初六	草木黄落
剥初六	蛰虫咸俯	艮初六起立冬	水始冰 地始冻
既济初九	雉入大水为蜃	噬嗑初九起小雪	虹藏不见
大过初六	天气上升 地气下降	坤初六起大雪	闭塞而成冬
未济初六	鹖鴠不鸣 虎始交	蹇初六	荔挺出

以上六十卦，每一卦各管六日，如冬至是二十日，则本日是颐卦六四爻；二十一日，颐卦六五爻；二十二日，颐卦上九爻；二十三日，颐卦初九爻；二十四日，颐卦六二爻；二十五日，颐卦六三爻是也。

凡人生时值节卦者，谓之有化工；生月值候卦者，谓之得月卦，皆为天地间至吉至壮之气。但气候有盈虚，卦爻有超接。一卦分六爻，或三爻在岁底，三爻过新年，是谓超接。

其法当以甲子、甲午、己卯、己酉定二分二至之中气，分至之爻既定，其余可推而知之矣。一年总三百六十四爻，四爻主八节，余三百六十爻，分三百六十日，每一日各坐一爻，亦可照日卦上每日加一刻七分，六日数过一时是也。凡看国运，只演正月初一得何卦，便知一年否泰矣。

注：甲子、甲午、己卯、己酉，气纳甲。二分二至，即春分、秋分、夏至、冬至。

卦气歌

卦气初起立春节，小过蒙益渐泰发。二月惊蛰及春分，需随晋解大壮列。
三月清明时季春，豫讼蛊革夬相亲。四月立夏阳位游，旅师比小畜乾求。
五月阴生芒种候，大有家人井咸姤。六月小暑鼎与涣，丰履遁卦亦相伴。
七月立秋流火金，恒节同人损否临。八月白露巽与萃，大畜观贲相总会。
九月寒露霜初落，归妹无妄夷困剥。十月立冬艮既济，噬嗑大过坤相继。

小雪交来未济始，蹇颐中孚复而已。小寒季冬屯与谦，睽升临卦彻首尾。

注：此歌熟读则免于逐卦逐候查阅。

论六爻　其初难知，其上易知。初辞拟之，卒成之终。二与四同功而异位，二多益，四多惧，近也。柔之为道，不利远者，其要无咎，其用柔中也。三与五同功而异位，三多凶，五多功，贵贱之等也。其柔危，其刚胜耶。

凡人得卦，只凭生时元堂定位，可以知人之赋分，亦可以卜人之性情。惟五位为佳，二则次之，三四又次之，初上又次之。

一、凡得五二之位，卦义佳，二数足，有元气化工，得其时，此则良贤上贵之命也。

二、凡得五位，卦义佳，而二数不足，无元气化工，不得时，此则先行处艰苦，后大亨奋之命。僧道得此，当主大权。士夫当从左选，女人决然起家。

三、凡得君位，卦爻皆不吉，又无元气化工，又不得时，此则自卓立艰苦中得受用之命。

四、若二数足，有元气，又得其时，卦义又佳，而爻位独不吉，主先富贵，而后贫贱。

五、若二数足，有元气，但不得时，兼卦义不吉，然爻位却好，此为富足之命。

六、若二数足，无元气，不得时，卦又不吉，然爻位却好，此人当自艰难中建立，先贫后富，先贱后贵之命。

七、若二数不足，无元气，又不得时，兼卦又不吉，又得爻位好，此亦艰难中卓立之命。

注：卦无一定，不宜执着。

贵命十吉体

一、卦名吉。

二、爻位吉如得五、二、一，臣之位是也。

三、辞吉。

四、得时如九月得剥，十一月得复之类是也。

五、有援元堂坐阴位，应爻在阳爻是也。

六、数顺时天地二数，有宜阴少阳多，有宜阳少阴多，须要顺时，不当背反。

七、得体如士人得艮体，乃五卦命得卦断之。

八、当位如阴月生人，元堂在阴爻是也。

九、合理庚人得震，春夏是也。如金人，虽不得兑，亦宜得坤、艮土，则亦不相与背也，取其相生意也。

十、众宗如五阳一阴，元堂坐一阴爻；五阴一阳，元堂坐一阳爻，谓之众宗，观姤、剥、复可见。

得三、四者，选曹命。得五、六者，知道命。得七、八者，卿监侍从。得九、十者，将相王侯。

上此十体，更得化工元气兼之，则贵极、位极、富极、寿极，五福备矣，有德之士也。

贱命十不吉体 一、卦名凶。二、爻位凶。三、辞凶。四、不得时。五、无援。六、数逆时。七、不得体。八、位不当。九、违理。十、众疾。以上十不吉体，大与前十吉体相反。

得三、四者，僧道九流，百工技艺。得五、六者，吏侩孤独。得七、八者，夭横凶顽。得九、十者，乞丐斩戮。

上此十体，非夭即贱，量其轻重，以定吉凶。或伤时犯忌，有凶多者，乃乞丐之流，斩戮之辈也。或凶多吉少，则九流僧道之命。若化工元气兼全，则艰难中而获福，辛苦中而苟安。若或无此，方为大凶，又在消详之间耳。

同年同月同日同时辨 普天率土，兆民黟矣。年、月、日、时，彼此相同者，在处有之，而富贵、贫贱、寿夭，异若白黑，议者类似东西南北方域之殊，上下四刻时辰之别。二者所论，固可以资一时口实之谈，予深究之，实非的论。盖曾见产于同里，而贵贱顿别者，则方域非所限矣；又见同时同刻产于壁邻者，而一寿一夭，彼此迥异，则时刻非所凭矣。深惟人秉父精母血而生，其受胎之始，所系惟最重，是以古人有河魁占房之语，诚不欲男女之苟合也。儿在母胎，有七月而生者，有八月而生者，有九月而生者，有十月而生者，有十一月而生者，有十二月而生者。其所生年、月、日、时相同，而受胎之初则异，惟其秉胎之始，得其正，则主其人为富贵荣华寿永；秉胎之始，失其正，则主其人贫贱困苦夭折。斯盖至当不易之理。今后倘有以同年、同月、同日、同时八字相较，当究其受胎之月熟深孰浅；深者为吉，浅者为凶，则万无一失矣。醒易山人识。

日居月诸坎离消长昼夜穷达

日　大有　日者，天之气，东方，乾中出。

月　比　　月者，地之气，西方，坤中出。

注：日月阴阳原局，互为运用。

乾坤阖辟

乾坤阖辟　辟　复　辟户乃十一月，一阳来复之时也。

　　　　　阖　姤　阖户乃五月，一阴始生之时也。

坎离相逮雷风相与

水　井　　以杨枝取月中之气为水。杨，阴木也。

火　噬嗑　以青色物取日中之精为火。青色，春木也。

论日月盈亏

阳盈　十三日出乾，十二日出兑，初七日出庚，十七日出壬，初八日出丁，初三日出艮。

阴极　二十二日出辛，二十七日出丙，二十八日出坤，十八日出巽，二十三日出艮，初二日出癸。

河图、八卦、纳甲之妙，其源本于月受日光。盖阳为阴主，而阴则承阳以为进退者也。以象观之，月之初三为朏即哉生明也。一阳下生，月作震象，昏见西方庚地，故震纳庚也。月之初八上弦，阳生盈半，月作兑象，昏见南方丁地，故兑纳丁也。月十五为望，三阳盛满，月作乾象，昏见东方甲地，故乾纳甲壬。甲壬者，阳之精也。月十八始亏，一阴下生，月作巽象，且没西方辛地，故巽纳辛也。月之二十三日下弦，阴生盈半，月作艮象，且没南方丙地，故艮纳丙焉。月之三十日为晦，三阴盛满，月作坤象，且没东方乙地，故坤纳之乙癸。乙癸者，阴之精也。戊中央阳土，坎为中阳，故纳戊。己中央阴土，离为中阴，故纳己焉。盖阴阳各以类从也。

换卦详说　圣人画卦，有象无言，皆法自然之理，使人默识其意，是以谓之精微洁净之书也。人之命，先天之卦得矣，后天之卦成焉。或有先天之卦至吉，后天之卦至凶；或有先天之卦至凶，后天之卦至吉。在圣人则以理窥，在常人则以言悟。且如有人先天得屯卦，后天得既济卦，屯难遇既济，则其难可逃矣；如或得比，比者，亲辅也，屯难非亲而莫依，无所辅，则愈屯愈难；如或得随卦，是谓随、屯受难，未易逃也；如或得节卦，则或甘或苦，岂有全佳？如或得复卦，复、屯而有吉，忽然得益，益而愈增，何时休息？

又如有人先天得泰卦，小往大来，亨通可至。后天之卦，如或得升卦，大升而益进；如或得谦卦，大亨可来，既盈之甚，仍欲致谦，谦而又光。偶然得坤，坤先迷而后得，反失阳亨，自泰而坤，全无佳意；如或得大壮，异常阳进阴退，阳道愈亨；如或得夬，夬决小人，阳道愈亨，有扬于王庭之美；或得需，则饮食宴乐，无为不遂；如或得大畜，则大亨而有大畜积，虽曰富而亦可以贵，况何天之衢亨，是大通天衢，奚有不富贵哉？此乃先天之吉，后天愈吉之象。

举此二卦，以察先天、后天之由，余六十二卦，先后参详以名可晓。后之学者，当以是详之。其若行年小象消息，取八卦之所为，以言人逐年之休咎，自然与天地相似而不违，日月运行而不忒。八卦所为者，如人当年大象得屯，主有凶挠不宁之咎，而小象得复卦，则屯得复以免祸；复体有坤、震之象焉，坤顺而震动，宜顺宜动而得吉；震又为大途，虽屯可进；坤又为众进之途，既顺而事无不佳，用无不利；震又为反生，则虽屯而不死，危而不忧；坤又为布、为囊、为裳，主有添衣进帛之悦，获财积囊之喜。此盖有凶中履吉之理，其在春冬乎。何以知其在春冬？盖屯是冬而雷伏也，复是冬而阳进也。其有与大象正对反对相克者，多致身亡。若象吉、辞平、理顺，惟灾而已，或有狱讼孝服之凶焉。

厉潜夫释先后天化工元气之旨　先天主体，当依正经，参数消详，顺理则吉，逆时则凶。惟后天之卦，变化移易，理义不同，吉凶爻分，异途异位。所以后天有吉，岂可以不明？先天有化工元气，遇之富贵荣华。忽换后天，失此化工元气，福去祸来，尤宜加察。或有先天两无元气化工，爻辞与理居位皆吉，无过温饱；辞理爻位俱短，必贫贱。忽换后天之卦，元吉俱存乎中，贫贱中忽然富贵，得之若惊，如此消息，始知大《易》之数，与天地准矣。

重论先后天纳音相生之气　假如甲寅、乙卯，水音生人，先后天二卦如无元气，若卦中得乾，或得兑金体，是金能生水，便与元气流行同，余五行相生仿此。

且如二月生人，安身在阴爻，若后天卦安身变阴爻为阳爻，其理长吉可知矣。

释卦义　屯，是卦为阴求阳也。屯难之世，弱者不能自济，立必依于强以为之主，故曰阴求阳也。“勿用有攸往”，“乘马班如”，而自不进。盖不得其主，无所凭也。初体阳爻处首居下，应其所求，合其所望，大得志也。

蒙，是卦阴爻亦先求阳也。夫阴昧而阳明，阴困童蒙，阳能发之，以暗求明之义。故“童蒙求我”，“匪我求童蒙”。故六三先倡则犯于女戒，四远于阳则“困蒙之吝”，初比于阳，则“发蒙”也。

履，曰履，不处也。又曰履者，礼也，谦以致礼。阳处阴位，谦也，故此卦皆以阳处阴为美。

临，此为刚长之卦，阳刚胜柔，苟柔有其德，乃得无咎。故此卦临爻虽美，莫过无咎也。

观，观之为义，以所见为美，故以近首为尚，远之无咎。远为童蒙，近于观国之光也。

大过，栋挠之势，本末皆弱。体已挠矣，而守其常则见危而不扶，凶之道也。以阳居阴，拯弱之义也。故阳爻皆以居阴位为美，阳处阴位无系应为吉，阳得位有应则凶也。

遁，小人浸长，难在于内，亨在于外，与临卦相对者也。临卦刚长而柔危，遁卦柔长而刚退，遁以远时为吉，上九则“肥遁”，初六则“厉”也。

大壮，未有扮谦越礼，能全其壮也。故阳爻得以处阴位为美，用壮处壮则“触藩”矣。

明夷，为暗室之主，至于上六、初最远之，故曰：君子慎行。五最近难，而不能溺，故谓之“箕子之贞，明不可息也”。三处明极，西征而暗，故曰：“南狩，获其大首”也。

睽，睽者，睽而通也。于两卦之极，极睽而合，极异而同，故先见怪而后“疑亡”者也。

丰，以明动之卦，尚于光辉，宣阳发畅者也。小暗为沛，大暗为蔀，暗尽则明，明尽则星见。以丰之为义，在乎恶暗也。

论蹇解二卦 有人得蹇卦。蹇者，难也。殊不知，蹇终则解，损终则益，岂可不推详哉？此卦内外有日月之明，藏离在中，春夏不利，秋冬甚佳。坎是冬之化工，离为夏之化工，月明乎冬，日明乎夏，戊子、己未，无一不利。名虽不利，理则佳奇，不明爻义，徒用各推。

论否泰二卦 有人得泰卦。泰者，泰也，其名甚佳。殊不知，泰极则否，否极则泰，泰、否之数，损益系焉。惟甲乙、未申、戌亥、壬癸，乾、坤生二卦，人得为吉，余得之未妙。盖泰有春秋化工，藏有震、兑。否于四时全无所有，不容不熟参其议论也。

损头益尾 损卦宜六五爻安身，益卦宜六二爻安身。

论卦名吉凶之变 否与泰反对，益与损盛衰，屯盈、坎陷、蹇难，夬决、蛊事、复长、泰通、否塞、剥落、随喜、晋进、颐养、明夷伤、姤遇、萃聚、丰大、睽离、无妄灾、噬嗑食、大畜时、震起、讼亲、归妹终、大有众、既济定、未济穷。下数内得如此诸卦爻位，当无不验矣。柔遇刚，刚决柔，观时而察变可也。

三才之道 立天之道曰阴与阳，六爻、五爻是也。立地之道曰柔与刚，初爻、二爻是也。立人之道曰仁与义，三爻、四爻是也。《易》有变动，本不拘于一，故能变而动，或刚或柔，或仁或义，或阴或阳也。

月令非时论 两仪未立，神用深藏。一气运用，玄妙隐默。于是河龙负图，洛龟负书。羲皇画卦，仰观俯察，别轻清，分重浊，判八卦。宗旨之迷，根源未晓，若非一、二、三、四、五、六、七、八、九、十之数，何以明之？考上圣之模范，为百世之轨度，彰往察来，遍习研磨，不舍寸阴。学成此数，观之者可以经纬天地，探察鬼神，匡济邦家，非贤明之士，不可与言始终也。学者潜心求之，庶得发明圣经之旨，而趋吉避凶之理，得月令非时之论，列之于后，学者观之，庶几有得矣。

春三月，正天施地生，品物流行之时。阳数须宜多，不可过盛，二十五以上至三十五策；阴数须宜少，不可过弱，三十以上至三四策方为合宜。有火盛者，则木去生火，为子孙昌荣；有金盛者，则木被金克，而刑伤破损；有水盛者，则木从水养，而发生无穷；有木盛者，则木为及时，而名位并隆；有土盛者，则木去相制，而诸事迟留，早皆不固。若辰月则当令，有土不为害也。

夏三月，正日中星火，景入朱明之候。阳数宜盛，二十五以上至三十五、四十五、五十五，不为太过；阴数三十以下少二三策，不为太弱。有水盛者，则火被水克，而顿挫孤刑。有火盛者，则火生及时，而快利顺达；有木盛者，则火由木生，而豪迈特英；有金盛者，则火去克金，而残忍蹇剥；有土盛者，则火去相生，而名利两全。

秋三月，正万物告成，金气肃杀之际。阴数须宜多，不可过盛，三十以上至四十策；阳数须宜少，不可过弱，二十五以上至三四策，方为合宜。有水盛者，则金去生水，而协力相济，万事有成；有火盛者，则金被火制，而劳苦伤害；有土盛者，则金赖土生，而利名显达；有木盛者，则金去相克，而忧愁乖戾；有金盛者，则金为当时，而谋为顺遂，福泽宽洪。

冬三月，正阳气潜藏，天地闭塞之时，阴数宜盛，至三十以上五十、六十，不为太过；阳数宜少，二十五以下少二三策，不为不及。有金盛者，则水本金生，而光辉显越；有木盛者，则水木相生相合，而志愿克遂；有水盛者，则为当时，而丰亨豫泰；有土盛者，则水被土制，而贫愁困苦；有火盛者，则水去制克，而动辍有悔，多残仁伤义。

以上得时顺节则妙，逆时背令则无用也。又当参诸卦爻，以究其吉凶消长之道，庶几有准而无差焉。

释卦合数合时爻位当否例

阴数盛，卦中阴爻值阴月令，居阴爻，顺时也。女命得之吉。

阳数盛，卦中阳爻值阳月令，居阳爻，顺时也。男命得之吉。

阴数盛，卦中阳爻多值阳月令，居阳爻，逆时也。

阳数盛，卦中阴爻多值阴月令，居阴爻，逆时也。

男子居阳令，位在阳爻，得阳数，顺也；女子居阴令，位在阴爻，得阴数，顺也；男女反此为逆数。

男居阴月令，居阴爻，得阴数，其当时得势，爻有援辞吉，须男子居之，亦有富贵者也。

女居阳月令，居阳爻，得阳数，其当时得势，爻有援辞吉，须女子居之，亦有富贵者也。

此天地四时之理，大概以时而观，吉凶应时，以知动静。

男子行阴月令，居阴爻，主心气柔弱，而事无始终。

女子行阳月令，居阳爻，主心性刚强执拗，志过丈夫。

经云：顺时者昌，逆时者亡。顺时之卦，合时之爻，得时之令，又爻辞吉，卦名佳，得位有援，此富贵双全之命。逆时之卦，反时之爻，背时之令，又爻辞凶，卦名不佳，失位无援，贫贱乖舛之命。《易》曰："列贵贱者，存乎位；齐小大者，存乎卦；辩吉凶者，存乎辞。"信哉！

阳弱有援，阳须弱，而居阳月令，立阳爻，主有将来之荣，始虽不利，卦名爻辞俱吉，则晚贵也。

阳爻无援，阳既弱，又居阴月令，立阴爻，主一生贫贱，永无发达。更卦爻名位，凶者贱而夭，在阴令则无妨，当以阴爻辨之。

阴弱有援，阴须弱，而居阴月令，立阴爻，主有将来之福，始须不达，卦名爻辞俱吉，则晚秀。妇人得之主为命妇。

阴弱无援，阴既弱，又居阳月令，立阳爻，主一生贫贱，永无发达。更卦爻名位，凶者贱而夭，在阳令则无妨，当以阳爻辨之。

大凡阳弱阴弱无援者，但阳正居阴令，阴正居阳令，则先穷后利；或阳正居阴爻，阴正居阳爻，则利重名轻。若阳居阴月，又值阴爻居阳令，又值阳爻，则主贫困不利。大抵消息惟在四时，难乎一概而论也。

有　悔　阴数盛，阳卦中阴爻多，又值阴令，立阴爻，是曰有悔，主人贫夭，不达而死。

有　尤　阳数盛，阴卦中阳爻多，又值阳令，立阳爻，是曰有尤，主人灾厄，形体伤破。

若阴阳俱平者，依卦中吉凶断之，诸数惟此数为最，吉凶无差。盖自大《易》原委中来，由圣人肺腑中出，不容一毫之伪。其数极定，但恐时有不定耳。如流年祸福不定，当于上下时穷之。盖冬夏之日，夜有长短，爻气有浅深，不在上即在下，断之无一毫差忒。此数一依于《易》，予病其不易，故作二数以扶翼之，但乘除之内差异耳。事事物物，皆存六十四卦，惟人得其正。庄子谓“天地与我并生，万物与我为一”。只此三百八十四爻，夫贵贱不同，所受不等。如贵人得一吉爻，即亨通得志；贱人得一吉爻，只可快意而已。有如霖雨大沛，江湖溪涧，鼓舞澎湃，皆朝宗于海。瓶罂之器，不升斗皆盈，欲以罂瓶而比沧海，决无此理。胸中非有成《易》，未易言数，画义不明，何知变通之道？所以互换之机，识者真少。况正伏参互，四体八体，否、泰、损、益，反对有无，时行时止，动静阴阳，刚柔取舍，抑扬成坏之理？倘能知权宜、别休咎、识轻重，则百发百中矣。

论所得卦数吉凶　参天两地而倚数，观变于阴阳而立卦，穷理尽性，分剖刚柔。盖自冬至以后雨水前，至三阳开泰之时，除天数二十五之外，有奇数之余，即君子之合象也。如是偶数，是舍君子从小人，则斗筲之器，不仁之徒，诡谲奸贪，遇阳年犯时之忌，逢阴盛必遭凶残夭横之祸，死无疑矣。有二四者轻，六八者重。盖二为坤，纵有杀，尚存慈母惜子之心，忧民之志。四者，巽也。巽者，顺也，入也。有隐忍之心，未为其害。六为乾者，健也。刚明决断，治诸子而无忍，遇阳年阳令，犯之者必主刑伤之祸，重者主凶横。八者，艮也。艮为止也，则有执法严亢之威，必有争斗配隶之兆，不然亦有自缢跌蹼之凶，又恐非横之咎，暴伤之祸。值此凶者，十有九验矣。自夏至以后，处暑以前，三阴渐长之时，除地数三十之外，得阳零数者，其祸害之来亦如前例。但九七者轻，一三者重。一为坎，坎者，陷也。主陷害于人，又为心病多忧虑，主血疾，以曲为直，主多灾眚。三为震，震，动也。阴盛之际，小人群阴，欲想犯分，视死如归，岂可与之争斗？主雷震之祸。如至秋分后，九月十月，恶死横凶之灾，手足股肱不能保全。犯此数者，凡事宜尊重，恐小辈侵凌，谨避为吉。七者，兑也。兑为悦，多巧言令色，而怀不仁之心，必有口舌毁折之患。兑，正秋也，乃小人浸长，君子退避之时，岂不无反唇弄舌，情伪相感而利害生乎？九者，阳之亢也，值老阴之令，常有剥庐之心，不可与之交处，中有小人害君子之象，多凶少吉。

大易数妙义　夫大《易》之数，则阳奇阴偶也。奇则支，偶则双，是故阴阳也。《系辞》云：天一地二至天九地十是也。此数大而天地，小而微尘，兼该物理，总括万情，须根茎无所不包。即此数也，成变化，行鬼神，辨四时，理万物，实与天地同流，须圣人之道，亦不外乎此也。察安危，知存亡，分穷达。隐奥深匿，无不洞见。以是数辨人厚薄之分，则天下后世，可以前知。孔子曰："不知命，无以为君子。"此之谓也。详推此数，凡一、二、三、四、五、六、七、八、九、十之数，乃天地四时节气也。夫天地四时，气有清浊，有咎有祥，与其吉凶悔吝当与不当，不容一毫之妄。惟其所得之数当，则万事随心，千祥群集。如其不当，则万变交生，百无一遂。若所生之时，一顺天地四时之节气，而又成卦立爻之时皆当，则富贵荣华名位禄寿定矣；若所生之时，一失天地四时之节，而又成卦立爻之时不当，则贫薄困苦、愁戚悲哀定矣，所以谓之天命也。经云：天命已定，鬼神不能移，是之谓分定故也。分之既定，则天地不能移，而况于鬼神乎？况于人乎？况于机巧乎？

论应其时合其用　凡人之生时居位，谓之元堂，入滋元气之域者，兰省登科，事事省力，仕路亨奋，官爵崇高，权势重大，富贵显达之人。若爻不佳，辞危不顺，亦有富贵，但有漏溢高危之咎。如或爻位既佳，辞平而理又顺，则为清显廊庙之贵，达人亨士必矣。非独正体得之为佳，互体得之尤贵。盖得之互体，有不期之遇，适然机会，或横发而骤成，得其时应其用，有不可量而升进矣。虽不得时不应用，亦必发达，但不能远大而已。得时者，如壬癸在冬，甲乙在春，定应其用，合其时所宜者也。合时之宜，谓辛人得巽在春夏，为长养万物之风，庚人得震于春夏，为济时动物之雷，奚有不悦者哉？若在秋冬得之，则知不应其时也。余象依此断，若认爻画不详，故难知此，斯其所以为应其用合其时之所宜。若更辞佳位当，有援众宗，未有不显贵者也。有人得乾卦而居九二之爻，壬甲人得之，莫有不悦者。若在春夏之时，于辞云"见龙在田"，所谓理吉应其用也。若夏至后，后天变九二为离出乾之外，则是以九二之臣，明德之士，出而辅君，得大有为之，势必成伊、周之功业矣，其贵显可知。况夏至之后生人，离为正伯，斯人心运帝王之筹策，代天宏化，秉钧持衡，贵显极矣。有人得坤卦初六，乙癸、未申人得之，未有不佳。若生冬春之时，则乙春癸冬，为元气得时，辞云："履霜，坚冰至。"及斯时也，冰泮霜消，有渐亨之美，是知辞虽不佳，理自有益，不失为显贵之命。若后天变坤初六，出外为雷，雷出地奋，则知履霜坚冰之渐外，而飞奋为豫悦之主，则必有舜、禹、伊、周之业，贵显未可量也。况震乃春之化工，互坎为冬之正伯，居位为众所宗，是人君荐贤于天，为天子者矣。非明易理，奚知之哉？由此所以知天地之为化工之所施，岂在夫爻辞也耶？得非一时之制，可以反为用者，又知春夏之时，得此尚矣。又有人得坤卦，安元位正在初爻，正月节气内生者，其辞云："履霜，坚冰至"。于《象》曰："履霜，阴始凝也。驯致其道，至坚冰也。"于辞不佳甚矣，然值正月三阳开泰之时，而在履霜坚冰之地，阴凝寒冻，非佳也。及先天卦定，变后天之卦为豫九四，霆声一发，冰解冻消，冲融和气，正合正月之令，设施号令，振荣万物，其功大矣。为大有犹豫之臣，即群阴之表，众爻宗之，高下归之，非贵显之士而何？其先后天变化之妙理，岂人力所能为哉？况先天坤卦曰："地道也，妻道也。"其卑可知。又为冬令，乃遭冰霜之苦，及变后天为豫，奋然亨发，自卑而尊，自贫而富，自愚而贤。由是观之，举一卦而六十四卦均矣。有人得剥卦六二爻位，辞云；"剥床以辨，蔑贞凶"。己丑生人，四月得之不佳甚矣，及后天变剥六二为坎，水出成蹇，以四月之节得蹇，宜无可喜，不知升剥六二出外，为蹇九五"大蹇朋来"。是为互离，离者日象为君，况离有日之明。又，巳人乃离元气，于君主眼目异顾之贤，坎、离亦为消长之柄。又，丑人有艮元气在内，持成始灭终之操。盖艮为手，故操柄也。斯人未有不近清光异日之贵，乃执消长之权柄者也，岂由爻辞云哉？但观其变化动止何如，斯可以知其人之贵矣。由此观之，则知卦画中，变化升降，有至奥至妙之理，体认爻辞卦画，不熟能知其至者亦罕矣。大抵在乎深察熟辨爻画之真，则天地之广大，化工之巧妙，不难知矣。斯圣人不传之奥妙，正在此矣。学者深明前象，则可与言终始矣。夫化工正逢之，与互德皆为福德，不可不知。又有始得终失，有终无始者，其福亦减半。又，且化工为本命之象，则必以优。又有独得化工正伯者，但随轻重言之，而变化之理本于自然，不容苟得。又有破元气为化工者，又有破化工为元气者，此自然之理，惟在学者深求之，与天地同流，则吉凶无不验矣。非天下之至机，其孰能与于此？

论天数二十五　天数属阳，惟利男子，喜值阳爻。夫男子受天之阳气数而生，所生之时，得天数则为富贵之根基，男子以阳为主故也。凡男命阳数多而阴数少，无不为福。《易》曰：阳贵阴贱，阳为君子，阴为小人，阳尊阴卑，故男子得之为利，女子得之为不利。经云："小人乘君子之器，盗思夺之"。女子乘之，未闻有不败者也。然利于阳者，自十一月冬至后一阳生，至四月终也。

论地数三十　地数属阴，惟利女子，喜值阴爻。夫女子受地之阴气数而生，所生之时，得地数则为福泽之本源，女子以阴为主故也。凡女命阴数多而阳数少，无不为福。《易》曰："地道也，妻道也，臣道也"。故女子得之为利，男子得之为不利。经云："阴疑于阳，必战"。战必伤，"故称血焉"。男子犯之遭刑下贱，事多劳碌，身处艰难，未闻有佳者也。然利于阴者，自五月夏至后一阴生，至十月终也。

论天数至弱　天数二十有五，只得四、五、六、七、八之数，谓之至弱。断曰：阳数不足，男子不宜，艰辛多，历事苦。多为少年碌碌，眷属睽违。心志卑役，动即成非。或僧或道，或吏或卑。阴令可幸，阳令非时。阳极则夭，阳浅则亏。阴极合节，阴浅须危。阴疑有战，斯理可悲。男为盗贼，女为娼姬。

论地数至弱　地数三十，只得八、九、十、十一、十二数者，是谓至弱。断曰：阴数至弱，女子不堪。幼无父母，六眷难安。不得其家，或处卑寒。夫宫屡克，子媳尤难。悭贪不已，处已无宽。壮年虚度，晚岁孤单。乐则生疾，忧虑多般。患难频历，至老无闲。阳极尚可，阴盛凶干。

论天数不足　天数二十五，如得九，或十一、十二、十三、十四、十五、十六，至二十四数者，谓之不足，过九是阳之一策，十八以下为一策之余，十八以上为二策之余，须六不足，即非至弱之比，犹可庶几也。凡阳数不足，男子得之，多损福寿，当先丧父，阳男尤验，阴女同论。

凡不足之数，亦当看时令之消长盛衰何如，十一月一阳生之时，阳数至弱，理所当然。十二月二阳生之时，阳数不足，理亦当然。是谓合时之宜，吉凶悔吝何自而生？若三阳交泰之时，阳气上升，阴气下降，君子道长，小人道消，万物发荣。当此之时，若阳数不足而反至弱，则非所困而困焉，名必辱；非所据而据焉，身必危。是行止非时，动静非节，凡百机会不投，何所倚恃？若成卦居爻无援，及犯忌者，碌碌贫贱可知，位居不当而复乘刚，则必遭刑宪横夭。又当求小象参详，可验矣。

论地数不足 地数三十，得十八者，是谓不足。如得三策之余，十八数以上，与至弱之数少差而已。大抵此数女子得之，福力必减。若子、午、卯、酉日时而生，必主克母，于童稚之年，或父老母少，偏生别土，存养他人，转育远乡，六亲疏绝之象。夏至后，立秋前，三阴未盛，则随时合节，福寿自如。秋分以后，必至夭折，亦为失时浅荡之人也。凡百不足，又安有全心足意之美？当先丧母，一男尤验，阴女同论。

诀 曰：

不足之数亦堪咻，事既成时不到头。
满溢高危深可虑，是非相绊卒难休。
望多得少因兹数，广求不称乃其由。
每知不足阴地数，仁义成乖恩变仇。

论阳数太过 凡时月合少而多，谓之太过，四十以上，至五十、六十者，三月至四月生者无妨。得之非时，失之于亢，即乾之上九"亢龙有悔"之象；亢而非时，动静有悔，当有凶残夭暴之事，值之者必致谨焉。

论阴数太过 地数三十，如得五、六十以上者，皆为之太过。履霜坚冰，此时天寒地冻，当有屈伏敛肃之象，犯者至刑伤乱，少得善终。如十一月前，十月立冬后，未交冬至之前，却为无害。盖阴令极盛，与时偕行，又得卦名爻位吉理有援，居体不入陷地，必至官荣位显。

诀 曰：

阴阳至太过，过则百事伤。性暴应多狠，福去有余殃。
未满先添溢，方高危续张。患难时时至，骄倨纵难当。
狠戾多奸狡，浮躁性刚强。行轻招怨诽，言过恣强梁。

论得中数 凡阴阳二数，贵合乎时令，而多寡无偏胜之疵，是谓之得中。兼以爻位皆当，则百无不利，而未有不富贵者也。

诀 曰：

爻位名体吉，势援理优长。爻时数合节，辞理十分良。
富贵簪缨列，赫奕自非常。官荣位更显，抚众必登堂。

论三等数与时损益

阳数不及：自十一月冬至后，至正月雨水前，此时阳气方生，理当不及。
阳数得中：自正月立春后，至二月春分前，此时阳气方亨，理当得中。

阳数太过：自三月清明后，至四月小满前，此时阳气至壮，理合太过。

阴数不及：自五月夏至后，至七月处暑前，此时阴气尚微，理当不及。

阴数得中：自七月立秋后，至八月秋分前，此时阴气正长，理当得中。

阴数太过：自九月寒露后，至十月小雪前，此时阴气极盛，理合太过。

凡所生之数，当与时偕行，时益则益，时损则损。月令所值，合多不得不多，合少不得不少；多而少名曰不及，合少而多名曰太过；少而不至于弱，多而不至于强，此为得中也。不及之数，主一生百凡不足；太过之数，主一生所为刚亢；得中之数，必主自然之荣；是以过与不及，皆不若得中为妙。如数得中，又应时合节，卦名佳，居位当，有援得势，辞吉理优，富贵之士。若徒得中而违时背理，乃贫乏下贱之徒，夭横凶顽之辈。其有妄合苟合之数，爻居不当，吏侩之辈也。失位伤时，僧道之流也。困于爻辞，鳏寡孤独也。数得中，卦名佳，爻辞虽凶而理吉，亦必八座之贵，但少嗣续而鲜克有终，无援而位不得势，当居乡监。其数或至于不及太过，然居位得体，爻得其势，理又优长，即曹省署部郎，持节执麾。若无援势，居位不当，则碌碌常贫，难脱选调。若见一吉一凶相半得苟合，人臣之位外，此十件得一二者，乃一二分福也。

论不及太过得中　按：阳数不及，在十一月冬至之后，十二月大寒之候。此时阳气未健，而得阳数不及者，宜然也。太过者，阳气乍至而先盛，谓之暴至勇来，未免有刚折过差之虑。若三阳交泰之后，阳气有余，而阳数得其中和之道，谓之中节。若阳数反弱，是谓屈而不伸，何能奋发？若三月四月夏至之前，阳气极盛，阳数虽多，不为太过，盖当时合节矣。得中次之，不及又非可喜之数也，未有阳当盛而反以不及为佳焉。更加爻位辞理无援，则非有福之人，爻辞纵得福亦减半矣。

按：阴数不及，在五月夏至之后，六月大暑之际。此时阴气未盛，而得阴数不及者，宜然也。太过者阴气初至而先强，谓之骤至卒临，未免有柔恶损弊之虞。若三阴渐长之后，阴气有余，而阴数得其平施之宜，谓之中节。若阴数反弱，是谓懦而不振，何能兴起？若九月十月阴气极盛，阴数虽多不为太过，盖当时合节矣。得中次之，不及亦非可爱之数也，未有阴当盛而反以不及为佳焉。更加爻位辞理无援，则非有福之人，爻辞纵得福亦减半矣。

论孤阳不偶数　天数二十六以上，至四十以下，余不偶数，阴数只得三十是也，乃阳数有余，阴数无余。

诀　曰：

孤阳不偶本非宜，值者刑妻及害儿。
女犯刑夫更伤子，若非遗腹定孤儿。
更有阳爻阳极亢，刚强好辨是和非。
人情寡合多招怨，浪语狂言少定期。
女子悍淫无妇道，男人斗狠暗瞒欺。
贵贱贤愚均一理，阴微阳极愈乖违。
阴爻阳令方为顺，爻吉辞安福寿奇。

凡孤阳不偶之数，有阳无阴，是谓阳太燥，万物枯槁，如岁旱之状，似有君无臣，有夫无妇，所以乾之上九亢而有悔也。又云阳无阴不生，阴无阳不成，生成之理，必藉阴阳，阳独无阴，则不生也。得此数者，多至损妻克子，性多刚燥，好辨是非。女命犯之，操略过于男人，悔吝之招，无所不至。若有阴爻，方为不亢也。

论孤阴背阳数

地数三十二以上，至五十、六十以下，余偶数，阳数只得二十五是也，乃阳数无余，阴数有余。

诀　曰：

孤阴背于阳，富贵岂无殃？男子遭妻抑，妇人主夫亡。
若非孤独汉，亦合在离乡。阴无阳作主，女子守空房。
福至终难稳，安荣未必长。阳爻男晓达，阴令女妮娼。
爻辞位不吉，安得显忠良。男子得此数，凡百少安康。

夫孤阴背阳，乃阴凝之象，卑弱太柔，阴极之数，霜雪严凝，蛰困不伸，所以坤之上六，其道穷也。积阴之数，无阳不成，主损夫伤子，刑害重重。男子得之，多虚少实，闻见寡陋，窒而不通，甚至鳏孤淫乱。若有阳和，方得福矣。

论孤阳自偶数

天数至三十、四十、五十，地数只得三十是也。

诀　曰：

孤阳自偶也劳神，自立应难得六亲。
壮岁艰辛勤苦后，晚年得势始荣新。
男儿起自卑微显，女子从卑渐贵身。
阳令阴爻多显赫，阴爻阳令吉凶频。

凡孤阳自偶之数，本无阴以应之，而阳极自生其阴，是谓阳极阴生，即刚亢反和之象。此数若阴令生人，多是先难后易，先贫后富，先微后贵，有后无前，六亲先离后合，在辰、戌、丑、未时必克父于幼年，自孤苦劳。若爻位吉，得时援辞体优长，必主横发，必获妻财，女子得之，必当再嫁。

论孤阴向阳数 天数二十五，地数得四十，至六十是也。

诀 曰：

孤阴独向阳，令人好是非。妄语不堪信，行短岂宜依？
狡猾无仁义，凭托必瞒欺。有阳多败过，阴多窃盗随。
女则为娼妓，男多配徒宜。阴阳相允合，岁晚见光辉。
男子犹云可，女子最非宜。若人得此数，未必肯循规。

孤阴向阳之数，本无阳以应之，而阴极自生其阳，是谓阴极阳生，即寒谷回春之意。此数若阳令生人，多至横发，偶成所获之财，有小往大来之意。亦主六亲孤隔，自成自立，女子得之，恐有奔求之意。蒙卦云："见金夫，不有躬，无攸利"是也。若居阴爻生于阴月令，女子不妨。若居阳爻，生于阳月令，主淫乱风声。

论阳偏数 天数二十有五，只得四、五、六至二十四，地数有三十是也，乃阳数不足而阴数足。此之谓有阴无阳，利女子而不利男子，合大过九五爻是也，枯杨生华，老嫁少夫，亦可丑也。得之者有福无寿，有官无权，有妻无子，有子刑妻，事多劳碌，卦吉爻佳，则为庶几，爻凶位失，大凶人也。悖逆起而得震惊之祸，险危之厄。

诀 曰：

重浊轻清祸福微，喜中生怒是和非。
名虚利失全无益，福寿妻儿必不齐。
男子遇之贫且夭，女人得此尚依稀。
阴令得中尤可喜，若生阳令必孤睽。

论阴偏数 地数三十，只有十八至二十八，天数二十五是也，乃阴数不足而阳数足。此之谓有阳无阴，利男子而不利女子，合大过九二爻是也，枯杨生梯之象。阳月令得之，多致富贵。阴月令得之，多致贫贱。爻位卦名不佳，贫甚之命。

诀 曰：

阳数轻清气自全，不期阴偶独私偏。
男人得此刑伤母，若不刑伤祸患牵。
女子犯之须不克，恐他婚嫁不当年。
阳令得之多富贵，阴令逢之百祸缠。

论以强伏弱以势凌民 如天数三十、四十、五十之类，地数三十以下是也。若逢阳月令则不妨，逢阴月令，颇至恃势致凶之象。盖阳胜阴，本理也。若胜之以理，则民服其治。若胜之不以理，则必悖亢，有此者须贵而富，不善终也。

诀 曰：

阳道真君子，胜阴乃治民。逢之无不贵，爻吉庙堂人。

阴令如逢此，以势下于民。爻辞而失位，暴败也须贫。

论以弱敌强以暴犯上主于灭顶 地数三十至四十、五十、六十以下是也，天数只得二十四是也，乃地数太过，天数不足，阴月令逢之尚可，阳月令逢之必至灭顶之凶。所谓小人而犯君子，阴顺阳困是也。

诀 曰：

阴道为民下，何堪得胜阳。劳而无寸益，福禄亦难昌。

阴令忧危少，阳时有大殃。爻名俱不吉，斩戮在边疆。

夫一君而二民，君子之道，乃天理也。今反以阴胜阳，下岂容罔上？臣岂容犯君？斩戮无疑。或为强梁，为悖逆，甚则为窃盗。若在阳月令，甚为可忧。更爻位体理无援，卦名多乖，此祸必及。若在阴月令，爻位体理有援，则任勇武之贵职，有声权，或为健讼浊富之徒。

论安和自宁数 天数二十五，地数三十是也，乃天地二数，无余无不足。

诀 曰：

二数无余无不足，祸不深兮福不偏。

爻位名佳多富贵，定须遐迩具民瞻。

此二数平和，爻位卦名俱吉，有援合时得体，主富贵荣显，出群拔萃。如爻位卦名俱凶，无援失时，亦主安逸良善，断非凶恶者也。

论天地得俱羸数 天数不满二十五，地数不满三十是也，乃阴阳二数俱弱。

诀 曰：

二数俱羸不固坚，须知名利不能全。

有官难显福难守，又恐夭年不久延。

得此数者，主心志卑隘，作为浅陋，或刑害克剥，利己损人，男多为僧道，女多为妮妓婢妾。若爻位卦名值吉，得时有援，尚可立卓，但忘恩失义，有厚奉养而不顾人情，非天理也。若爻位凶无援，失时犯忌，卦名凶，必是配隶之徒，或乖戾夭横，困苦贫穷，而难存活者也。

论阴阳战胜数　天地二数俱多。清浊相半者也。

诀　曰：

阴阳相战必然伤，二亲兄弟克离乡。
妻子难全财不积，人事浮沉福继殃。
贵者遇之多毁折，富人值此讼难防。
爻位不佳军吏辈，爻佳位当却为祥。

大抵此数得之。皆非全吉，阴阳相战，则彼此有伤，阴疑于阳必战，阳胜于阴必乱，战乱相会，又安得为美乎？

论五命得卦

金

金，庚辛、申酉。乾，旺气，主富贵。坎，浮沉之象，祸福相继。艮，隐山遁林，须为益气，亦韬光敛彩。震，金入财宫，动而得志。巽，冷风萧萧之象，秋冬喜遇，春夏恶之。离，为克体之区，先达后穷。坤，抱母从源，多获福庆。兑，得地之卦。

木

木，甲乙、寅卯。乾，为阳健，木盛花繁，多虚少实。坎，陷其根荄，非可久可大之象。坎者，生育之宫。艮，木人所得，须必合时为佳。春夏吉，秋冬不利，加风尤甚。震，木类相宜，处身荣华，动作无乖。巽，动摇根枝。离，损其芳荣。坤，根壮而固，有待而发，成功不速，阴数须多，则不达耳。兑，正秋也，板叶。

水

水，壬癸、亥子。乾，水之发源，抱本从原，无劳碌之苦。坎，陷宫也，或行或止，吉凶不定。艮，山下有险，为巨壑流蹇之象。震，水东流势极，动而不清。巽，风起波浪，秋冬可畏。离战克相残，或成或破。坤，水顺地势，润下不逆。兑，水之来源，意与乾同。

火

火，丙丁、巳午。乾，起炎好上，光明超越，爻吉则非常人。坎，明暗相攻，或消或长，或短或长，反覆之象。艮，火焚弃，有木引焰，益己损人。震，动火焚燎，动则不久。巽，因风以致，燎原之象。离，炎上太盛，多虚少实，烟焰气多，喜怒无厌，外好内虚。坤，火抱阴，两情相得。兑，为疑为惑，以离位而遇，西方之体也。

土

土，戊己、辰戌丑未。乾，喜怒相参，吉凶各半。坎，缺陷而不高厚，复陷之象。艮，土成山岳，高厚之势，生于辰、戌、丑、未月，富而且厚。震，伤木益彼，劳落多凶。巽，扬尘簸土。离，火土相资，阴阳气备，福不轻薄。坤，此为土实厚德育物，得之可居侯牧。兑，同乾理。

大抵五行有宜与不宜，合理当理为尚，而爻辞未可为据。虽辞吉而理有凶者，虽爻凶而理有吉者，无穷妙义，尽在其中。故一卦能变六十四，有四体八体，奥妙最为紧要。若止泥爻辞，为定祸福，犹如万里之远。必要四体八卦常在目前，非详于《易》者，未易见也。乾、坤二卦，六爻俱纯，自无难见。至如六子之卦，浑乾、坤为体，刚柔迭用为象，则变动不居，其情义之妙，周流六虚。如四体八体，不寓目前，不居心内，则难明矣。焦延寿云：一卦有六十四卦，共有四千二百四十卦，而配入十二月，有五万八百八十卦，而为一年卦气。若配入三百八十四爻之中，是有五万七千六十三百八十四爻。若十年至六十年，一千九十一万一千四十一，其义可谓无穷。故一卦有一义，一爻有一理，一时有一用，吉凶由是，而生悔吝，由是而著，岂有一毫之妄？要知无穷之妙，晓然明白，则不违天地四时。化工之妙，固当熟认深详，推至五行，互体不足遂及变，变不足遂及卦画，爻义即明，则吉凶悔吝，安危存亡，举皆知矣。

管辂曰：《易》有天理、义理、物理、至理。天理广大，无所不包；义理明白贯通；然物理深远，辨析当然；至理无穷，报应有准。以此四理，顺人性命，洞达圣经，《易》道大著矣。

论互体四体八体　假如前例，有人得渐卦，内艮外巽，是艮在下巽在上；以正体言之，艮、巽而已；以四体言之，则艮有伏震，巽有伏兑；以八卦言之，九五、六四、九三互离，六四、九三、六二互坎，全体对归妹，移渐之九三出外成否，移归妹六三出外成泰，是有八体存焉。不深明卦之体画者，未易晓也。一卦而具四体八体之妙，又变归妹与渐十二爻，六十四卦备矣。

论卦变爻变　乾者，健也，天也。为金、为玉、为六自，为圆、为驳马、为士夫、为龙，居西北方戌亥之地也。主人性气刚强，规模广大，头额方圆，操略洞明，多主英烈之贤，玉润冰清，精神坚爽。初九曰："潜龙勿用”，主人执事多悔，吝啬进退，劳碌汩没，少得贤明，难得清显，变为风天小畜六四，必主血疾手足之厄。若夏至之后，冬至之前，已、丁、酉、辛、辰、巳生人，得之为佳，余命主疾，而有折腰之患。九二曰：“见龙在田，利见大人”。君子得之，胸襟潇洒，仁义忠信，豁达高明，风姿俊敏。后天变离在外，为大有之六五曰：“厥孚交加，威如，吉”。夏至之后，冬至之前，己未、丁酉生人，得之必当荣显，跻公卿大夫之位也。余得之者，亦能发福。九三曰：“君子终日乾乾，夕惕若，厉无咎。”主人测隐知机之士，刚明英贤，主大贵，有滔天之福，禄位并隆。变后天值夬上六曰：“无号，终有凶。”若丁酉生人，秋分后得之，必英烈威显，廊庙之人也。余得平常，应遭刑伤，多有毁折。九四曰：“或跃在渊，无咎”是重光相逼，上下无常，阴阳多惧，必有困循之咎，无妄之灾。时虽贵显，亦多险难，或因跌蹼车马为伤也。后天变姤初六，为一阴之主，五阳众宗。若辛午辰巳生人，在夏至之交，未有不贵者也。此乃监卿郎佐之命。九五曰：“飞龙在天，利见大人。”君主之位，大人之辞，少年俊逸，利达名显，心纯貌美，内外洞明，超群拔萃，权刚重大，声音响亮，气概宏远，世间人英。后天变为同人六二，己未生人，若夏至之后得之为佳也。余得之者，平常富足。上九曰：“亢龙有悔。”贵而无位，亢极则动而有悔也。其人性气刚勇，偏急少情，人多怨谤，有官无权，有夫无妇，有子无妻，主带头目疾损。后天变履之六三，“履虎尾，咥人，凶。”冬至后夏至前，己未丁酉生人得之，不失贵位，但有高危满溢之患，亦难全其福矣。余得之者，竞为不吉之数。

震，为雷、为木、为的颡、为异足、为大途、为长子、为龙，居东方，甲乙之炁也。震惊百里，主人声音响亮，大惊小怪，相貌骨格，或立性异常，易嗔易喜，多不耐心，或营谋商贾，或游荡江湖。春夏乃贵，秋冬不利。初九曰：“震来虩虩，后笑言哑哑。”主人有威权，为众人所惧，应事接物，先难后易。春分之后，庚卯生人得之，富贵双全，清显之士也。变出后天复之六四“中行独复，以从道也。”雷声入地，不为佳也。乙癸未申生人得之，却为美也，乃聪明之士，巨富之人。六二曰：“震来厉，乘刚也。”主人有冒妄威心，系所欲而不忍，陷虎口而不知避者。若春分之后，庚卯生人，得之必贵，余得之者，碌碌庸庸，足腹心疾，少全清节。变出后天随之九五曰：“孚于嘉，吉，位中正也。”若丁酉生命之人，秋月得者，有为仁人之俦。在巽为长养之风，秋分见之。兑为科甲，丁酉得之，主为济世救物之君子，匡时辅世之英贤，庸有不达者乎？六三曰：“震苏苏，位不当也。”处位不当，于理不顺，主人多妄求苟合，虚伪不实。春分之后，却为科甲显赫之人。庚卯命得之，福禄满盈，余者不佳。变出后天噬嗑之上九曰：“荷校灭耳，聪不明也。”夏至后生人，自生逢凶返吉，余者应狱讼口舌。秋分之后，冬至之前，多是斩戮囚禁死者，断无吉祥。若有孤贪目足之疾，方可解也。九四曰："震遂泥，未光也。"位居四阴之中，为上卦之主。若冬至之后，夏至之前，为富贵明达之士，机谋深远，处事难以测度。变出后天豫卦初六曰："鸣豫，凶。"辞名虽不为佳，秋冬得之，雷乃发声，乙癸未申生人得之，施为奋发，福多优恬，余命不佳。六五曰："震往来厉，危行也。"在于无援之地，主人性刚，雷霆空霹雳，云雨竟虚无，心狂胆大，处事不成，作计从谋，更招殃祸。若庚卯命得之，及夏至之前，冬至之后，虽显焕发福，亦主有疾，妨子息之刑克。变出后天归妹之九二"眇能视"，未吉也。秋分最贵，夏得可喜，春为甘泽，冬极乖张，一非贫则夭。上六曰："震索索，视矍矍。"崇高无不达。变后天丰之九二曰："丰其沛，不可大事也。折其右肱，终不可用也。"春夏则凶，戊己子午生人为益，余得之，耳目手足之疾，狱讼之灾也。

举此二卦升降变化为例，引而伸之，宜仔细详究，无穷之奥，不易之理，可识也。苟学者精思，一毫之分，千里之隔，则人命不差，报应如响。

论贵显变化顺时格

乾为马嘶风格午生人是也。

坤为牛悖风格丑生人是也。

艮为狗为虎笑风格丑寅生人是也。

又曰：春夏秋冬要居位，当看何爻弄风也。又云虎饮大泽格，又云虎饮清泉格，在下为地泽清泉地。最要看何爻饮泉，恐遭陷井险折之地，又曰猴饮天泉格。

巽为鸡，曰附凤乘风格，又曰冲天格酉生人是也。

震为龙，曰云从龙格辰生人是也。又曰龙跃天门格，又曰云附青龙格甲辰飞龙，丙辰潜龙，戊辰见龙，庚辰渊龙，壬辰亢龙。

兑为泽，上为天泽，下为地泽酉生人是也。又曰天泽承恩格。

离为雉，曰朱雀面君格午生人是也。

蛊为虎弄风格寅生人是也。

益为鱼化龙门格辰巳生人是也。

坎为豕，曰玄武当权格亥生人是也。

鼎为马嘶风格午生人是也。

遁为马嘶风格午生人是也。

蒙为虎饮清泉格寅生人是也。

升为牛悖风格丑生人是也。

姤为马嘶风格午生是人也。

观为牛悖风格丑生人是也。

革为虎变风从格寅生人是也。

论时令定数

巽为鱼吞舟、鱼吞象蛇格春分后巳生人是也。

中孚为鹤鸣九皋格秋分后吉。

恒为鱼化龙门格，又曰龙奋天池三月春分后，子时辰巳生人，得之为吉也。

解为玉兔玩蟾格卯生申是也。云从龙格卯辰生人是也。

离戊子己丑生人，七八月时生，居二阴爻名神龟宿火格。

坎戊子癸亥生人，春分前生，居一阴爻曰玄武当权格。

大有戊午己未生人，七八月生，居六五爻曰太阳当天格。

需戊子戊戌己亥生人，七八月生，居九五爻曰太阴升天格。

夬丁酉丁亥生人，八月时生，居上六爻曰天泽承恩格。又曰化凤面君格，又曰翔天鸾风格，又曰冲天格。

屯丙申生人，冬至后生时，居九五爻曰兔玩蟾格，庚辰二月生者名曰龙跃天池格，又名云附青龙格。

比戊申生人，时居二五爻曰玉兔玩月格。十二月正月为得地也，又名曰猴天泉格。

渐秋生人，合理名秋风送鸿格。

以上诸格，主身膺重寄权柄非常，更详安身爻位，得时与不得时也。精考其位，以别贵贱。深考其数，以辨贤愚。

假令例

旅　卦

如绍兴庚午七月二十二日酉时生，男命庚午、甲申、丙申、丁酉，照制置二篇之策，阳数四十四，除天数二十五，剩十九数，除十数不用，而用零，九数属离卦也。阴得二十八数，无三十地数，而只用零，八数属艮。以二数推，合得火山旅卦。

其酉时在初爻，辞云："旅琐琐，斯其所取灾"。《象》曰："旅琐琐，志穷灾也。"七月二十一日处暑，二十二日生，系处暑后一日生，以离为化工，而月令乃属否卦。三阴以生其人，所得之卦有三阴三阳，其九三、九四、上九，皆非得时者，惟初六、六二、六五得时，其人在初爻，系第一阴卦，其辞不佳，阴居阳位，不当其数，阳多阴少，亦不为佳。然旅卦初爻独有九四为援，其九四乃是离体，为是化工。九四乃是大臣地位，初六应之，大臣援也，其贵可知。况离是午人地支元气，若得元气援己，尤为妙处。四十六午后换后天，而为重离，升旅之初爻，为离之九四，大臣之位皆是化工元气，所以贵显而秉权。然离乃是地支元气，凡天干元气好杀，此人纯离皆是地支元气，故为威权。是以制置之秉生杀之权，超封端明殿大学生，莫非其造化之使然矣。

讼 卦

如绍兴乙亥年八月初三日申时生，男命乙亥、乙酉、戊寅、庚申，天数二十六除二十五数，只零一数，地数二十六，零六数，阴男天数在内，一为坎卦，六为乾卦，故得天水讼卦。

其申时在讼之初爻为元堂。辞云："不永所事，小有言，终吉。"《象》曰："不永所事，讼不可长也。虽小有言，其辩明也。"论曰：初一是白露，后二日生，尚得乾卦化工，月令属否卦。然三阴已生，四阴将生，其讼卦四阳皆不得地，只有二阴爻得时，合得二阴为佳。讼卦初爻是第一阴为元堂，上有乾为化工，又有乾为元气，况坎、乾相交，初六有援于九四，是谓元气、化工援己，自合贵矣。至四十九岁换后天之卦为夬。夬者，决也。以坎水在乾天之上，而为兑泽，是谓升水上天，而内泽及升，先天元堂居大臣之位，居健讼之地，曰待清光，职为参政，岂非造化自然之理乎？况五阳互乾，为亥生人元气，由是详之，其贵不亦然乎？

剥 卦

假令开僖二年丙寅十月二十八日亥时生，男命内寅、庚子、内子、己亥。天数十八除十数，以八零为卦；地数得四十二，以零二数为卦，用二篇之策，合得山地剥卦。

上九为元堂，辞曰："硕果不食，君子得舆，小人剥庐。"《象》曰："君子得舆，民所载也。小人剥庐，终不可用也。"论曰：十月二十九日，子时交大雪节，人于二十八日亥时生，系大雪前一日也，正阴气之时，演而为剥。剥，落也，万物剥落也。其名不佳，殊不知天数得十八，阴数得四十二，阳少阴多，且大雪后，乃阴之至极，而阳岂宜多也？地数至一之时，二数俱是偶体，是气数与时偕行，人之气合四时之序，以为大人君子。数合节气，其卦名虽剥，自小雪后至大雪，阴气正隆时属纯坤，坤则阴气也。夫月令得剥，正阴之极，而阳将生之位，为群阴之表率者，一阳来复之时，尚有半月。此是息机而变者，况众所推之贵，理亦可知。其辞曰："君子得舆，小人剥庐。"若所生非时，而得上九爻辞，必为世所弃，众所不服，此小人而合得剥庐之殃。今生得其时，是为君子，而万民之所载，其贵可知矣。况丙生人，以艮为元气而生寅，地支元气，天地之气全中，莫敢不服，是此卦得势合时。况艮为手，坤为柄，此人异日必持权柄也，自合为宰执，惜无时之化工，亦可为侍从知州。况后天换艮为坤，地道也，臣道也，未交冬至半月，正属坤卦，主权在其人，后天之坤，自从班署，莅帅阃之显必矣。况以先天刚健纯粹之资，而为后天柔顺重厚之德，职居三公之位，位乃阳位，是先天后天不改其刚健纯粹之资，安得不为之名臣大儒乎？且坤之辞，又有"以时发"，"知光大"之辞，其显达又不言可知矣。

屯 卦

假令绍兴三年戊子十一月二十三日亥酉生，男命戊子、甲子、癸巳、癸亥，天数十一而用一，地数三十三而用三，一为坎，三为震，二篇之策，合得水雷屯卦。

论曰：冬至是十六日已交，其人生于二十二日，是冬至后七日生，应冬至七日来复之义。天数得十一，一亦是阳数，数虽不足，一阳来复，未为弱也，此天数弱而佳者也。地数三十，原无余剩，亦无不足。一阳微生，其形方露，众阴俱消，而不敢有余，以气数纽合，此时节气必是贵人之命，然又成卦屯之九五为元堂。其辞云："屯其膏，小贞吉，大贞凶。"当为不利，殊不知"刚柔始交而难生，动乎险中大亨贞"。冬至后阳以长，阴以生，此刚柔始交之时，而此卦应其时，九五为元堂，为救屯之子。冬至后坎为化工，坎又为戊人天之元气，其子为坎，亦地之元气，此天地元气化工同体，又是天数内安元堂，乃为庙廊之贵。易者，相移之义，与时流行，寒往则暑来，暑往则寒来，春去复秋，冬去复夏，生极则杀，杀极则生，天地之相继相承，未始绝也。故数之至妙，莫若与时流行。如阴道至极，阳道时生，气势得接，阴阳之数尤妙，于是求其诀旨，斯思过半矣。看数之要，先看天地二数足与不足，方看爻象得地与不得地，则祸福定矣。先天爻象不吉，又看后天变得是何卦。若后天卦与爻俱吉，此为返魂格，当先贫后富。按：乾卦有六爻，如十一月冬至生元堂，居初爻之位，为顺时也，乃与天地同其造化，但须得阳数，少不过十八策，无不富贵荣华。如坤卦夏至后，居初六爻，阴数不过十六策，女命得之无不荣显，但恐子少女多，益夫起家，为众之表率，内外钦服。阳数得二十七为老阳禄数，一十八为少阳福数，利男而不利女。阴数得二十四为老阴禄数，三十二为少阴福数，利女而不利男子。予尝经一村野，见一老翁，形体如垂死之人，问其平居何业，对曰："予年四十有五，一向羸疾"。试得其年月推之，得晋之六二，予甚疑之，必是时之误也。因取上下二时推究。得剥之六四，其间休咎皆与卦合，乃知村野之中，命时多不定。盖冬夏之日有长短，时刻有先后，若戌亥子丑之时，则尤为难定，须要眼力之至，若看不至，执是为非，大《易》之理往往轻易看过，将何以取验哉？凡人根基，如下数不得化工者，灾祸尤重。

推贱命法 凡所得之卦，其名凶，是贫贱命也，此大略言之。凡卦名不利者，非夭则横。乞丐之人，凶多吉少；僧道九流之命，吉多凶少，强弱之造也。如有化工元气者，艰难获福，但吉多凶少者为强，吉少凶多者为弱，全凶者至灾至夭，全吉者至富至寿。以大《易》之理察之，则可以通神明之德，知鬼神之情状，知死生之定数，浅学常流，焉能达此秘也。

反卦在首尾，虽灾亦轻。首尾者，初爻上爻是也。若在中间，加数不及，遇阳年尤甚，凶莫能救。卦无元气，须看互体，如丁酉生人，得小过之卦，中虽无巽、兑元气，然互体中有个巽、兑，即看互体，又看彼此相生，为火人得土卦，金人得水卦，亦谓之相生。凡得水火卦等类，若卦无元气流年，或有元气，此年亦主称意。如土人得巽，金人得离，水人得土之卦，卦虽是凶，但有元气亦不甚害。先天后天，若得纯离者，多有失明之疾；得蛊、大过、明夷者，多有宿疾缠身；得噬嗑、无妄、讼者，多有争竞。若流年小象得蛊、大过者，多招白眼；凡得噬嗑、明夷、无妄、大壮、睽、剥、屯者，多有坎坷。须于流年交接虚实，仔细推之，万无一失。爻位虽佳，不若流年爻象皆佳，未有不应者。若流年多凶，身爻虽佳，亦奚以为。若行后天，连三爻不吉，必多坎蹇。若过了第四爻，遇值凶爻，十死八九。若流年连三年不吉，本身卦又不佳，可以死断之。有僧人，爻凶尤极。后天之数者，物外人所奉者薄，故能尽其天年。

先儒论数印证 或谓康节曰："此数不许行至后天五爻，行至四爻方可断人生死。今人不满二十而卒者，亦有八九十而死者，祸福安在？"对曰："此人不达物理，贵贱夭寿，吾数已备言之矣。今更熟看，却未商量。伊川晚年得此数甚喜，却谓门人邢敦夫曰：'予平生休咎，毫发皆见，何必穷阴极阳，推算草率，以为《易》之理耶？'又谓尹和靖曰：'此数极正大，言祸福皆本正经，非寻常谈阴说阳之比，诚不轻易传授庸俗之辈，轻泄天机。'伊川曰：'予有一仆，眉宇甚秀丽，以其年月推之，得乾之九四爻，虽天数不足，问之则丧其父。平生休咎，问之皆然。予爱而厚遇，交十九而暴亡。盖无名野草，生出一枝好花，决非佳物。'今味伊川之言，却是阳男无疑，故以天数不足，故先丧父，行乾之九四、九五二爻，共十八年，交十九则上不变，正是亢龙有悔，遇极则反。穷则变，变则通，在小人岂当君子之卦？既不变何能通，正谓穷极之灾也，何疑焉？小人得吉卦者，更看爻位何如。如爻位复吉，又看数之足与不足，得时与不得时，以数求之，必得其精，小人得吉卦爻。暴发必死。"

君子亦有卦爻皆不吉者，又看其大象。如噬嗑之《象》曰："雷电噬嗑，先王以明罚敕法。"可以用威于小人。如得剥之《象》曰："山附于地，剥；上以厚下，安宅。"亦当潜心以应之。占卦，当如此体认。

昔东坡行年得贲卦之六二，本朝文体，三苏为之一变，岂非文饰之象欤？东坡曰："予爻虽佳，行年吉凶相半，不得全美，既归夏谪，平生多坎坷，以斯数三复。"而自宽曰："圣人得我心矣，复何憾乎？"山谷谓陈无己曰："黄龙晦堂，其长老有道者也。"常问《易》于予，遂授以斯数，未已，退席问其故。渠曰："予往岁行噬嗑之上九，横遭官府凌辱，明年复行噬嗑，故着杜门行其志。"予曰："公物外人也，何虑乎此？"渠曰："人托阴阳以生，岂有逃其数？予虽学出世法，岂能免形骸之累？"予曰："公独不闻栖贤之僧乎？"渠曰："间或有此矣，其为人诚谨如此。"山谷初谪涪州别驾，谓邢敦夫曰："予今年得屯之二爻，将极十年之数，方得归。"及安置溶州，谓其子曰："想吾先年得屯之六二，有可得归之理，今得复上六曰'迷复之凶'，吾无归矣。"果卒于溶州。

富郑公以本身卦及流年，大书于中庭壁上，遇一凶爻，即戒子弟曰："予今年爻象不吉，汝等切勿生事以累吾。"其恐惧修省盖如此。

李文靖公得坤之六二曰："直、方、大，不习无不利。"谓友人曰："予平生所得，皆要合于圣经。"及得离之九四，谓友人曰："予明年必死。"至期果然。时当六月，无点秽气，盖其平生践履之验也。

范文正公得大有之九二曰："大车以载。"《象》曰："积中不败也。"果似为人，遂以经世为己任焉。

冠莱公有孤注之祸，是行年得困之六三爻，谓友曰："予不复反矣。"果死于贬所，其得数之应验如此。

司马温公曰："图南此数，大有益于吾辈。可谓存心养性之书，诚而得之，福可致而祸可避，可不谓之大有益乎？"温公曰："看卦须看其大象，或得某卦某爻，或吉或凶，皆是造物分定之理，有大象辞意，依而行焉。如‘地势坤，君子以厚德载物’，则须厚其德，弘其度，以应之。如‘山下出泉，蒙。君子以果行育德。’又须果敢其行，养育其德。小象亦然。”

凡辨卦考数，在仔细参详，所得之卦，合得何理，爻居何位，有何吉凶，知是何等人，则卦之吉凶，各从其类。然以名寻数，不若以理寻数，一时之吉可反而凶，一时之制可反而用。如否、泰之制，反有天衢后喜，复隍系遁，动止无常，屈伸有变，非以理推，固难洞见。

论阴阳消息例

复卦

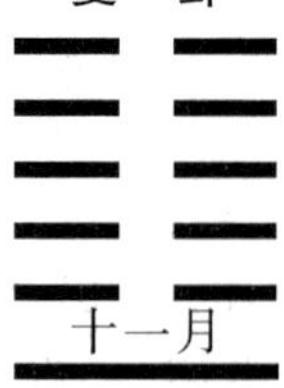

复卦，十一月冬至后，一阳生于子。是时也，万物有萌动之机，天数不可过多，地数不可有余。若阳始生而过多，或又至于太过之极，在人必有倾败横夭毁折之患，所谓春行冬令是也。一阳既生，阳当盛于阴，而犹有不足之数。如四五以下者，失之于弱，在人亦岂有健成之理，厚发之福乎？惟有得中，则不失乎！天地致中和之气，其人必处逸乐之中，居崇高之位矣。始生之阳，有得八九以至十一、十二者为佳，至十八为太多，十九至二十五为太过。学者当以时而观乎动静，则吉凶悔吝，自不能逃也。

临卦

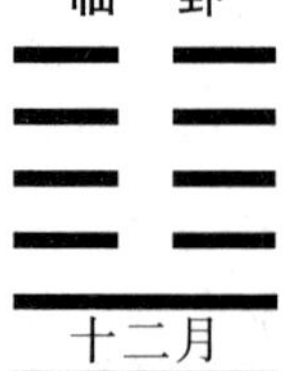

临卦，十二月阳生于丑，二阳既生之时；万物以荣于内，而未泄于外；内实外虚，内荣外辱；藏蛰者翻身，屈伏者少振；阳气渐健，而阴气内充，故土内虚而外坚；水气上腾，故污浊在下，澄清在上，视之而不见。当此之时，阳气不可太少，亦不可太多也。阳数稍盛，阴数稍弱。若卦中阳爻多，又见太盛，过于二十五数以上者，在人虽吉，终必有祸，虽贵显终不永于寿年，虽安逸终不免于危厉。惟其得中，乃为顺时序之宜也。

泰卦

泰卦，正月三阳出于寅，三阳至而泰道成，小往大来，上下交通，草木甲拆，气清爽朗。当此之时，阳数不可不足，宜健以敌于阴。若阴数多阳数少，而又所得之数，只有十二、十四、十六、十八者，便合成卦立爻，于阴则是失之于太弱，在人必为时之所舍，或居贫贱，或遭夭横，或为僧道，福不能安，贵不能久。惟阳数无不及太过之愆，则贵显清高丰饫充实，其人必非下流矣。若其数又过于二十五数上者，而或相倍蓰者，则又失之于过高，其人必主娇亢傲奢，刚果淫欲，好勇斗狠，亦未为善也。如值阴数太多，必有春寒之兆，百作俱迟。东风解冻之候，尚阴多而阳少，非春寒乎？

大壮卦

二　月

大壮卦，二月阳生于卯，四阳爻曰壮，“帝出乎震”之时也。仲春之时，气象暄和，万物荣华，芳菲巧丽，雷霆电辉，蛰藏者出，屈伏者伸，阳气壮甚，阴道消殒，仁风畅达之日也。天地发生之候，阴数不宜乎多，阳数不宜乎少，惟得中为宜。得中者，数不过于九数十数之下，亦不过二十五之余。不及者，九数十数而止矣。太过越乎二十之余，至二十五、三十以上是也，阳数太过者是也。春行夏令，必致大旱，酷气早来，虫螟为害，得此之数，当荣不及，始吉而终凶。先须富贵升达，后必名辱德丧，而有非妄之祸。不及者，阴寒尚多，春行冬令时，物必乖而有伤，始发须华而不实，人生居此，主吉未成而凶已就，事未合而毁已随。如春阳有悦，而和气勿夺，爻位更佳，辞理居体更吉，则富贵荣华才高业广，六亲有情，万事和睦，天地至祥之气数乎！此所以得中之为贵也。

夬　卦

三　月

夬卦，三月五阳生于辰，五阳既生，则精气勇决，英结实成，阴道消而阳道长，君子众而小人独。当此之时，阳数虽多，不为太过，若阴数过多敌阳，必至伤气损时，终无久庆之理。苟于此而阳数有不及之偏，亦非应时合节，其为人不拘士民，皆无成矣。且爻位卦体值此时，不可援阴以自附。盖阳数既不及，又居阴爻，是君子居于小人之列，名利俱损，非君子之数，必至寒暄相紊，成败相兼，战敌交争，非时所利，贫贱困穷，不必言矣。惟阴少阳多，与时偕行，未有不悦者也。更卦爻吉体理安，则主人聪明贵显无疑也。

乾　卦

四　月

乾卦，四月六阳生于巳，乃纯阳之月。当此之时，阳数虽多，不为太过，天行健也。得健之数，何不利之有？苟所得之，数既已合宜，又复得位当权，有援不屈，其辞凶而理却吉，不知为富贵利名之人。若更辞吉理长，则是特达高明斡旋大顺之贤士，经邦济世之哲人，岂庸常而已哉？于此而阳数或有不及，是失之懦弱，万事必难成矣。如阳数太过，而成卦名位反胜阳者，又为强梁黥配之徒。更理凶而体恶，必是反戮斩逆之贼也。阳数至此，虽是可盛，却于立夏小满前可也。如芒种之后，则太亢非宜，虽辞吉理佳，则富不能久，贵不可长矣。盖阳极而阴将生。苟不知机，而灾患岂能免乎？

姤卦

五月

姤卦，五月夏至后，一阴生于午。太阳缠度，即成初刻，阴气在下渐长，卦名曰姤。阳道渐消，阴道日长，万物实收，无夏有再荣之理。天道左旋，地道右转，阳气已逆，阴气自顺，阴阳至此，分夺造化。君子于此，平心息气以顺天之气。当此之时，阳数不可太多，阴数不可太盛。如阴道盛而成卦爻辞名理又不吉，则必男孤女寡，九族离散，终身困穷，必是轻薄群小之人。以阴数而不至太过，使阳数而自来援阴，谓二十五之外余偶者，必是富贵简要之贤人。若爻位理辞更吉，此尤佳也，必是荣显崇高之名臣。大概阳数无有余不足之患，得其中者为贵也。

遁卦

六月

遁卦，六月二阴生于未，二阴既长，温风盛热，腐草为萤，阳道遁匿，所以为遁卦之令。君子于此，当回避潜隐，庶可避咎。若纵其奔逐，居其前辙，则悔吝之难免矣。盖逆天地之常，岂有安庆之理乎？生于此际，而值此卦，若阳数少，而阴数得中，又成卦爻理体皆得其宜，则百为遂意，万事称心，必为公卿大夫之流，爻位虽凶，亦不失为丰衣足食之人也。倘阴数太过，而爻位又不得其当，则必是贫穷困苦贱恶凶险之徒矣。盖二阴方长之时，未可太盛故也。

否卦

七月

否卦，七月三阴生于申，三阴既长，否道方成，天地不交，万物萧索，上下不和，志气不通，其道乃穷，君子不可荣于禄。当此之时，阳数不可太多，阴数须多，盛亦不可使过于阳，须得其宜，则必为富贵显达之士。若阴数反弱不及于阳，又兼卦体辞皆不能胜于阳，则亦贫贱夭折鳏寡孤独之徒，终身祸难灾忧，岂能免乎？

观卦

八月

观卦，八月四阴生于酉，四阴既长，是名观卦，观其征也，乃求为之象。故酉属兑，而为肃杀之时，昼夜平均，雷收声，蛰藏户，阳日衰，阴日长，而渐盛，百物收敛，草木黄落，水将枯涸。当此之时，阴数须当隆盛，不宜太多也。使阳数多而阴数少，则是秋行夏令，蛰虫不藏，五谷难结。得此数者，必至乍富乍贫，时发时毁，兼以卦爻理体，又不得其当，则其凶败必不能救矣。使阴数多而阳数少，则为顺时适宜，五谷登而万物实。得此数者，必主显达丰隆富贵荣华，兼以卦爻理体又得其宜，则吉祥不可胜言矣。然阴须当盛旺，终不可过乎阳也。若不见机，而求大盛，则其为阴之福，又岂能长乎？

剥 卦

剥卦，九月五阴生于戌，五阴长而阳剥荡，鸿雁来而玄鸟去，雀入水化而为蛤，天地闭塞，霜降水涸，物实归根。当此之时，是谓老阴之地，阴数不应不足，阳数不应太过，使阳数而太多而阴数反不足，则是令行失时，而阴生人必主委靡不振，不能有为；其阳生人必致妄行取困，行险侥幸，乍富乍贫，或作或废，兼以卦爻理体俱失，则凶害不可胜计矣。俟阴数多而阳数少，则是时序顺布，其在人不拘阴命阳命，皆获其福，常则必当丰富，显则必为公卿大夫，兼以卦爻理体俱吉，则吉祥不可胜计矣。且微阳与阴为援，亦最清吉。若阴盛反援于阳，斯是苟容妄倚，似非正理。有此数者，必是鼠窃狗偷凶徒恶隶之辈，亦必要阴阳之数得中为贵，否则，孤阴不自立也。

坤 卦

坤卦，十月六阴生于亥，六阴既长，乃纯阴之时，肃杀之气至此，阴之极也。阴气成冰，蛰虫不食，虹藏不见，雉入水而为蜃，天地不通，阴阳闭塞。当此之际，阴数虽多不为太过，使阳数过于阴，又居阳爻，辞凶理短者，必为浅薄失时之人，终招其灾殃，百为皆不利矣；使阴数多于阳，又居阴爻，辞吉理当者，必为贵显驰名之人，终成其事业，凡谋无不遂矣。然数之隆盛，惟宜立冬后小雪前可也。若大雪后冬至将临，阴数过盛，甚非所宜。何也？盖阴凝至此，势力极盛，阴极而阳将生，当有战争伤血之咎，须宜得中，切莫太过，学者宜深明也。

圣人测度阴阳四时，无不合令中时者，惟大《易》、《河》、《洛》而已。且不遭秦火之祸，而简编独存者，乃天之所致，非人之所能也。其吉凶悔吝，动静得失，贫富寿夭，穷通利钝，非圣贤之人，其孰能之？学者慎勿轻泄，必须得其人而后传，不然，获罪于天，岂能免乎？

论内卦出外例　乾卦变初九为巽、为风，春风融和利物，夏风散雨收云，秋风物物收敛，冬风寒水成冰；变九二为离、为火，春日无处不蒙和熙，夏日万域畏其炎热，秋日旱干而万物焦枯，冬日可爱而天下皆暴其昭明之德；变九三为兑、为泽，春泽有滋息之甘，夏泽有长育之利，秋泽有西成之望，冬泽有寒凝之苦；变初九出外，卦为风天小畜，四爻以一阴而畜众阳，本有伤害忧惧，以其与上合志，故“血去惕出，无咎”也；变初九在内为姤，初爻一阴渐长，五月之卦也，静正则吉，往进则凶，阴道须得志，亦不可恃势妄作；变九二在外，为火天大有，五爻恩威并行，人情悦服，而百无不遂；变九二在内，为同人六二，“同人于宗”，交接不广，利泽有限；变九三出外，为夬上六，三月之卦，党已尽，无有呼号，若不谨慎自恃，难免倾危之殃；变九三在内，为履六三，“履虎尾，咥人，凶”，小则为刚恶强硬，大则为暴君酷吏，惟谦恭自保，则可免祸害之患也。

坤卦变初六为震、为雷，雷出地中，奋达疾速，威声远赫，有寒木生春之意，万汇咸亨，品物流行，发荣茂盛，无适不宜。春分以后，夏至以前，得之尤佳，或为宰辅，或为宪台，名位禄寿之兼隆。冬而得此，遇而不遇，举动必乖，恐成灾眚，盖雷行失令违时则不利矣。变六二为坎、为水，夫坤为致役，变坎为劳，是地本平宁，而忽为崎岖险峻，任重不堪，安中伏危之象。春夏之时，土被阳气而内攻，浮虚陷害而怨生，恩中必有崩毁之乖。秋得水而退，土气不浮，可谓少亨，疑非大安，尤防不测之咎，惟不致伤耳。冬得水乾，培植焦熬，终多费力，不若无之，终为美也。冬至以后是谓化工，主劳役凋败之余，有偶然横发之机。变上为艮也，地起于山自下而上，有积小成高之势，春生夏长，畅茂条达，富有之象也。秋得则万物告成，外虽不足，而内实有余。冬得之则草木凋零，随毁随誉，骤落骤荣，旋消旋长，而聚散无常。变初六出外，为豫四爻，由豫勿疑，志大意广。变初六在内，为复初爻，十一月之卦，一阳复生始进，以正悔吝，出而吉祥集。变六二出外，为水地比五爻，治行化美，王业大振。变六二在内，为师二爻，下怀万邦，上承天宠。变六三出外，为剥上爻，一阳有复生之机，君子有“得舆”之美，小人有“剥庐”之殃。变六三在内，为谦三爻，无伐善，无施劳，万民服而事业盛也。

前举乾、坤二卦，升降变化为例，余则引而伸之，则了然于心目矣。

震卦变上为离、为火，乃雷散日出，晦极生明，主人器识高近，鉴察深远。秋夏雷兴日炽，损物焦类，乐处生哀，美中不足。春天雷奋日和，万类发生。冬天雷隐日暖，温饱自足，凡事称意。变中爻为兑、为泽，雷泽交施，春夏震动，滋息之有赖，而万象直遂。秋则雷泽以济枯槁，而秋阳不得暴物。冬则雷泽失令，而万类憔悴。变下为坤、为地，雷入地中，雨泽不施也，必致饥荒，主人无识，萧索乖戾，中生多阻，秋冬得宜，春夏不利。

艮卦变下为离，日出于山巅，为朝为旦。主人升上近贵，洞晓明彻，高下瞻仰，福禄兼备。夏秋酷烈，山木焦损。春冬融暖，山木舒畅。变中爻为巽，风生岩谷，山虚石出，居高多险，任重多危。春夏生蠹，秋冬损物，不如天风和时为美也。变上为坤，舍崇高而从卑下，脱崎岖而履平坦，土命逢之，温厚和平，成始成终。春夏土膏肥厚，生物荣华。盖山中地，地中山，正类谦尊而光，卑而不可逾，无往不利也。

坎卦变初爻为兑，水入泽中，内塞不流，终难远大，秋冬不利，春夏则为霖为泽，自盈自满，横流充溢，四海有利，必成败是非，或先难后易，先忧后喜。变中为坤，水入地中，防浸渗之乖，有壅塞不通之兆，万事有始无终，而无快便顺适之利。春夏暄干不利，水人得此，多夭折，秋冬合理。变上为巽，水气乘风，飘逸高远，类多润湿，春夏为露，滋助长养。秋为湛露，凋零万物，施毒害人，而人多怨谤。冬为霜露，主人艰辛劳苦者也。

巽卦变初爻为乾，风收云静，寥廓一清，春暖夏炎，秋爽冬温，四时俱美，万物咸亨，吉无不利，风恬浪静，人物繁华，风尘不动，日月昭明，星辰荣曜，尊卑永荫，始终太平。变中爻为艮，风势入山，动摇山岳，令命上行，人多敬畏。春风入山，草木荣茂，人多贤豪，入则可以把麾扬节。夏风入山，巽木成林，峰峦蓊郁，贵显非常。秋风入山，风藏山谷，草木渐凋，有始无终，先达后穷，人难久耐。冬风最冷，果落枝枯，萧索憔翠，先困后达，难中获易。变上爻为坎，风入水面，为浪为波，飘泊劳碌，小人尤畏，亦为混浊之乖，少全清节，有摧岸覆舟之虞。春风入水，水縠成纹，人多奇巧，繁鲜荣华。夏风入水，水渐日干，人必悭贪悔吝。秋风入水，水浪滔天，岸摧舟覆，有不戒之虞，有不期之祸，人当思患预防。冬风入水，水竭流迟，结水成冻，物象寒苦，艰辛贫乏，隐伏阻滞者也。

离卦，离为火、为日，吐焰发耀，光照天下，太阳之象。长育之君，万象资明，百物附丽。变初为艮，日入于山，光辉晚照，早年蹇剥，老景亨泰。春日明暗相攻，喜怒多顿。夏日入山，草木成林，遮阴有赖，不致酷热。秋日入山，焦燥亢厉，万象易于枯槁。冬日入山，煎逼愁颜，万事阑珊，不能长久。变中爻为乾，日落于天，晚景逼迫，光华隐藏，难以超越。春天无日，阴雨连绵，物难发生，荣中有辱。夏天无日，暗晦阴暝，火势消灭，物难长养，一暴十寒，凶荒必致。秋冬遇此，愈加迍邅，雨雪连连，民多愁嗟。变上为震、为雷，云翳光明，掩火不炎。春天得之，雷雹并行，震动发生，夏秋雷施物利，冬则非宜。

兑卦，兑乃正秋之神，其象为泽。初九变为坎，坎为水，名谓积水而成，坎陷天泽，交施于坎水，川流盈溢，所至俱宜，物物得利。春得此象，雨泽霏霏，万物滋荣，富贵可期，人多拔萃。夏得此象，长养有功，荣舒万汇，人生多遇，不苟不贪，富则金帛盈室，贵则宗庙之卫。秋得此象，水泽交加，禾穗双成，人生值此，得民之情，庆流后裔。冬得此象，水泽相交，民物空虚，兹非广惠。九二变震，震为雷，名谓雨泽加雷，动威致润，启悴发枯，六合荣和，物皆秀丽，森森仁恩，天泽滂沛，小往大来，斯为至贵。春而得此，生荣万物。夏而得此，长养随宜。秋而得此，岁功乐成。冬而得此，却非所宜，雷声陷伏，号令收藏，安可出外？若出谓之非时，恐致灾眚。六三变为乾，乾为天，名谓雨收泽竭，天籁清虚，人物从容，众情多悦。春得熙和，物物欣荣，巧丽人多繁饰，杰出群伦，自然称意。夏秋得此象者，有仰青天，雨泽不施，水于流竭，无丰多歉，饥馑怨望，自多伤折。冬得此象，寒凝少作，岁内丰稔，人亦富饶，自然亨泰也。

八卦之象，四季合宜则吉，悖之则凶。值月候者，不得执此论。

六十四卦立体

乾，六画纯阳，天之道也，君道也，夫道也。有刚健之德，有发育之功。且贤人君子，则不可当。庸凡得此卦，则有灾眚，凶之道也。

坤，六画纯阴，地之道也，臣道也，妻道也。有柔顺之德，厚载之功，含弘光大，安贞无疆。女命得之，无不尽善。

屯，上坎下震，中存艮、坤。雷在地中，复未为亨通。震雷发动，水泽方施，又为坎陷所逼，君子则为屯蹇未亨之象。

蒙，上艮下坎，坤、震存乎其中。山之下有险，震动坤静，动泉静土，未知所适，君子则为蒙昧之象，又有富贵者当参究，合五行则吉。

需，上坎下乾，中存离、兑日月之明，主为人聪明智慧。日在于天，正当光耀，雨泽又自天而下，日为云所蔽，欲待云收雨散，方著其明。需者，待也，有儒者席珍待聘之义，君子则为待时之象。

讼，上乾下坎，巽、离存乎其中，外刚内险而不相合，巽风方动而水欲施，又为月明于天之上。是卦也，阳多阴少，阳尊阴卑，二气相薄，阴阳不和，君子则为争讼之象。

师，上坤下坎，中藏有震，雷出于地，振摇山岳，命令下行。雷一动而雨泽施，浸润万物，刚中而应，行险而顺。主为人出众，敢为服众，有作有守，君子则为师众之象。

比，上坎下坤，中存乎艮，山中地，地中山，正类谦光四益。盖山地之上皆水，草木受润，上险下顺，外纵行险，内顺从之，则其险何所施焉？纵或为险，又知所止，无非柔顺和乐，君子则为比和之象。

小畜，上巽下乾，中存离、兑。日在天上而明，风自天上而发，雨泽自天上而施，日能照耀，风能发扬，雨能滋润，物受其利，故有积蓄之义。君子得之，则为小畜积聚之象。

履，上乾下兑，中存离、巽。日明于天，风动雨施，晦蚀其明，柔履乎刚，不得其位，则有履薄冰之忧，君子则为履惊惧之象，得时合五行最吉。

泰，上坤下乾，中存震、兑，雷动泽施于天之象。雷泽行地之下，物受其润，正天地交泰之时，阴阳和畅，草木蓄茂，君子则为大通之象。富贵之说，得时合节则吉。

否，上乾下坤，中存巽、艮。风行山地之中，方欲扇扬，万物又为艮所止，不能发，又无雷泽相应，山地之中，草木就燥，甲不能拆，秀不能实，壅遏不通，君子则为否塞之象。

同人，上乾下离，中存乾、巽。柔得位而应乎乾，虚心顺之光明盛大，柔济以刚，行健不以武，而以文明；用之相应，不以邪而以正中。君子得之，则为和同之象。

大有，上离下乾，中存兑象。刚柔相济，明暗相交，二气循环，阴阳得位。明者，离之日也。晦者，兑之泽也。交杂乎火之上，日之明能照万物，而物受其气，故有相感之意。君子得之，则为大有之象。

谦，上坤下艮，中存震、坎。地下有山，山上有地，培植高厚之势，资养万物，震动雷行，坎满而溢，发生茂盛，皆自此始。山在地中，愈高愈卑。君子得之，则有谦光之象。

豫，上震下坤，中存坎、艮。上方动验，中方满险，下又止之。则其险无所用矣。雷在地上，震惊万物，屈者伸，藏者露，顺以动之，动以顺豫。君子则为逸豫之象。有眚，合五行吉。

随，上兑下震，中存巽、艮。山之中有草木，雷动风翻，雨泽万物，风雨雷电，相随而行，造化不违，物全其性。君子得之，则有随顺相从之义。

蛊，上艮下巽，下存震、兑，于文则为血，蛊风落山，谓之蛊，又谓三虫食血之义。女人感男，山下有风，山中有雷有泽，其蛊为风扇扬所发，雷震动而出为泽，草木皆受其食，不能生长。君子得之，则为蛊坏之象。蛊者，事也，惑也，又为多事惑乱之象。

临，上坤下兑，中存坤、震，地之下有雷有泽，雷动山岳，命令下行，泽润草木，恩波下逮，有为政治之实。君子得之，则为临莅之象。

观，上巽下坤，中存乎艮，地之上有山，积为垣墙之义，成高大之势，山地之上又得巽风为之扇扬，高大光厚，威仪盛美，必有可观者焉。君子得之，则为壮观之象。

噬嗑，上离下震，中存坎、艮，为日月之明，主人有智有力，乃为日月之象。然噬者，啮也；嗑者，合也。凡物之间啮而合，君子则为噬嗑之象，又主官非争讼之事。

贲，上艮下离，中存震、坎。山之下日方离丽，使百谷草木光明正大，虽雷动而雨欲施，将使其明者晦矣。又为上险而不可行，止遏而不可动。其为日也，独耀其明，而不为阴邪所伤，小人欲犯君子，而不可得。君子得之，则为文饰之象。

剥，上艮下坤，中存坤象，阴多阳少，小人众而君子独，阴剥阳之时，小人犯君子之义也。是卦多为灾眚，夭亡之象。然众阴剥去，其阳使无其位。剥者，落也。君子则为剥落之象。

复上坤下震，中存坤象，雷在地中，未能亨奋，惟利冬月生人，余月皆致灾眚。又云阴月生人，雷未应时，当复于地中。其时未震，震惊百里，物即亨畜。君子得之，则为兴复之象。

无妄，上乾下震，中存巽、艮。雷发于天之下，山之中，巽风扇扬，吹嘘万物，主人甚有威权声誉，雷震惊怖，巽风动摇，而减灾眚。凡事不可妄为，最宜谨守，君子为无妄之象。

大畜，上艮下乾，中存震、兑。山在天之上，既高而又处高，震雷动而雨泽施，致润乎山，物皆滋益，天与山皆藏蓄乎物。君子得之，则为大畜之象。

颐，上艮下震，中存坤象。山之下有地，地之上有山，积累高大，培植草木，山地之下有雷，非应时不发，当行则行，当止则止，有所涵养。君子则为颐养之象，是卦顺时则吉而富贵。

大过，上兑下巽，中藏乾象，刚亢居中，本末俱弱，首尾不能运掉，心性刚强，徒自劳耳，必致灾难。君子得之，则为大过之象。

坎，上下皆坎，中存震、艮。山之中兴雷致雨，草木发秀，主人伶俐，但凡事多有阻难，内方欲动，又为险所陷，艮所止，进退未能。君子得之，则为坎陷之象。

离，内外皆离，中存兑、巽。上下皆明，天下之人，悦其昭耀光辉盛美，又为顺而从之，事皆照彰，令誉显著。君子得之，则为离明之象。

咸，上兑下艮，中存乾、巽。刚柔相应，二气相合，阴阳交畅，万物相感，各有所成。巽风发乎天之下山之中，扇扬万物；兑泽施乎天之下山之上，沾润万物。二气相召，阴阳和而万物成。君子得之，则为咸感之象。

恒，上震下巽，中存乾、兑。自天之中，雷动风行，雨泽于下，雷风相与，刚柔相应，皆无壅遏阻滞之患。君子得之，则为恒久之象。

遁，上乾下艮，中存乾、巽。天之下有山，山之中有木，为风动摇枝叶不宁，或飘或落，又无物以济之，在人日用之事，宜自退避。君子得之，则为遁逃之象。

大壮，上震下乾，中存乾、兑。天之中雷震发动，兑泽旁施，普天之下，浸渍沾濡，物受其利，能成丰稔之发。君子得之，则为大壮之象。

晋，上离下坤，中存坎、艮。山地之间，百物仰赖乎天，枯则润之，湿则晒之。欲晒之以日，其水欲行止之，以险水不能动；欲润之以水，其日欲升，则止而陷之，使不能通其造化之妙，存亡进退不已之功。君子则为晋进之象。

明夷，上坤下离，中存坎、震。日方欲明华丽之耀，又为雷动雨水散行。是卦阴多阳少，致使阳明之气竟为邪气所干，阴盛阳衰，不能自立，自伤其明。日落平地，沉坠埋没。其光辉之在我。君子得之则为明夷之象。

家人，上巽下离，中存离、坎。交互日月之明，主为人聪慧智识，大明辉耀，得风以扇扬之，其焰愈炽，中又有水以济之，以为堤防之地。盖防者，乃防闲之义。初九曰："闲有家"。君子得之，则为家人之象。

睽，上离下兑，中存坎、离。日月之交辉并照，当使万物明丽光华，中又有坎陷所遏，二气不能交通，否塞壅滞，又值兑泽施晦气以干之，则不能全其明。君子得之，则为睽间之象。

蹇，上坎下艮，中存离、坎。日月之明，水火相济。是卦也，水泽所行，为艮所止，阳明欲丽，为坎所陷，水阻折而不通，日亏昃而不耀。君子得之，则为蹇难之象。

解，上震下坎，中存坎、离。雷声一发而雨作，日方欲明，内外皆陷，使阴阳相搏，水泽通行，洽濡万物，故曰："险以动，动而免乎险"。君子得之，则为患难解散之象。

损，上艮下兑，中存坤、震。雷在地中复，未能发声，则雨泽安能沛然而下？雷震而雨方行，雷既下施，山地之上，物无滋润，枯槁可知。君子得之，则为亏损之象。

益，上巽下震，中存艮、坤。山之下有地，地之上有山，其地深厚益固，上而有山，巍巍高大，巽风发荣于山地之间，震雷发动于山地之下。君子得之，则为进益之象。

夬，上兑下乾，中存乾象。阳决阴之时，五阳独亢，一阴至柔。阳为君子，阴为小人。是卦阳多阴少，无小人莫养君子，莫能行其刚健，无柔德可以济之，必致凶恶。君子得之，则为夬决之象。

姤，上乾下巽，中存乾象。柔遇刚也，风行天下，发荣万物，命令发施，动化万民，众为君子，寡为小人，则其身在贵必成其美。君子得之，则为姤遇之象。

萃，上兑下坤，中存巽、艮。山地相为培植，兑泽自上而降，灌溉滋润，草木之本根益固，枝叶茂盛。但见其林木繁多，不可胜用。君子得之，则为萃聚之象。

升，上坤下巽，中存震、兑，雷动风行，雨泽滂沱，地上有物受其润泽，枯者荣而秀者实矣，咸有收成之功。君子得之，则为升进之象。

困，上兑下坎，中存离、巽。日欲光而上下无应，水欲通而造化之功壅塞阻滞。君子得之，则为困遁之象。

井，上坎下巽，中存离、兑。井之中有水，其来不竭，井深而脉长，则日以华丽。春水温则风暖，夏水热则风溽，秋水冷则风清，冬水寒则风冽。井之德有常，而不变所守，君子则为井之象。

革，上兑下离，中存乾、巽。天之下有风，发扬吹扇，万物生长，此天风姤之象。天之上有泽沾濡，天之下有风日相交，融和条畅，如春夏秋生最吉，万物增新而改旧。若安身在乾刚之地，多致凶矣。君子得之，则为改革之象。

鼎，上离下巽，中存乾、兑，天之上有泽有日，天之下有风扇荣。普天之下，江河山川，阳明照丽，雨泽沾濡，巽风生长，精神秀丽，气象更新。君子得之，则为鼎新之象。

震，内外皆震，中存坎、艮。震雷惊奋，命令施设，威声广播，雷声一振，山岳动摇。是卦也，一卦二雷太过，其声震惊百里，得之非时，恐致灾眚。又主为声名振扬，才华温厚。君子得之，则为震雷之象。

艮，内外皆艮，中存震、坎。雷动于险，艮又止之，发声动威，不能行其令，内外皆阻，中存险陷，君子则为艮止之象。

渐，上巽下艮，中存离、坎。有日月之明，聪明光华，水行于险，艮又止之，风和日暖，适当其时，可使雨水施布，以资生长之功。万物受利，自此有成。君子得之，则为有渐之象。

归妹，上震下兑，中存离、坎。长男岂可与少女交，则少女有所不乐。今悦以动，女所必归从也。人伦大义，于此反背。君子得之，则为归妹之象。

丰，上震下离，中存兑、巽。雷动雨施，阴晦不光。忽然云收雨散，而日丽照耀四方，晦昧皆明，阴气正衰，而阳气独盛，光明正大，无所不烛。君子得之，则为丰大之象。

旅，上离下艮，中存巽、兑。日正明而雨下，二气相薄，阴阳不和，山之中有风，风落山下，有山风蛊之意，物皆伤坏，事事乖忒。君子得之，则为羁旅之象。

巽，上下皆巽，中存离、兑。风日交和，万物悦顺，在离明之地，照耀光华，风行令布，民皆悦服。君子申命行权，则为巽顺之象。

兑，上下皆兑，中存巽、离。日明于雨泽既行之后，晦而又明，又得风扇扬其光，无物不丽，万物咸悦。君子得之，则为兑悦之象。

涣，上巽下坎，中存艮、震，山下有雷，动摇草木，根枝不宁。但于坎险之中，雷动为难，雷声阻险，不行奋发，发则物受其害。是卦也，居爻行数，不吉反为灾难，逢吉则为患难涣散之象。

节，上坎下兑，中存艮、震。山之下雷声一动，蛰虫皆伸出露其状。而又得水泽以润之，物皆受其利，必有成功之日。造化至此，萃露于中，又为民所遏，方欲升进，艮又止之，凡事多阻。君子则为阻节之象。

中孚，上巽下兑，中存震、艮。风行当发，雨泽施沛，天地之间，草木皆受其润。刚得中则止，柔在内则顺，悦以巽人，无乖争巧竞。君子得之，则为中孚之象。

小过，上震下艮，中存兑、巽。艮山之上，万物丛聚，巽风为之扇扬，兑泽为之滋润，枝干茂盛，物物顺悦，无不如意。但其中震雷发动，未能全静。君子得之，则为小过之象。

既济，上坎下离，中存离、坎。有日月之明存乎其中，水在火上，下发其焰，鼎沸物热，事无相违，中存互体，即亦如此。水能浣濯而清洁，火能照耀而光明。二气相感，以成其功。君子得之，则为既济之象。

未济，上离下坎，互体存乎其中，二气相逢，阴阳不顺，事皆倒置。盖火在水上，两无所成。君子得之，则为未济之象。

论出后天六合伏体要旨　凡天地之道，穷则变，变则通，通则久。夫人生有出六合之外者，是为极数。此必仙姿道骨，夙善因缘，宜当推究。有出后天至九五、六五、上九、上六者，有应援伏体，有元气化工，辞理优长，为能极也。却将九五、上九、六五、上六，即起流年推之，若遇反对，爻凶理失，则寿之所终也，此游魂伏体之法。否则，终能殃及子孙，必多灾眚，其人自非其疾，亦必孤独。所谓数极，有京城，有山林。京城者福，山林者苦；京城减寿，山林崇高，即与舟去齿附翼两足之义也。

详说伏体要旨　如后天之气数，行至君爻之位，此为数足，到此必死。无阴骘者，千日之前便死。如遇小象与大象反对，定死无疑。有阴骘者，到君位阳爻，延至九年必死。屯蹇夭眚之患，纵到君爻，亦不许行至上极之爻，寿必不至此。或有到此者，必主大变之祸，凶暴之挠。或生异疾，或殃及子孙，或反本复始之失。所谓反本复始者，先无官，后有官，必致反其官为无官之人，先无财后有财，必反失其财。损人伤口，丧幼泣卑。百种千端，妖怪并发。盖气数如此。先是后非，反治为乱，是物穷则变，变则极矣。有过此上极之爻，当为超凡越世之士。乃避世之贤，乃逃出先后天之命，不系数中，不属天地所拘，非系仙姿道骨，安能有此也哉？所谓逃出六合之外，乃命之最者，斯可与并论矣。

上经三十卦详解

䷀ 乾

《象》曰:天行健,君子以自强不息。

乾以六龙取象,生于二月至八月得时也,为福之深。乾宫六世卦,属四月,纳甲是甲子、甲寅、甲辰、壬午、壬申、壬戌,借用甲申、甲午、甲戌、壬子、壬寅、壬辰。若生于四月及纳甲本命者富贵,虽失爻位,亦为福善之人。乾金秋旺,如不及时不纳甲者贫贱,虽爻位常,亦有奔走劳役矫诈之徒也。

初九:潜龙勿用。

此爻是隐德之象,而示以固守之占者也。故叶者,因深学广,心懒志疑,好静无求,名利不耀;不叶者,隐居下处,刑克太重,奴仆少力。岁运逢之:在仕退阻,在士淹留,在商窒滞。惟僧道隐逸羽衣之流,则盘桓安乐。女命则兴家业,孕生子。凡人利用幽静,若一动作即生灾疾,谋事则有咎。且变得姤卦,谨防小人染污之咎。

九二:见龙在田,利见大人。

此爻是大人德与时显,而天下不失望者也。故叶者,贵而有利名,龙象也,富有产业。不叶者,亦主中直,多见润泽。岁运逢之:在仕者,逢明主,居要津;在士者,擢高科,弛名誉;在农者,进田园,增金帛;商贾获利,僧道加持,常人得贵人提携。然"龙、田、德、普"四字,或是官职姓名字也。若女命则居富配贵。

九三:君子终日乾乾,夕惕若,厉无咎。

此爻是因占设戒,而示以忧勤补过之占也。故叶者,最是公正之人,有名利,勤学力行,见识之广,忧虑之深,每逢难事,变而为易。不叶者,乍勤乍怠,无敬畏之心,有躁动之失。岁运逢之:在仕必主兼职重之任,而事多繁冗,能惕若忧勤则可免咎;在士进取艰辛,而佳会难逢;在常俗必往来不停，而财利艰获，凡事详审，躁动者失；女子主性躁，刑克太重，难于内助。

九四：或跃在渊，无咎。

此爻是能审于进退，而不轻于动者也。故叶者，可行则行，可止则止，进德修业，及时行道，有志之士，多见科甲之遂。不叶者，虽有富贵之慕，进退多疑，终不成事。岁运逢之：在仕则停缺待职，在士则藏器待时，在庶俗则百为艰难，疑而未定。若女命与僧道，则安乐富贵矣。

九五：飞龙在天，利见大人。

此爻是德位之隆而下观，不容己者也。故叶者，立大功名，享大富贵。不叶者，难当此任，虽有高飞远举之志，亦难克遂成立之愿，如升天之不易也。岁运逢之：在仕未遂清高之职位，在士必飞黄腾踏之有阶，在庶俗必遇尊贵之抬举，而谋遂志得，养晦者或近势大宦家，或造甲第王家，或建龙宫殿宇。女命则兼男权，难免孤克。爻拆数凶者，有见官之兆。

上九：亢龙有悔。

此爻是履盛之危者也。故叶者，贵而无位，高而无民，能知谦戒，则可长守其富贵。不叶者，自尊自大，欺公玩法，招尤启衅，难于成立。若是女命，其性必悍，内助艰辛。岁运逢之：在仕则退职遭贬，在士则高荐后当有损折，在庶俗则有过刚取凶之祸。五十以后者不寿。

注：小满生人，则群龙无首吉，十月生人次之。

䷁ 坤

《象》曰：地势坤，君子以厚德载物。

坤宫六世卦，属十月，纳甲是乙未、乙巳、乙卯、癸丑、癸亥、癸酉，借用乙丑、乙亥、乙酉、癸未、癸巳、癸卯。如生于十月及纳甲本命者，必为名高德厚之大臣。如生不及时，卦爻失位者，亦主有田产厚禄长寿。为僧道者，亦享厚福。女命则有柔顺之德，而见夫荣子贵。

初六：履霜，坚冰至。

此爻是阴始生之象也。故叶者必幼习诗书，壮得功名，盖必生于阳月可也。不叶者，则不中不正，违上习下，损人益己，谏之则怨，谀之则喜，终不能善其后。岁运逢之:在仕则防谗佞之祸,在士则防妒忌之嗟,在庶俗则防仇怨之虞。惟阴命则大兴家业,坤道方长故也。

六二:直方大,不习无不利。

此爻是盛德之至者也。故叶者,为中正贵人,誉望高,方量大,且直、方、大三字为兆甚多,或太常、太仆、大尹、方伯之类。不叶者,亦忠实之人,多动少静,而为乡里之所推重。岁运逢之:在仕职高迁,在士则伟名上达,在庶俗则粟帛多增,在女命则为贤良起家。

六三:含章可贞,或从王事,无成有终。

此爻是人能含晦章美者也。故叶者,主学问充实,作一持之标准,主一生荣显享爵禄于无穷。不叶者,亦韬光敛彩,公己公人,而为智愚谨厚之士也。岁运逢之:在仕则职修而升迁有望,在士则文华而进取有日,在庶俗则谋深而经营有获,在女命则为德妇。

六四:括囊,无咎无誉。

此爻是因时以自守者也。故叶者,虽有居位食禄之美,而谋猷不能显设,亦终不能任重致远,徒小补而已。不叶者,为谨厚朴实之人,而丰厚饱暖以有余。岁运逢之:在仕则谨守常职进成,在庶俗则经营阻滞,大凡宜谨固收敛,则无非而难于升达,在士则艰于进取,在庶俗则经营阻滞,大凡宜谨固收敛,则无非横之祸。女命则贤而起家。

六五:黄裳,元吉。

此爻是有中顺之德,而获大善之吉者也。故叶者,文章高世,科甲冠伦。黄字为黄榜、黄门、黄屋、宗室之兆。元字为解、会、殿三元之兆。又“文”字“中”字为兆甚多。不叶者亦施为公正,衣禄丰足,谨厚退逊,不招猜疑。岁运逢之:在仕则为内授之选,在士则有飞黄之荣,在庶俗则有财利之招,事事安稳,灾害不生。女命则为命妇、德妇,而内助之功人。

上六:龙战于野,其血玄黄。

此爻是阴盛之祸者也。故叶者,或为将帅而临阵恃功,或居高位而僭越无忌,或处势危而威福自恣。不叶者,性多凶狠,冒尊凌上,好大喜功,更变无定,甚则为军戎历其艰辛,吏卒受其苦楚。或好争而被残伤,或好讼而苦其刑罚。岁运逢之:在仕则见贬斥之祸;在士则为鏖战于文场,虽有飞黄之荣,难免忧害破损之危;在庶俗则有争斗之扰,而破败危亡之甚。

䷂ 屯

《象》曰：云雷屯。君子以经纶。

坎宫二世卦，属六月。纳甲是庚子、庚寅、庚辰、戊申、戊戌、戊子。如生于六月及纳甲者，功名富贵人也。又二月至八月得其时者，为福厚。余月得此，则勿用有攸往。

初九：磐桓，利居贞，利建侯。

此爻是屯难之时，进则为民，退则守己。故叶者，当位至公侯，职居藩门。但恐非太平之时，必在险要之地。不叶者，虽守己居正，亦有威权而为人望，但处事迟疑而少果决。岁运逢之：在仕则职修而有显越之选，在士则从贵而有建明之义，在庶俗则安常守分而无躁动之虞。大抵事事宜当审择，躁妄则屯。女命则为良妇而兴家。

六二：屯如邅如，乘马班如，匪寇婚媾。

此爻是进之有累，后之有道者也。故叶者，先孤而后不孤，先困而后不困，或为乡里善士，岩穴幽人，守节之女，甘贫之士。不叶者，图远忘近，违亲向疏，虽得尊上取用，而招下猜疑。岁运逢之：在仕则取班改职，必致五马之荣，或御兵寇而权柄日盛；在士则进取蹉跎；在庶俗则有婚嫁交缔之美。男女之生数凶者，主辞讼勾连，程途阻滞，进退不决，而迍邅不遂矣。

六三：即鹿无虞，惟入于林中。君子几，不如舍，往吝。

此爻是妄行取困，而深戒其妄行取困者也。故叶者，知几固守，顺理安行，如舜与鹿豕游而险陷可免。不叶者，漂泊生涯，殷勤活计，履危蹈险而不知避。岁运逢之：在仕则招贪污之斥，在士则招停降之辱，在庶俗则遭禁狱之殃，不如守分安常为佳。

六四：乘马班如。求婚媾，往，吉无不利。

此爻是求贤以济屯，而获遂者也。故叶者，初作贤才，终逢明主，进列清班，出为五马。己不求人，人自仰。若是女命，夫荣子贵。不叶者，离乡改祖，柔懦不能自立。虽遇提携，亦难振作。岁运逢之：在仕则禄美誉彰，而升迁有地；在士则进取易为，而嘉会自至；在庶俗则人情和合，而百谋克遂。大抵得朋之助，交缔之美，而吉无不利也。

九五：屯其膏，小贞吉，大贞凶。

此爻是德不下究，而业不可大者也。故叶者，禀中正之德，怀济惠之心，则名小就。不叶者，好大喜功，必遭凶祸。岁运逢之：凡有为者，不可急躁妄诞以取凶，但要斟酌审处以避难也。

上六：乘马班如，泣血涟如。

此爻是进无所之，而忧惧甚切者也。故叶者。进前退后，心志不坚，知古通今，功名难遂，生长悲感，多艰多难。不叶者，亲有刑伤，婚姻孤克。岁运逢之：居荣见辱，在仕防谗，在士防辱，在庶俗防损。数凶者无寿，防父母之丧。

蒙

《象》曰：山中出泉，蒙。君子以果行育德。

离宫四世卦，属八月。纳甲是戊寅、戊辰、戊午、丙戌、丙子、丙寅。生于八月中纳甲者，功名富贵人也。

初六：发蒙，利用刑人。用说桎梏以往，吝。

此爻是详君子发蒙之道，而因以戒之者也。故叶者，亲近尊贵，力勤德业，或不由进取成名，或不用文字改秩，甚则修国史而立典刑，掌兵权而行赏罚。不叶者亦为良民善士，饱食暖衣，不受艰辛。岁运逢之：在仕则为掌文教之职，或理刑名之任；在士则小试有发轫之美；在庶俗多主官讼，亲朋不和，干戈争斗，暗昧是非，终得脱解，凶者有刑。

九二：包蒙吉，纳妇吉，子克家。

此爻是任师道之美，著其象而善其占者也。故叶者，必大贤君子，大量容物，和气待人，孝养忠国。不叶者，亦能起家立业，或得妻力，得贵子。岁运逢之：在仕则守官职，在士则为师范，在庶俗则人情和协，而百为有成，或结婚姻，或生子孙，尊贤交接，行藏遂志，动止平安。

六三：勿用取女。见金夫，不有躬，无攸利。

此爻是溺于自暴自弃，而不足与取者也。故叶者，多学问，纵有利名，亦是弃本逐末，违正后邪。女命则为宠妾，先轻后重。为妮妓者可以招福。不叶者，必有阴险，摇唇鼓舌，虚而无实，徒奔走于尘途，碌碌难免。岁运逢之：在仕则有贪婪取辱之斥，在士则有燕僻废学之嗟，在庶俗则生是非，或阴人不睦，而有酒色声音之咎。大抵宜静而谨防为佳。

六四：困蒙，吝。

此爻是不能亲贤者也，故叶者，虽是才人，难逢明主，独善一身，徒居僻处。不叶者，寡与人交，自夸己德，宜僧宜道，子孙难续。岁运逢之：在仕则无引援，而少升迁；在士则无荐拔，而进取艰辛；在庶俗则人情乖离，而经营蹇滞。大抵静无灾而动有损。

六五：童蒙吉。

此爻是至诚以任贤，而治功成者也。故叶者，幼而明敏，壮而谦恭，或幼童科甲，早承祖荫，致君泽民之道，可以推行无阻。不叶者，亦安常守分，和光同尘。岁运逢之：在士农工商，皆依附称谋为攸顺。

上九：击蒙，不利为寇，利御寇。

此爻是治蒙过刚，蕴其用而异其占者也。故叶者，有名位利禄，或幼选之战功，或节制兵师，主官刑狱。不叶者，亦有志气，能胜重任，大事不惧，小事不欺，为乡里之豪杰。岁运逢之：在仕则有司寇名职，在士则寇可夺功可成，在庶俗则防争讼寇盗之扰，或奴婢为灾。

䷄ 需

《象》曰：云上于天，需，君子以饮食宴乐。

坤宫四世卦，属八月。纳甲是甲子、甲寅、甲辰、戊申、戊戌、戊子，借用壬子、壬寅、壬辰。若生于八月纳甲之年者，富贵命也。须要元数归元卦，爻叶吉者应。

初九：需于郊，利用恒，无咎。

此爻是有远险之象，而示以不变之占者也。故叶者，清廉公正，而为冷淡之官，郊处巡捕之职。不叶者，隐处山林，随分衣禄，毁誉喜怒之不事。岁运逢之：在仕则守常职，而黜陟不加；在士则宜从外路，虽有造就而志意不惬；经营者守旧安常，灾不犯而祸不作。如数空者，葬于郊野。

九二：需于沙，小有言，终吉。

此爻是拟人臣初进之象，先难而后获者也。故叶者必有贵人。“沙”字之义，在文则宰相而行沙堤，在武则将军而行沙塞；“言”字“中”字，吉兆甚多。不叶者，奔走江湖，道谈鼓舌，或幼年知书，晚景获福。岁运逢之：在仕则入言路正论，或阻于邪议；在士则考较必遭言责，终可免身辱之危；在庶俗必主以是非卑幼争讼之扰。大抵宜宽缓以待人，则百结不辨而自明。

九三：需于泥，致寇至。

此爻是身近于险，而著其自取者也。故叶者，虽有利名，常见忧愁，区区然而不出乎尘。不叶者，性习刚强，身遭险陷，忠言不听，妄语见信，而碌碌于丛棘之中。岁运逢之：在仕必遭贬逐，而自贻伊戚；在士必受耻辱，而无以自拔；在庶俗宜防寇盗失夺之蹉。行舟者被水厄。

六四：需于血，出自穴。

此爻是能远于害者也。故叶者，必为正人，有才有德，观变知机，出险为夷，而身家可免倾危之患。不叶者，主违亲向疏，出家作旅，幼失恃怙，老倚富豪。下则为奴婢使令之人。岁运逢之：在仕则能全身远害，而宠辱不加；在士则国学者可出身以成名，府州则不得志矣；在庶俗则伤害去，而平复之有渐；在囹圄者散，久淹者伸，旅处者无羁绊。数凶者则静中退步，闲中生闹，或争竞鞭刑，或血蛊产难，或忧长上，或损婴儿。

九五：需于酒食，贞吉。

此爻是久于其道，而化成者也。故叶者，必大贵人，而功名无阻，“中正”二字之义，官职多端。不叶者，亦是金谷丰盈，安静享福，次则为饱暖之人。岁运逢之：在朝廷则有食邑荣生，在仕则有御宴饮食之加，在庶俗则必有粟帛婚姻之喜。“中”字大中，中书中顺。“正”字即奉正言正，即正拜正字。

上六：入于穴，有不速之客，三人来，敬之，终吉。

此爻是加敬于非意之来，而险可出者也。故叶者，多为儒者，先勤后怠，早年锐志功名，晚岁栖身岩穴，亲贤接善，无不顺承。不叶者，处顺安常，卑牧谦恭，而得好人拔举，可以出危为安，易险为夷。岁运逢之：在仕则入内京，谨防谗邪之厄；在士则入国学，谨避疑之损；在庶俗则入幽谷，谨防怆悴之患。大凡要能谨慎，则久忧得散，久淹得伸。数凶者，轻则系缧绁，重则埋丘冢。

䷅ 讼

《象》曰：天与水违行，讼。君子以作事谋始。

离宫四世卦，属二月。纳甲是戊寅、戊辰、戊午、壬午、壬申、壬戌，借用甲午、甲申、甲戌。如生于二月及纳甲者，功名富贵人也。

初六：不永所事，小有言，终吉。

此爻是不能终讼，始虽屈而终得伸者也。故叶者，心性明慧，度量宽宏，观变之机，全身远害，顺则入言路，修国史，而终无尤孽之招。不叶者，亦能酌事机，料势变，少有成就。次则有作为而不能长久。岁运逢之：在仕必遭谗谤，不辨而明；在士则小有言伤，而终无大害；在庶俗则有是非，起灾讼，而终可获伸；有病者不药自愈，数凶者寿不延永。

九二：不克讼，归而逋。其邑人三百户，无眚。

此爻是诉讼之人，以情中而得吉者也。故叶者，或守宰户曹。而责不受殃，或隐居退处，而富不招孽。不叶者，动则为难，心不服人，进则阻滞，退则守己，亦不失为守常之士。岁运逢之：在仕则有食邑之荣，在士则保守而毁辱不逮，在庶俗则户口安宁而无眚。如元数凶者，主讼起户婚，甚则逐窜流逃而难反者也。

六三：食旧德，贞厉，终吉。或从王事，无成。

此爻是安分之人，以退让而获吉者也。故叶者，或承祖父之恩，而荫袭以承天宠；或守田园之业，而因人以成其事功。不叶者，先难后易，始辱终荣，刚而不虐，威而不猛，守常不竞，自足无旧。岁运逢之：在仕则恪守常职而难于封除，在士则保全常分而停降不加，在常人则不失其常而百难不犯。

九四：不克讼，复即命，渝安贞，吉。

此爻是能自处以正，而不陷于有过之地者也。故叶者，志刚心慈，闻善必行，有过必改。"命"字"安"字之义，有爵命、寿命、安国、安家之兆。女人为女人，命妇贞洁。不叶者，多越分凌节以犯上，不能察文理就义以自省，吉不可得也。岁运逢之：在仕则闲中复职，在士则进取不失，在庶俗则改过迁善，而官讼不挠。吉则为平安，凶则为安置，又当预防之可也。

九五：讼，元吉。

此爻是德位兼隆，而为讼者之利见者也。故叶者，文章高世，学问冠伦。其元之义，有进取三元之兆。"正"字之义，有正郎正卿之应。不叶者，亦中正谦恭，知几固守，而不失为乡里之善士。岁运逢之：在仕则除授封拜之大，在士则登科及第之显，在庶俗则营谋求利之必遂。"正"字，正奉、正言、正拜。

上九：或锡之鞶带，终朝三褫之。

此爻是能终讼，始胜而终必败者也。故叶者，喜功贪谋图远，果敢有为，而不顾名分道理，行人之所不能行，可以幸爵苟禄。不叶者，祸起萧墙，悔生意外，始得终失，而身家难保。岁运逢之：在仕则有成有败，有进有退；在士进取必见捷报之佳；在庶俗或见争讼，或承重服。用之终讼则凶，以之自讼则吉。

䷆ 师

《象》曰：地中有水，师，君子以容民畜众。

坎宫三世卦，属七月，纳甲是戊寅、戊辰、戊午、癸丑、癸亥、癸酉，借用乙丑、乙酉、乙亥。凡生于七月及纳甲者，功名富贵人也。师字取义，大则师傅、师保、师将，次则兵师、禅师、法师、大师不一。

初六：师出以律，否臧凶。

此爻是深戒行师之不可苟者也。故叶者，威名服众，恩爱及人，用心不私，而富贵福泽，享于无穷。不叶者，心慕更新，事不师古，始则富贵，终则倾危。岁运逢之：在仕则克尽臣道而天宠日加，在士则文义合式而功名可取，在庶俗则经营有法而财货日增。但轻于动者，成少败多。数凶者，行险伤寿。

九二：在师中吉，无咎，王三锡命。

此爻是将兵者善其战，而将将者隆其任者也。故叶者，刚而不虐，威而有惠，或执阃外之权而军民共戴，或居大中之位而遐迩咸趋。不叶者，亦一乡之善，而上奖下誉之有地。岁运逢之：在仕必加宠锡，天书爵命，在外入朝，在内出师；在士必成名，而魁解可得；在庶俗则必遇贵，而百谋称心。僧道受恩，女命受封。

六三：师或舆尸，凶。

此爻是轻敌以取败者也。故叶者，才德大弱，大众不服，下人不信。不叶者，寿算难远。岁运逢之：悲忧多至，或服丁忧。如与命相合者，变升三爻，有"升虚邑"之辞。未仕者不阻，已仕者受职待缺。十二月生人，又贵而吉。

六四：师左次，无咎。

此爻是不幸成，以取败者也。故叶者，明炳几先，酌事应变，见用于治朝，免祸于乱世。"左"字之义为兆颇多，有左辅、左相、左选、左曹之类。不叶者，退处卑约，宜静安居，而为全身远害之吉人。岁运逢之：在仕则险要而居清冷之位；在士则为内舍监生之美；在庶俗则安居乐业，而无妄动之危，或修造宫舍，或寄寓旅次，皆不失其常，而祸害不招矣。

六五：田有禽，利执言，无咎。长子帅师，弟子舆尸，贞凶。

此爻是得用师之义，而尽任将之道者也。故叶者，进身有遭，立功有德，彼动此应，先审后发，靖乱拯溺，而威声大著于海宇。不叶者，或居村野而有田园资畜，有学问，有权柄。长子可克家，小子多无寿。下此则妄言妄动多阻多拙。岁运逢之：在仕或为执政，或居言路而地位高显；在士则进取成名，傍列后次；在庶俗则田税日增，牲畜日繁，但有委任得其人，则谋遂志得，须防小子之阨。

上六：大君有命，开国承家，小人勿用。

此爻是尽报功之典，而不滥于所施者也。故叶者，正大君子，受恩宠，有寿命，或立朝廷之功，或承祖父之恩。不叶者，少公直，恃时势，欺良善，可与同患难，不可与安乐，而福泽浅薄。岁运逢之：在仕者当权立功，未仕者技艺成名，常人可立家计，或承继宗祀，或增祀续。大抵宜防谗妄，恐生僭越之祸。

比

《象》曰：地上有水，比。先王以建万国，亲诸侯。

坤宫三世卦，属七月。纳甲是乙未、乙巳、乙卯、戊申、戊戌、戊子，借用癸巳、癸卯、癸未。如生于七月及纳甲者，功名富贵人也。

初六：有孚比之，无咎。有孚盈缶，终来有他吉。

此爻是以诚感人，始无不得而终无不善者也。故叶者，无虚浮，有真实，遇外贤，受正禄。不叶者，亦优游安乐，而不磨艰辛，僧道技艺，亦可立身。岁运逢之：在仕则有额外之迁，在士则有登荐之荣，在常人则有知己之遇，而百谋无不称心矣。

六二：比之自内，贞吉。

此爻是得其君而仕，正而且吉者也。故叶者，贵显之大，福泽之厚，言发于真见，行出于本心。"内"字之义，为内翰、内舍之兆。不叶者，亦诚实之人，得妻家之力，贵人倚附势。岁运逢之：在仕则见内除；在士子则成名，不出方州之中；在庶俗则得贵倚附，而营谋协意。女命则得贤夫之配。

六三：比之匪人。

此爻是不择交，而取损者也。故叶者，内无好亲辅而心有不足，外无好应与而终有失志，纵能居位食禄，恐寿年亏而嗣续艰。不叶者，进学无成，好亲小人，甚则带疾生灾，放溢为非，而伤损无日。岁运逢之：在仕则防同僚不睦之愆，在士则防黜降之虞，在常俗则损友猜疑，气血损伤。若女子，所嫁必非良人，破家丧身之象。不然则有争讼，破财刑孝，多般挠括，未免徒流。

六四：外比之，贞吉。

此爻是外比得其君，正而且吉者也。故叶者，虚己待人，尽节事君，身处于内，心比于外，而富贵可以长享。不叶者，亦为人正大，而无阿谀苟合之行，乡里推重，脱凡越俗。岁运逢之：卑职得升迁之荣，进取曹台得利。在庶俗出而有为，多得知己之力，而行无不遂。

九五:显比。王用三驱,失前禽。邑人不诫,吉。

此爻是有德足以当天下之比者也。故叶者,大公至正,而致君泽民之有道。"中正"二字之义,有正奏、正言、大中、治中、给事中之兆,小则有食邑宰邑之荣。不叶者,有中正之德,不拒不追,杀气才起,仁心便生。度量宽宏,先孤而后不孤,先难而后不难。次则为勤苦虞纲之徒,而饱暖足食,或以文及武。岁运逢之:在仕则有超迁之荣,在士则有贡举之兆,在庶俗则有先送后顺之休,求谋有得,无往不利。

上六:比之无首,凶。

此爻是无德而不能服天下之心者也。故叶者,文清身正,多失机会,悔生不及。不叶者,寿算难永,或孤独失覆。岁运逢之:在仕则众不辅而处势危,在士则上无援引而名难成,在常人则刑克灾殃而人情争张,甚则寿终。

䷈ 小畜

《象》曰:风行天上,小畜。君子以懿文德。

巽宫初世卦,属十一月,纳甲是甲子、甲寅、甲辰、辛未、辛巳、辛卯,借用壬子、壬寅、壬辰。如生于十一月纳甲者,功名富贵人也。

初九:复自道,何其咎?吉。

此爻是进得其正,而善其占者也。故叶者,顺理而行,知几而止,小人不得以伺其隙,而致君泽民之心,可以克遂而无阻。不叶者,亦耿介之士,不慕浮华,而快乐潇洒之有地。次则独立无助,僧道之寿耳。岁运逢之:在仕则闲官复职,逆旅还乡,当俗安静;在士则克复肄业。数凶者,变巽初爻,进退志疑。在有为者,又当防猜忌疑惑之祸。

九二:牵复,吉。

此爻是援同道以进,而道无不行者也,故叶者,刚中自守,亲贤取友,而道行志伸。"中"字之义,有治中、中书省之兆。不叶者,必与小人相交,有贵而不能大用。岁运逢之:在仕则为僚长而牵引有阶,在士则为道长而拔萃有地,在常人则联同志以尚往,而营谋得遂。数凶者有牵连反复失事之兆。

九三:舆说辐,夫妻反目。

此爻是刚健太过,而见畜于小人者也。故叶者,但小小营谋,而贪高望大之有,反遭伤害。刚健太过,拘执不通,谏则不从,终当见阻,或君臣疏远不孚,或夫妻乖违不睦,或朋友是非,血气损伤。岁运逢之:荣而见辱,进而见退,或生足目之疾,或人口分别,百孽病生。

六四:有孚,血去惕出,无咎。

此爻是诚心感人,而得免乎害者也。故叶者,虚中柔顺,谦己守正,遇贵人,逢知己。在内仕者外选,在国学者出选,易悲为欢,转凶为吉,不失为正道之贵人。不叶者,多猜疑而无定见,或生足疾气蛊,内外不睦,忧愁度日。岁运逢之:在仕则得同志举拔,而久任者必至转迁;在士则得士人合志,以淹者而志可伸;在庶俗则诚能感物,而人情和合,营谋颇遂。其数之凶者,须防血肉之损。

九五:有孚挛如,富以其邻。

此爻是德力足以感结乎人心,而可以御暴者也。故叶者,贵不自尊,富而济物,彼此一体,亲疏一心,而仰慕移赴之有人。不叶者,虽不得独力自奋,亦必倚富而得受用,或得赞助之力,而膺庸夫之福。岁运逢之:在仕则上必信用,下必钦服,而加位增之;在士则主司协意,而功成名立;在庶俗则扶助有人,而百谋称心。

上九:既雨既处,尚德载,妇贞厉,月几望,君子征凶。

此爻是自尚乎阴德,而害乎君子者也。故叶者,积之厚,养之裕,而足食聚财,而无损弊之嗟。不叶者,利名才至,破败迭来。若是女命,性刚心悍,寿脆灾生。岁运逢之:在仕则逐于阴邪,在士则见斥于主司,在庶俗必见坠于小人之奸,而是非旋扰,惟闹中退步,乐处休贪,则可免灾。

履

《象》曰:上天下泽,履。君子以辩上下,定民志。

艮宫五世卦,属三月。纳甲是丁巳、丁卯、丁丑、壬午、壬申、壬戌,借用甲戌、甲午、甲申。凡生于三月及纳甲者,功名富贵人也。又乾、兑二体属金,正秋之时,乃逢旺地,方为得体。

初九：素履，往，无咎。

此爻是达不离道，而得尚进之宜者也。故叶者，刚立有守，质实不浮，达则兼善天下，而无剥民玩君之志。不叶者，独善其身，而廉隅壁于清修之地。或儒科自奋，或遇亲眷，或作僧道。岁运逢之：在仕则弘化有道，而升迁有期；在士则幼学壮行，而利名成就；在庶俗则营谋有计，而财利日增。数凶者有皓素之象。

九二：履道坦坦，幽人贞吉。

此爻是以隐自高者也。故叶者，抱道自乐，无歉于中，无钟鼎之荣，有田里之乐。不叶者，多作清闲之人，而荣辱不加，饱暖无求。岁运逢之：在仕则有吉休之兆，在士则有难遇之嗟，在庶俗则有安居自足之美。大抵宜行实地，谋为审择，则人事和谐，而贞吉可得。数凶者，有幽冥之应。

六三：眇能视，跛能履。履虎尾，咥人凶。武人为于大君。

此爻是失所履之道，而有以致凶者也。故叶者，自用自尊，而眇视天下，傍若无人，而谋猷难于设施，刚暴足以取祸。不叶者，或为军卒配徒之流，或为鼓目跛足之辈，或为愚贱夭折之人。岁运逢之：在仕则遭贬斥之祸，在士则招屈降之辱，在庶俗则招争讼囚狱之挠，甚者家破身亡。

九四：履虎尾，愬愬，终吉。

此爻是事君以敬，而得其志者也。故叶者，以敬慎事君上，以柔顺服强暴，虽行于今而志则怀乎古，可以易危为安，转凶为吉。不叶者，或艰辛起家，平易结果。岁运逢之：在仕则有虚符将帅之兆，在士则有虎榜题名之应，在庶俗则有履危蹈险之患。惟谨畏自持，可免灾患。女命得此，多是刑克太重，败家淫乱不良之妇也。

九五：夬履，贞厉。

此爻是自待其所履而有伤者也。故叶者，勇于进德，力于行道，斥逐邪人，举扬善类，而是非利害之不顾。不叶者，人情寡合，徒汲汲尘途，而祸患旋踵，成立艰苦。岁运逢之：在仕则功高天下而不赏，在士则道高人表而名不成，在庶俗则躁动妄行而祸患迭至，甚则丧亡无日矣。

上九：视履考祥，其旋元吉。

此爻是尽所履之道，而有以致福者也。故叶者为高才大德之贵人，行无亏欠，福必厚裕。不叶者，变为引兑之小人，行不正之道，而福祉难获。

岁运逢之:仕显者退旋,以享安靖和平之福;士人进取必作魁元,常人亦有财帛。数凶者,有丧亡之兆,盖“考”字之义故也。凡有为者,不可轻易反听信外言,恐有伤于后虑。

䷊ 泰

《象》曰:天地交,泰。后以财成天地之道,辅相天地之宜,以左右民。

凡得此卦,若元数归局者,贵之极也。大象之辞,皆师保师相,出将入相之事。坤宫三世卦,属正月。纳甲是甲子、甲寅、甲辰、癸丑、癸亥、癸酉,借用壬子、壬寅、壬辰、乙酉、乙亥、乙丑,正月及纳甲生者,功名富贵人也。生非其时者,其福浅。六爻皆宜固定,不可轻进。

初九:拔茅茹,以其汇,征吉。

此爻是类进之象,而与其大行之占者也。故叶者,高明正大,亲君子,远小人,公尔忘私,国尔忘家,立功名,享富贵。不叶者,亦朋辈协理,气合道同,而成立不难。岁运逢之:在仕则同寅协恭,而超迁有基;在士则同道尚德,而飞腾有日;在庶俗则同志合谋,而财利日增。

九二:包荒,用冯河,不遐遗,朋亡。得尚于中行。

此爻是刚中之德,而为保太之臣者也。故叶者,量大能容,兼收并蓄,不以远而违,不以亲而比,中正不阿,足以开太平之业,而富贵悠久。不叶者,亦不失为谨厚之士,而乡里推重,富有殷实。岁运逢之:在仕则有御边疆,守江湖,或大中、中奉、中书省之类;在士则进取成名,营谋者获利,常俗必过尊贵。如不入局,不得位,则变明夷二爻,防长上有损,言语有伤。

九三:无平不陂,无往不复。艰贞无咎。勿恤其孚,于食有福。

此爻是治泰于将否之时,终于致福者也。故叶者,艰危,其思虑正固,其施为尽人事,以免回乎天意,而太宁之福可享于不替。不叶者,或成或败、艰中获福。岁运逢之:在仕宜克艰厥任,当防小人妒忌之奸;在士宜保其所固,有不可图幸进之名;在庶俗宜战竞自持,以保其身家。大抵宜艰难中退步则有功,谨厚则安。不然,小人侵凌,每事见阻。

六四:翩翩,不富以其邻。不戒以孚。

此爻是小人并进之时者也。故叶者,多阻多疑,心志不一,或得或失,功名难全，奔驰作旅，辛苦成家。不叶者，或倚托邻贵，倚仗亲富。岁运逢之：已仕者退避，进取难成，营谋失利，居闹有谤，依止则脱祸，化工全则出仕于远辟，劳碌不暇。

六五：帝乙归妹，以祉元吉。

此爻是下贤以诚而进，以格天之治者也。故叶者，富贵不骄，恭谨持己，或贤室助己，贵子克家，福贵不甚劳力，但权不由己。女命得此，勤俭成家。不叶者，亦中正吉人，不施威而人自平服，生平安乐，内助有功。岁运逢之：在仕主有迁除，或有喜事；在士则有步蟾之兆；在庶俗主得人抬举，或结姻生育，而百福悠集。

上六：城复于隍，勿用师。自邑告命，贞吝。

此爻是欲保于治否之后，而终以致羞者也。故叶者，卑约自处，庶几小立规模，然终见阻挫而招咎。不叶者，夸己逞强，家破身亡，自大化小。岁运逢之：在仕遭谪贬，在士遭羞辱，在庶俗有破损，有疾病，难于寿。惟谨厚免祸。

䷋ 否

《象》曰：天地不交，否。君子以俭德辟难，不可荣以禄。

得此卦者，上三爻为君子之道，吉；下三爻为小人之道，凶。乾宫三世卦，属七月。纳甲是乙未、乙巳、乙卯、壬午、壬申、壬戌，借用癸卯、癸巳、癸未、甲午、甲戌、甲申。若生于七月及纳甲者，功名富贵人也。

初六：拔茅茹，以其汇，贞吉，亨。

此爻是能反于正，则得吉者也。故叶者，多名誉之人，改祖外立，违近从远，志在忧君，心不私己，不为国家之患，不失在己之福。不叶者，度时而进，知几而退，惟逢艰难之时，难行中正之道，谨可保其身家，而无倾危之忧。岁运逢之：在仕受职者待缺，居位者防谗；在士则机会难逢，庶俗守旧。盖小人道长之时，纵爻辞美，不足羡也，防小人牵连之事。

六二：包承，小人吉，大人否，亨。

此爻是小人而无伤善之心，而得吉者也。故叶者，为中正贵人，宽而有容，静以待动，自能拔乱反治，转否为泰，而福泽无亏。虽时阻挫，亦无累也。不叶者，为流俗，处贤否之间，有名非正，有禄非真。惟宜爱护，保守免祸。岁运逢之：在仕宜见几早作，在士宜藏器待时，在庶俗宜包羞忍耻以保全身家。不然，是非好恶难明，而灾害难逃。

六三：包羞。

此爻是小人志于伤善，而未能者也。故叶者，遇贵人君子信用庇护，或有卑职亦有停阻，虚名无实，惟僧道宜之。不叶者，不能守道，穷斯滥矣。岁运逢之：在仕告休，在士防辱，在庶俗防是非争讼之挠。

九四：有命无咎。畴离祉。

此爻是际天人之会，而因与其同道之受福者也。故叶者，功名之人，获寿命，纳福祉。变为观，则观光上国，利用宾于王，乃得志行道而无阻也。不叶者，亦有福寿，有田园，多动少静。岁运逢之：在仕则朋僚助力，而爵禄日加；在士则得人荐举，而名誉日著；在庶俗则田业日增，而吉庆多集，或庇荫子孙，而受福祉之远。

九五：休否，大人吉。其亡其亡，系于苞桑。

此爻是与其开太平之人，而示以保太之术者也。故叶者，重德君子，防患有道，处事最公，谨慎详审，固守不失，能休时之否，而富贵可以长享。不叶者，有德有才，而难于设施，亦不失为中正之吉人，无咎无誉，平生安逸。岁运逢之：旧祸已去，新福将来，忌我者退，尚系者名。利居家进田园，桑麻足而仓廪实。且变为晋五爻，有忧者喜矣，失者得矣。在仕必居正位，大夫之任。数凶者，有损亡刑克。

上九：倾否，先否后喜。

此爻是能倾时之否，而获亨者也。故叶者，刚大之志，设施过人，先历艰辛，后享安逸，盖物极而必反故也。不叶者，名利难遂，骨肉刑伤。惟僧道最宜。岁运逢之：在仕失职者复职，闲缺者复补；在士停降者复取，淹滞者复伸，久困者利达，久讼者解散。数凶有变，故上爻有“咨嗟涕洟”之辞，寿算难久。

☲ 同人

《象》曰：天与火，同人。君子以类族辨物。

离宫三世卦，属正月。纳甲是己卯、己丑、己亥、壬午、壬申、壬戌，借用甲午、甲申、甲戌。生于五月及纳甲者，功名富贵人也。

初九：同人于门，无咎。

此爻是为格物之象，而必善其占者也。故叶者，量大能容，至公无私。其“门”字之义，为类甚多，小则为门馆，大则为门下平章事，黄门、金门、辕门、帐门之类。当看卦爻推其轻重而详之。不叶者，多离祖户。或就妻家，或作商旅，或作僧道。岁运逢之：在仕则入内台而升迁有地，在士则出学门而登荐有机，在庶俗则协心同志以其事，而经营获利，或出家远行，或修造门户，或身在于他门。

六二：同人于宗，吝。

此爻是比而不叶者也。故叶者，才高识广，但心僻性偏，或为科目之魁，或为宗室之宾，或为宗师之官。不叶者，终不远大，常怀忧戚，或过房同宗，婚姻他室，或作山林之人。岁运逢之：在仕则局于地位，而爵禄不广；在士则利于小诚，而飞腾难为；在庶族事多不定，或宗俗朋友不睦，或彼爱此恶，而猜忌日招，或近合远违而是非日起。

九三：伏戎于莽，升其高陵，三岁不兴。

此爻是非分以相求，而不能致其用者也。故叶者，好强逞势，欲前欲后，志向不一，多惊多虑，心事难测，或为吏卒，或为军戎，或为草莽之耕士，或为丘陵之隐逸。不叶者，放溢为非，玩法悖义，甚则招祸遭刑而悔不及。岁运逢之：在仕防失职之忧，在士则有升高之兆，在庶俗则有丧亲狱讼之患。

九四：乘其墉，弗克攻，吉。

此爻是能以义裁势，而善之者也。故叶者，见机而退，知足不贪，临事而揆之以义，处物而能反之以理，或贵而镇守边域，或富而高大墙垣，非小器者比也。不叶者，进取费力，卓立费心，或得上人信用，下人奉承。岁运逢之：在仕则专诚守士，修筑城池，因功受爵；在士则有登墉弗克之嗟；在庶俗有疑忌争斗之事。荣中有辱，士后见荣，大概凡事贵未然之防，则得吉也。

九五：同人先号咷而后笑，大师克相遇。

此爻是先睽后合，而不能不假于力者也。故叶者，中正君子，有才德，有名利，初难后显，或贵为师帅，而总领大师，或中书、中奉、直殿等之职。不叶者，先历艰辛，早见刑伤，晚虽有遇，福浅祸深。岁运逢之：在仕则居言路，先谪后起；在士始阻终遇；在庶俗则先难后易，悲欢迭见，是非不一。

上九：同人于郊，无悔。

此爻是特立自守，而可以自得者也。故叶者，心地宽大，才德清高，富贵消洒之流。不叶者，为僧道而处于郊野，为商旅而志有未得。岁运逢之：在仕则常出远郡，未仕者则难逢嘉会，庶俗守旧安常，淡薄生涯。数凶者不利。

䷍ 大有

《象》曰：火在天上，“大有”。君子以遏恶扬善，顺天休命。

乾宫三世卦，属正月。纳甲是甲子、甲寅、甲辰、己酉、己未、己巳，借用壬寅、壬子、壬辰。生于正月及纳甲者，功名富贵人也。

初九：无交害。匪咎，艰则无咎。

此爻其知富有不可以过盛，而守其艰可以免害者也。故叶者，才清德重，未逢汲引，求名不足，求利有馀。不叶者，常随毁辱，每遇艰辛，保守固存，咎尤可免。岁运逢之：在仕宜见几勇退，不可贪位贪禄；在士不可处进以招摧抑；在庶俗多心绪忧烦，小人欺凌长上，而有灾眚。艰危自持，庶免倾危。

九二：大车以载，有攸往，无咎。

此爻是任天下之重，而无咎者也。故叶者，有大才德，理大乱，立大功，如大车之载，可以积厚于中，而无败者也。不叶者，亦有福有寿，居积致富，无忧无祸。岁运逢之：闲官驿车选召，有大除拜，勇将出师，战胜攻取。士子进取成名，常人营谋厚载，才谷丰裕。或曰轶车之兆，不利老寿。

九三：公用亨于天子，小人弗克。

此爻是大臣得君，以纳其忠者也。故叶者，才高德备，大公无我，得君行道，而平日之所抱负者，一一敷陈于庙廊之上。不叶者，贪谋私己，必有大害，成立艰难，易满易消。岁运逢之：在仕必胜朝廷之重任，在士必作大魁，在庶俗必招灾难，晦滞蹇塞，小辈欺凌。凶则变睽，刑伤难免。

九四：匪其彭，无咎。

此爻是大臣履盛满而知所志成，可以寡过者也。故叶者，大公无私，不骄淫，不矜夸，既明且哲，以保其身，善始善终。不叶者，贪小易盈，遂成僭越之祸，身家难保。岁运逢之：在仕安职免凌逼之祸，在士待时免褫革之虞，在庶俗守常免毁伤之害。或有眼疾，明则损故也。

六五：厥孚交如，威如，吉。

此爻是在君道而有威信，以治民者也。故叶者，恩威并行，德望并著，上下交孚，遐迩相应，足以立大功，享富贵。不叶者，多委靡不振，因徒施而反遭谤，泽虽布而反招怨。岁运逢之：在仕宜知机而退，在士宜乘机而进，在庶俗宜相时而动，但不可轻慢骄纵以取祸。

上九：自天佑之，吉，无不利。

此爻是善处乎大有之时，而必获天眷者也。故叶者，刚大而能谦让，德之所施，足以契天之心；行之所履，足以动天之感。富贵有长享之庆，随在皆自得之休。不叶者，亦道德之士，丰厚富庶，而平生无非横之挠。岁运逢之：在宫进职，在士成名，常人得尊上之庇，农家进业。

䷎ 谦

《象》曰：地中有山，谦。君子以裒多益寡，称物平施。

兑宫五世卦，属九月。纳甲是丙辰、丙午、丙申、癸丑、癸亥、癸酉，借用乙丑、乙酉、乙亥。如生于九月及纳甲者，功名富贵人也。

初六：谦谦君子，用涉大川，吉。

此爻是行巽而达之，得宜者也。故叶者，退谦以明其礼，温恭以宜其精，虽当患难危厄之秋，亦可振险而投之夷，易危而措之安，在上信任，在下依归，以“牧”字之义有守土之兆。次则或修心养性，乐道优闲，灾害不生。不叶者，心懒多进，则见退拙于施为，甘为人下。岁运逢之：在仕为牧民之职，在士宜怀珍待聘，在庶俗宜远涉江湖，以作商旅。凶者变明夷之伤也。

六二：鸣谦，贞吉。

此爻是名誉之隆，而示以居贞之善也。故叶者，无私无谄，有德有才。其“鸣”字之义，多是言路、官职之兆。不叶者，亦得人举扬济人。岁运逢之：在仕迁职，未仕进取成名，庶俗未可轻举，惟宜退守。

九三：劳谦君子，有终吉。

此爻是让功之善而与之者也。故叶者文章高世，道义过人，能胜重任，立大功劳。不叶者，为人诚实，乡里推重，施恩不求报，有德不自夸。岁运逢之：在仕必高迁，在士必得际遇，在庶俗必营谋获利。又“劳”字主劳心费力。

六四：无不利，㧑谦。

此爻是行无不得，而当益致其恭者也。故叶者，有德有才，上信下服，修辞立言，恭谦无伪，足以立功名，享富贵。不叶者，亦亲近尊贵，交接贤才，为乡里之正人。岁运逢之：无所不通，但士农工商，宜固守退让。盖一变小过，“往厉必戒，勿用。”此亦当卑约，不然取损害尔。

六五：不富以其邻，利用侵伐，无不利。

此爻是人君谦德之化，而因两善其占者也。故叶者谦恭退让，英雄豪杰，多入于彀中，以之而建立事功，以之而赞成德业，无不如意。不叶者，或文中成名，武中立功，富概乡邻，威服顽悍。岁运逢之：在仕则文武兼用，或掌兵刑；在士则有发科之兆；常人遇贵成事，则利倍获。又主争讼。

上六：鸣谦，利用行师，征邑国。

此爻是能谦，而为才位之所限者也。故叶者，勤于学古，勇于行道，或作武贵，稍遂其志，或为县邑督捕之官。不叶者多遇知己，少得助力，治家保身，小小规模。岁运逢之：在仕必有阃寄征伐之权，在士则利于小试而名誉稍彰，在庶俗有争讼之扰，不辨自明，知几免损。当官者，贵以清心事为本，方免其悔。

䷏ 豫

《象》曰：雷出地奋，豫。先王以作乐崇德，殷荐之上帝，以配祖考。

震宫初世卦，属五月。纳甲是乙未、乙巳、乙卯、庚午、庚申、庚戌，借用癸未、癸丑、癸亥、癸巳、癸卯、癸酉。生于五月及纳甲者，功名富贵人也。雷出地奋，生于三月八月为及时，福力之厚，一震惊人，大富大贵之造也。馀月福浅失时故也。

初六：鸣豫，凶。

此爻是得人之誉，以自鸣者也。故叶者，上有强援，得时主事，有所依附，而可成其小小营谋。不叶者，浅狭之量，多纵欲败度，以自招倾危。岁运逢之：在仕则有待恩宠之患，在士则有一鸣惊人之兆，在庶俗则有惊忧口舌及阻厄之难。当官者自陈免祸。

六二：介于石，不终日，贞吉。

此爻是守中正见机之象，而因以善其占者也。故叶者，勤修德业，力行中正，见事敏捷，名誉高远，而富贵不能淫，贫贱不能移，威武不能屈，耿介忠烈，可以柱石朝廷。不叶者，亦介然有守，不渎不谄，知机吉人。岁运逢之：在仕者急流勇退，始进取者可以成名，常人获利。

六三：盱豫悔，迟有悔。

此爻是示人以为豫，而知所悔焉，故可以无悔者也。故叶者虽援上贤，不能济事，纵有卑职，多见阻挫。不叶者，进退无定，心志不安。岁运逢之：凡人所图无实，乍进乍退，是非不一。

九四：由豫，大有得。勿疑，朋盍簪。

此爻是有致豫之功，而示以保豫之道者也。故叶者，名清德厚，权重功高，行大事，决大疑，主大难。不叶者，亦福德之人，得众尊钦，夫妻偕老。若阴命妻叶卦者，得福得寿，但不居正位。岁运逢之：进取成名，常人经营获利，在仕者必得知己荐举。

六五：贞疾，恒不死。

此爻是纵己之豫，以自溺者也。故叶者，或作贵人，正当忧阻，志多柔奸，权出他人，事不由己，在世虽显，有疾延寿。不叶者，柔懦不能自立，多见疾患临身。岁运逢之：在仕多依附权势，恃恩固宠；在士则援引无人，而际遇无机；在庶俗多心事不足，灾害难免，或心腹生疾。

上六：冥豫成，有渝无咎。

此爻是纵己以为豫，知所变焉，则可以无咎者也。故叶者，纳言从谏，迁善改过，而利名颇得。不叶者，乐极生悲，终不能久。岁运逢之：在仕有贪污之谪，在士有昏冥差讹之辱，在庶俗有骄傲讼争之扰。大抵宜迁善改过，悔思则可以免咎。

䷐ 随

《象》曰：泽中有雷，随。君子以向晦入宴息。

大凡有雷泽之体，惟生于二月至八月为及时，则福深。九月至正月为失时，福浅。震宫三世卦，属七月。纳甲是庚子、庚寅、庚辰、丁亥、丁酉、丁未。如生于七月及纳甲者，功名富贵人也。

初九：官有渝，贞吉。出门交有功。

此爻是随人，虽变其常，惟公正则可以无咎者也。故叶者，大才大德之贵人，必定大难，当久变，决大疑。“门”字“正”字之交，应兆甚多。不叶者，多依附权势，公正不败，则与之协力者众。故有功则可成立，或出外以营谋其家计。岁运逢之：在仕则迁位以从正道，在士则多得佳会，在常人多获利。

六二：系小子，失丈夫。

此爻是失所随之人者也。夫叶者，小有才之人，立性不定，爱亲邪媚之小人，不亲正大之君子。女子元数叶者，必有配贵显之夫，或得次子之力。不叶者，必为卑下仆隶之贱，侍妾婢使之辈。岁运逢之：凡人皆不安宁，或小人是非之累，而有拘绊之灾。当官者宜退避，进取者宜知几。

六三：系丈夫，失小子。随有求得，利居贞。

此爻是所随得其正，因其势之利而戒之者也。故叶者，得遇上人引进成名。凡有所求，其愿无有不得。但不得奴仆之力，招小人毁谤之吝，心勿躁动，事宜迟缓。不叶者，虽有名利，而无子力。女命必遇贵夫，或伤子媳。岁运逢之:在仕得人保举而爵崇,在士则得主司援引而求名可得,在庶俗营谋必遂,但皆宜道义自安,乃为得利也。数凶者,防小口阴人之嗟。

九四:随有获,贞凶。有孚在道以明,何咎?

此爻是所随虽履其危,然惟其诚正则可以无咎矣。故叶者,精诚积乎中,举动合乎理,位极而无凌主之嫌,势重而无专权之过。不叶者,有所获而招凶,有所遂而招险,或得上之谴责,或惹下之猜忌,或为商为贾,而碌碌于道途。岁运逢之:在仕必居要路而专权,进取者必成而名可得;在庶俗必得好人抬举,而变凶为吉。"道"字"明"字之义,宜加察焉,地名人名云。

九五:孚于嘉,吉。

此爻是有任贤之诚,而获用贤之效者也。故叶者,好贤忘势,易知从易,有亲有功,凝天命于无虞,孚天禄于无疆。"中正"二字,为兆甚多。不叶者,亦有孚,信从中道,而为善人吉士,彼无恶而此无射。岁运逢之:在仕有迁除之喜,在士有登荐之嘉,在庶俗有营谋顺适之休,多嘉庆之事。

上六:拘系之,乃从。维之,王用亨于西山。

此爻是以诚随人之象,而维其可通于神明者也。故叶者,谨恪诚实,温良慈惠。明可以感乎人,而志无不遂;幽可以通乎神,而福无不降。不叶者,进则困穷,生计艰难,惟隐于山林则吉。岁运逢之:多不永年,挂牵系虑,心志不能遂。在仕防谗,在士防辱,在庶俗防损并缧绁之忧。

蛊

《象》曰:山下有风,蛊。君子以振民育德。

巽宫三世卦,属正月。得此卦者,多起自艰辛。不然先迷后得,承祖宗旧业。纳甲是辛丑、辛亥、辛酉、丙戌、丙子、丙寅,借用戊午、丁亥、丁未。如生于春夏秋者及时及纳甲者,功名富贵人也。与父母不和。

初六:干父之蛊,有子,考无咎,厉终吉。

此爻是能修业克,肖夫先人,而因以戒之者也。故叶者,勇于进取,决于干事,尽忠尽孝,经涉危难,建立事功,合先人之道义,为后人之规模。不叶者,不靠祖业,自为活计,遇难不辞,见荣不傲。岁运逢之:在仕则承朝廷之重任，而革除奸弊；在士俗或承祖父之恩，或子孙以承考志，或谋为遂意。数凶者有忧愁，老者不寿。“考”字之义故也。“考”字又考试之义。

九二：干母之蛊，不可贞。

此爻是人臣赞君之业，而示以只顺之道者也。故叶者，有刚大之才，行中正之道，常怀直心，难遇知己，补弊救偏，而饰治其绪业，为世所仰望。不叶者，亦行中道而有为有守，而非鄙夫之可伦也。岁运逢之：在仕干辨旧绪之有余，而禄位稳固；在庶俗士子为营父母远大之事，改旧更新，无不如意。女命勤俭持家，而性忠直多富。

九三：干父之蛊，小有悔，无大咎。

此爻是治蛊过于刚者，所以不免悔也。故叶者，刚明勇决，当为则为，而无所顾忌，虽有差失，善于补过多利，终无损丧，而为一世之伟士。不叶者，遇其事干则易，早历忧勤，晚始受用。岁运逢之：在仕有建立主张大过之愆，在士庶修为有拂戾躁急之失。大凡躬行王道，勿信邪言，免悔。

六四：裕父之蛊，往见吝。

此爻是大臣革弊而不能速改，而弊终不可革者也。故叶者，性委靡，虽有大才不能设施。不叶者，心多忧疑，事欠果断，小谋则就，大用则损。岁运逢之：在仕主尸位素餐之诮，在士有燕僻废业之失，在庶俗有盘乐怠傲之损。事事见忧，且生足疾。一变为鼎九四，多坎屯也。

六五：干父之蛊，用誉。

此爻是人君得贤以敷治，斯隆美誉于天下者也。故叶者，清才异俗，重德济世，能成大业，所谓立身行道以显父母者也。不叶者，心力不闲，亦能起家，乡里仰望。岁运逢之：在仕迁耀显位而名誉远播，在士登荐而声名扬溢，在庶俗更变门户，别立规模，多喜庆进人口。

上九：不事王侯，高尚其事。

此爻是有德而不见用，虽隐居以遂其志者也。故叶者，有道可用，有德可尊。但高尚其志，而不轻于进取。不叶者，亦清高异俗，淡薄生涯，不随污俗。岁运逢之：在官则告休，在士则待时，在庶俗则守传。数吉者多有尊贵，获拔宠召之庆。

䷒ 临

《象》曰:泽上有地,临。君子以教思无穷。容保民无疆。

坤宫二世卦,属十二月。纳甲是丁巳、丁卯、丁丑、癸丑、癸亥、癸酉,借用乙丑,乙亥、乙酉。如生于十二月纳甲者,功名富贵人也。

初九:咸临,贞吉。

此爻是有临阴之善道者也。故叶者,至大之才,至重之德,谦恭待上,慈爱及下,进修正道,排斥谗言,是为大贵之人也。不叶者,亦是公正,随时俯仰,闾里推重。岁运逢之:在仕者知机相从,得人共济,而职位高迁;在士考校必临于诸士之首,而功名必遂;在庶俗必临有道,而营谋称意。

九二:咸临,吉,无不利。

此爻是拟其逼阴之象,而深与之者也。故叶者,进德之勤,行道之力,以顺出逆,以仁易暴,道可行,志可伸,而动无所括;事可立,功可成,而行无所阻。不叶者,亦作善士,能起家业,而营蓄其利。岁运逢之:在仕则去邪辅正,而地位清高;在士则进取利达,而无所阻滞;在庶俗营谋获利。大抵要斟酌时宜,不然,未顺命之辞,亦美中不足。戒之。

六三:甘临,无攸利。既忧之,无咎。

此爻是以甘临下,而深戒占者也。故叶者,损过就中,矫偏居正,亦可居上以临下。但所处之位,不当不失为教谕训道之职。不叶者,专习邪言,巧于媚世,损物欺人,而忧思愁虑以度生。女命多言损行。岁运逢之:在仕则有谗邪佞口之谮,在士则有谄谀奔走之失,在庶俗有悲愁怨苦之虞。

六四:至临,无咎。

此爻是与人以诚,而得补过之道者也。故叶者,必中正贵人,朋党相信,而功业之易就。不叶者,亦有福之人,而安逸少灾,有技艺,有声名。岁运逢之:在仕则得僚友之功,在士则得丽泽之美,在庶俗则得人情和合,而经营顿遂。但变"归妹愆期"之辞,凡有为者,审而后发方可。

六五:知临,大君之宜,吉。

此爻是不自用以尽乎君道,则逸而有成者也。故叶者,好贤礼士,恭谦明哲,而为大贵,上承天宠,下系民望。"中"字官职之兆。"行"字行师之应。不叶者,亦是福人。盖变节卦,不伤财,不害民也。岁运逢之:在仕则显越,在士则登庸,在庶俗则谋为顺遂。

上六:敦临,吉,无咎。

此爻是与人相亲之厚,而因善其占者也。故叶者,为大贵人,一念惓惓,与同德以共济,移风易俗,事业丰厚。不叶者,年高德厚,改祖外立,家给人足。岁运逢之:在仕必居内侍内翰;士子进大学入内舍;在庶俗多获利,近取远取,无往不利。

观

《象》曰:风行地上,观。先王以省方,观民设教。

乾宫四世卦,属八月。纳甲是乙未、乙巳、乙卯、辛未、辛巳、辛卯,借用癸未、癸巳、癸卯。生于八月及纳甲者,功名富贵人也。

初六:童观,小人无咎,君子吝。

此爻是无德不足以近君者也。故叶者,主幼性敏颖,习于童科,亦可赖一研以聊生。不叶者,纵有利名,所见浅狭,所为鄙吝,习于下流,不能设施大事。岁运逢之:在仕艰难,地位窄狭;在士进取迂回;在庶俗谋速应迟,弄巧成拙,蒙而无见之童也,防小人暗昧之事。

六二:闚观,利女贞。

此爻是志卑而不能远观者也。故叶者,浅才薄德,卑职小官,暂获安宁,终见丑拙。或得阴贵,或得富妇助力。若女命则有福有寿。不叶者,局量浅见,鄙陋生计。岁运逢之:则有才力不及之嗟;在士有文理欠通之失;在庶俗之在家则暗,而在外则明,或忧或喜,或因妇人事起丑恶。大抵宜动不宜静,此爻系女喜男悲。

六三:观我生进退。

此爻是审于进退,得守己之正者也。故叶者,进德修业,及时而行,建功立勋,而无所阻塞,乃明哲之贵人。不叶者,乍进乍退,志向不定,卓立艰难。岁运逢之:在仕进退无常,在士争夺不一,在庶俗得失无定。更宜详审而行,知难而避。

六四:观国之光,利用宾于王。

此爻是际君之盛,而示以从王之义者也。故叶者,才至德备,柱石于朝廷,礼乐典刑,无不在于监察之下。不叶者,亦清誉高才,为世矜式,或为诸侯上客。岁运逢之:在仕或居内台内翰清高之地,在士必擢科而观光上国,庶俗有出商外贾之兆,而获大利。"观"、"光"、"宾"三字,或为官职姓名而言也。

九五:观我生,君子无咎。

此爻是人君自审以为治,斯于君无愧者也。故叶者,以己之中正,化天下之不中不正,乃重望厚德之贤臣。不叶者,亦中正君子。"生"之一字,为不孤,为有寿。岁运逢之:在仕则致君泽民之有道,而爵禄崇高;在士则为国学生,而文章冠世;在庶俗则有生涯生计,而利日沾。在妇人则有生育,在病者则有生命之兆也。

上九:观其生,君子无咎。

此爻是反身以自治,斯可以为民表者也。故叶者,有大才德,高出一世之上,可以为民之表仪,而仰其德者,知所兴起,不失为贤人。不叶者,其中郁郁不伸,乃清修之吉人,而未能发泄。岁运逢之:在仕宜退,而修省以自得;在士则进取艰难,而志有未平;在庶俗则营谋阻滞,而心不足。但病者则得生,有孕者利于生育。

䷔ 噬嗑

《象》曰:"雷电"、"噬嗑",先王以明罚勑法。

巽宫五世卦,属九月。纳甲是庚子、庚寅、庚辰、己酉、己未、己巳。生及时与纳甲者,功名富贵人也,二月八月为及时也。

初九:屦校灭趾,无咎。

此爻是小恶有所惩,斯可以寡过者也。故叶者,能防微杜渐,改行率德,先起卑贱,后至高大。盖变为晋,独行正之象也,亦可作贵人。不叶者,卑贱之人,鄙贱之辈,或心怯而退守,或足疾而难行。岁运逢之:在仕遭贬谪，在士则考校不遇其人，在庶俗防刑罚风疾，谨慎免祸。

六二：噬肤灭鼻，无咎。

此爻是治人而不免为其所伤，以其所遇之难制者也。故叶者，大贵人也，志大敢为，机深能干，大则为杀伐，小则为刑罚之官。不叶者，或身带残疾，骨肉刑伤，隐名遁迹，修身养性，宜为僧道。不然，多见睽背。岁运逢之：在仕则受制于梗化之民，而遭小伤；在士防辱，或考试不遇其人，而有小疵；在庶俗进退艰难，是非挠括，或生暗疾，恐骨肉有伤。

六三：噬腊肉，遇毒，小吝，无咎。

此爻是德不足以治人，而人有不服者也。故叶者，才弱志刚，锐志功名，徒能小就而未大。不叶者，一筹莫展，动辄有悔，衣食有亏。岁运逢之：在仕才力不足而招损，在士才疏学浅而招辱，在庶俗易事难干，或生心腹之灾，或有惊险之至。

九四：噬乾胏，得金矢，利艰贞，吉。

此爻是得其用刑之宜，而示以慎刑之善者也。故叶者，为大贵人，足胜朝廷之大任，遇大事，当大险，不畏不怯，禀刚大之才，行正直之道。“金矢”二字之义，为兆甚多，金榜金门是也。矢者，箭也，与荐同。在仕为荐拔，在未仕者为发荐。不叶者，为富浊无德之人，一乡巨蠹。岁运逢之：在仕必升迁，在士必成名，在经商必获利。

六五：噬乾肉，得黄金，贞厉无咎。

此爻是人君治人而人不服，而因戒其占者也。故叶者，聪明拨乱反正之人。黄金为兆甚多，黄门、黄榜、黄堂、金殿、金鱼、金门。不叶者，亦为大富，丰衣足食，积蓄尘红。岁运逢之：病者得安，冤者得释，士子进取成名，在仕用法去奸，常人亦利。

上九：何校灭耳，凶。

此爻是恶极而为罪之大者也。故叶者，虽处富贵，常怀忧惧。盖变震上爻，为索索矍矍之象。不叶者，为强梁，为刚恶，履危蹈险，是非括挠，祸患旋踵，刑狱罹身。岁运逢之：在仕防谗污贬谪，在士防停降毁辱，在庶俗防争讼。数凶者，耳目不明，血气不顺，或丧身殒命。

䷕ 贲

《象》曰：山下有火，贲。君子以明庶政，无敢折狱。

此卦多主文章华丽，学问充实，又主典政礼乐。艮宫初世卦，属十一月。纳甲是己卯、己丑、己亥、丙戌、丙子、丙寅。若人生于十一月及纳甲者，乃功名富贵之人也。

初九：贲其趾，舍车而徒。

此爻是安于下者，著其义而象之也。故叶者，刚正文明，饰躬历行，达则振斯文于天下，穷则饰斯文于一身，大德大才，不以穷达为忧喜。或进取主迁回辛苦。不叶者，多是劳禄奔波，制肘俯仰，或倚靠富豪立身。岁运逢之：在仕防退职之患，在士防黜降之辱，在庶俗奔走于道路，弃易从难，远亲向疏，静凶而动吉也。

六二：贲其须。

此爻是贲于人，而与之振作者也。故叶者，有文章，有学问，上以待君之求，而佐以文明之治。不叶者，亦性敏学广，好习上品，恶居下流，可以常享安静之福。岁运逢之：在仕则有因人成事之功，而升迁有地；在士则有文章之善，而得上应援；在庶俗得人提举，而营为无阻。但变得大畜"舆脱辐"之象，亦要相时而动。虽有知己，不可恃势妄作，以取摧抑之患。数凶者，丧仆而难救，弱不能立也。

九三：贲如濡如，永贞吉。

此爻是安逸之象，而示以处逸之道者也。故叶者，文足以华国，道足以经时，必有清名重望，而为大贵显宦也。不叶者，亦是见识过人，德行迈俗，或财谷丰盈，衣足食给，寿算永远，得人助力。岁运逢之：在仕则赞助有人，而美职是任；在士则提援者多，而名可成；在庶俗则与之协力者众，不必劳己力而自然荣盛，纵有外挠是非，终不为害也。

六四：贲如皤如，白马翰如。匪寇，婚媾。

此爻是其相联之迹，而象其相求之心也。故叶者，文高学广，为世标准，为世老成。主先难后获，进取迁回。又，马为五马，皤者高年，翰者飞腾。疑彼以为寇者，反以为我之亲爱。或成名不暇于进取，或历任不依乎次序。不叶者，亦得晚景结果，但早年偃蹇。岁运逢之：在仕先阻后顺，在士先失后得，在庶俗先睽后合，忧中有喜，暗底逢明，虽有险危，终得安宁。未合者婚媾，数凶者忧服，盖有白马之象故也。

六五：贲于丘园，束帛戋戋。吝，终吉。

此爻是人君以恭俭致天下之治，而因善其占者焉。故叶者，多敦本尚实，虽伤于固陋，而不足以昭文采之观。然礼奢宁俭，亦可以敦淳厚之风，而不致于匮天下之财，不惟田园广多，而且金帛积蓄，兼得寿庆善终，其为吉人可知。不叶者，为鄙吝乔野之逸士，而衣食不足。岁运逢之：在仕闲官招聘，见任者福禄衰老终寿，贵人获利，进取大难就，小有喜。

上九：白贲，无咎。

此爻是贲极反本，而可免过者也。故叶者，有古人质朴之德，学问贯世之名，而福泽丰裕。不叶者，质直恬静之人，而随时食衣。岁运逢之：在仕必主升迁，在士必主进取得志，在庶俗经营朴实，而无浮荡之失。数凶者，必有服制，或有外戚之孝也。

䷖ 剥

《象》曰：山附于地，剥。上以厚下安宅。

得此卦者多作贵人，但未免孤立刑克。乾宫五世卦，属九月。纳甲是乙未、乙巳、乙卯、丙戌、丙子、丙寅，借用癸卯、癸巳、癸未、癸酉、癸丑、癸亥。如命生于九月之间及纳甲者，功名富贵之人也。其余得之者，未免兄弟不睦，离迁移坎坷不利。

初六：剥床以足，蔑贞，凶。

此爻是拟小人害正之象，而因占以戒之者也。故叶者，亦可为君子，惟贵气浅，福量狭。不叶者，足不停止，事无定规，或小人侵害，或自己生灾，为斗筲之鄙夫。岁运逢之：在仕者则进，宜见机相时，以观其用舍之道。其余则或手足之灾，奴婢之损，或兄弟不睦。惟利于修造兴土木之事。凶则身亡家破，营谋不遂。

六二：剥床以辨，蔑贞，凶。

此爻是小人之祸愈近，君子不免于所伤者也。故叶者，主富贵之人，常怀忠直之心,多招邪诐之谤。不叶者,立足不闲,家计难立,亲眷无倚,婚姻有亏。岁运逢之:在仕防黜降,士子进取难成,常人干谋不遂。或卑者侵凌,尊者猜忌。

六三:剥之无咎。

此爻是小人之能从善,而深与之者也。故叶者,多是贵人,特立独奋,异俗超群,学古之勤,行道之力。不叶者,薄德浅福。岁运逢之:在仕者遇明主,逢大臣。常人难遇知己,生涯薄淡,欲求名利,异路为高。且小象有失上下之辞,或难免父母妻子之忧,须防之可也。

六四:剥床以肤,凶。

此爻是阴祸切身者也。故叶者,以阴剥阳,权重势盛,虽作贵人,终失大体。且变得晋九四爻"鼫鼠贞厉",贪而畏人。不叶者,机深祸大,作孽自戕,纵有利名,终无嗣续。岁运逢之:在仕防谗邪之害,在士难遇佳会,在庶俗履危蹈险,争讼刑克之迭生。

六五:贯鱼,以宫人宠,无不利。

此爻是率众以从善,其获利之大者也。故叶者,为大贵人,或文武相兼。盖亲上九之正人。不叶者,亦居小人之上,倚靠富豪,而衣食自足。若女人有福有贵,必自卑下而致高大。岁运逢之:在仕必加官进职,位居权要;在士考校必居诸士之首,而名可成;在庶俗营谋拔萃,人情和合。宫观住持,妇人进财,家和福生。

上九:硕果不食,君子得舆,小人剥庐。

此爻是一阳存于剥尽之余,而君子小人异其占者也。故叶者,居大位,乘车马,服民心,而为弭乱开治之主。不叶者,乃无德小人,破祖败家,伤亲犯上,纵有技艺亦无用于世。岁运逢之:在仕有所权柄;在士得荐举,逢知己而名就;在庶俗而谨慎,奉公守法,斯有庇覆,而可保无虞。经营者多生意,或修造作室。数凶变坤上爻,"其血玄黄"之象。防下人侵损,死丧将临。少年不利,有子不孤。

䷗ 复

《象》曰：雷在地中，复。先王以至日闭关，商旅不行，后不省方。

坤宫初世卦，属十一月。纳甲是庚子、庚寅、庚辰、癸丑、癸亥、癸酉，借用乙丑、乙亥、乙酉。生于十一月及纳甲者，功名富贵之人也。又有二月生者及时，余者福浅。

初九：不远复，无祇悔，元吉。

此爻是善事其心，斯可以进于道者也。故叶者，有刚大之才，顺理而行，知机固守，为开基创始之吉人，而富贵福泽以厚其生。不叶者，修身养性，乐道忘势，不求文华，而为消洒清修之士。岁运逢之：在仕则位高清，而近君赞化；在士则进取夺高魁，经营获利。

六二：休复，吉。

此爻是因人以复善，斯善而皆为己有者也。故叶者，中正君子，不骄不傲，事上以诚，待下以信，足以立功名，享富贵。不叶者，亦安贫君子，知命达天。"仁"之一字，为生意，为长寿，为生育。岁运逢之：在仕谪贬者复职，在士停降者复取，在庶俗得倚富豪而获利，临危者得安，有疾者得愈。或数之凶者，有休官下第之兆。

六三：频复，厉无咎。

此爻是改过不吝，既斥而复与之者也。故叶者，迁善敏德，不为贵人，未免乍进乍退，或是或非。不叶者，难中取易，短中求长，忧虑抑郁。岁运逢之：在仕爵难稳，更变无定；在士则变明夷，有得其大首之象，而名可成；在庶俗求速应迟，事多反复，疑惑差错而无定主。

六四：中行，独复。

此爻是美其逐于众，而美其不昧于所从者也。故叶者，生乱世不为之污，处污俗不为之浼，挺然自拔，以从乎中道，而居位食禄，富贵清标。不叶者，为行旅，为兵帅，为孤独。岁运逢之：在仕复职，在士显名，庶俗获利。

六五:敦复,无悔。

此爻是能复于善者,斯与道为一者也。故叶者,涵养执操存固。“敦”之一字,为君子重厚之德。“中”之一字,为任宦官职之名。不叶者,虽非贵人,亦有田谷广积。岁运逢之:在仕有迁除,在士则登荐,在庶俗有积蓄。但要防服制。盖“考”字,不利于父故也。

上六:迷复,凶。有灾眚,用行师,终有大败,以其国君凶。至于十年,不克征。

此爻是终迷不复,而得凶者也。故叶者,改过自新,释回增美,亦可常保其富贵,而为吉人。盖变为“颐厉吉”。不叶者,愚暗昏蒙,为疾厄伤残,为破祖破家,为误国累主。岁运逢之:在仕有贪位之诮,在士有取摧之辱,在庶俗有执迷取孽之嗟。静吉而动否也。

䷘ 无妄

《象》曰:天下雷行,物与无妄。先王以茂对时育万物。

此卦最喜二月至八月,为及时得禄深,余月为失时得福浅。巽宫四世卦。纳甲是庚子、庚寅、庚辰、壬午、壬申、壬戌。生于所属之本月及纳甲者,功名富贵之人也。

初九:无妄往,吉。

此爻是以诚而动,则行无不得者也。故叶者,重德清名,知时识势,谋猷大展,志愿大遂,必为国家之重器,而福禄攸崇。不叶者,亦为吉人,彼无恶,此无射,心有诚实,事无妄举,平生安稳。岁运逢之:在仕则得君得民,在士则进取成名,庶俗主获利。

六二:不耕获,不菑畲,则利有攸往。

此爻是心之公,而行之利者也。故叶者,中正之才,柔顺之德,不谋利而利自得,不计功而功自至,富贵天然,平生安逸。不叶者,怠荒自恣,流荡自骄,生计艰难,不务根本,志向无定。岁运逢之:在仕则进职,在士则中试,皆不劳心。富人或进田产,商贾外求获利。在庶俗则末利多,而粱稻寡。

六三：无妄之灾，或系之牛。行人之得，邑人之灾。

此爻是本无致灾之由，而灾自至者也。故叶者，德足以禳灾，善足以遗祸，而富贵福泽，可以保于无虞。不叶者，奔波诡诈，招尤启祸，得失无常，忧乐不一，家业难兴。岁运逢之：在仕利郡守，行人之得也；不利邑宰，邑人之灾也。田家或进牛财，商贾多获利息。在庶俗或闲事系绊，破财损己。在士人必主难于进取。

九四：可贞，无咎。

此爻是能守正自安，斯可以寡过者也。故叶者，为才德君子，守正不阿，执德不回，独善其身，福量宽洪。不叶者，亦平生安逸，衣食丰足。岁运逢之：在仕守期常职，在士保其常分，在庶俗守其旧业，图谋有实，不致虚浮。

九五：无妄之疾，勿药有喜。

此爻是君臣一德，而拟以意外之变，不劳而弥之者也。故叶者，有阳刚中正之德，足以拯溺享屯，御灾捍患，上有益于朝廷，下有益于身家，矜式常时，标准后世。不叶者，有福之人，而灾害不生，喜庆多至。岁运逢之：在仕进之列者，纵有变生不测，祸起无虞，不辩自明，不解自释；在庶俗，有疾不药自愈，谋为有成，生育可喜。

上九：无妄，行有眚，无攸利。

此爻是信之固，而卒用于信者也。故叶者，执而能通，固而知变，足以防危杜患，身家可保，福泽无亏。不叶者，志大谋拙，驰驱不停，孤独不倚，灾眚不离。岁运逢之：在仕不达于政，而贬逐难逭；在士不达于理，而耻辱难逃；在庶俗不语于事，而是非迭生。惟变通以趋时免祸，数凶不保其终。

䷙ 大畜

《象》曰：天在山中，大畜。君子以多识前言往行，以畜其德。

艮宫三世卦，属十二月。纳甲是甲子、甲寅、甲辰、丙戌、丙子、丙寅，借用壬子、壬辰、壬寅。如生于十二月及纳甲者，功名富贵之人也。

初九：有厉，利已。

此爻是不利于进，而利于退者也。故叶者，明哲保身，知机以图存，灾不犯，而福有余。不叶者，处常处变，随时定计。岁运逢之：在仕宜去位，在士宜待时，在庶俗宜守旧。不然，变生不测，祸将临矣。

九二：舆说輹。

此爻是深拟其自止之象也。故叶者，变为贲有“与上兴”之象，必有才德，心性明敏，闻见广博，守正不移，待上之用，或急流勇退，或挂冠致任。不叶者，幼小不行，老大足疾，或生腰疾。数凶者难于寿考。岁运逢之：防失脱灾非。

九三：良马逐，利艰贞。曰闲与舆，利有攸往。

此爻是拟其同升之象，而示以允升之道者也。故叶者，文章学问如良马之捷，如大舆之坚，兵卫之临，足以胜朝廷重任。“马”字“卫”字，是节制、军马、茶马、司薄、转运，皆佳兆也。不叶者，难与君子合志，或妄举躁动，不自爱重，损失难免，纵有成就，亦起于艰辛。岁运逢之：在仕则有五马朱幡之应，在士则有飞腾之应，在庶俗得尊上使用，知己相助，以济其艰。或奔走劳役，而后方可有获。

六四：童牛之牿，元吉。

此爻是止恶于初，而因善其占者也。故叶者，或为童科，或为魁元，富贵双全。不叶者，为童仆近贵，或力小不能任重，或见浅而拙于谋。岁运逢之：进取领解。盖牛为解星。常人有喜添牛财，在仕有升迁之喜。

六五：豶豕之牙，吉。

此爻是制恶于著，而因善其占者也。故叶者，大才大德，出类拔萃，足以立大功，享富贵。不叶者，志气卑微，小小规模，生计狭隘，亦有喜事。岁运逢之：在仕则升擢，在士则高迁，在庶俗多有吉庆，而营谋克遂。元气失者，福量浅狭。

上九：何天之衢，亨。

此爻是畜极而通，而其道之所施者广矣。故叶者，间世奇英，当时重望，功高千古，名播四夷，道德充大，足以开太平，继绝学。不叶者，志大心高，机深祸重。变泰上爻，有“城复于隍”之象。岁运逢之：在仕者得荐举登天，在士者进取成名，庶俗谋为皆利。“天、衢”二字，应兆非轻。

䷚ 颐

《象》曰：山下有雷，颐。君子以慎言语，节饮食。

巽宫四世卦，属八月。纳甲是庚子、庚寅、庚辰、丙戌、丙子、丙寅。如生于八月及纳甲者，功名富贵人也。二月至八月为及时，九月后则非其时矣。

初九：舍尔灵龟，观我朵颐，凶。

此爻是自丧其所守，而深鄙之者也。故叶者，因人成己，他邦立基而贫贱，贪而有失，所得者少，所失者多。不叶者，为不义之人，贪污之士，必遭凶祸。岁运逢之：在仕则遭失廉之辱，在士则有荒淫之诮，在庶俗则有悖逆争财之祸，大抵惟守正道则吉。士子进取，有食廪之兆，盖因“朵颐”欲食故也。

六二：颠颐，拂经于丘颐，征凶。

此爻是求养失其类者也。故叶者，守正不动，保身养性，可耐岁月之久。不叶者，更变无定，习学不专，交下先欺，亲上见斥。或患难颠强拘束。岁运逢之：在仕防谪，在士防辱，在庶俗作事进退是非不一。数凶者，多病至死。

六三：拂颐，贞凶。十年勿用，无攸利。

此爻是所养非其道，而取凶者也。故叶者，改过自新，窒欲自惩，则变为“贲如濡如”，光华润泽之文，亦可作小小规模。不叶者，扶扬违正，悖义放肆，祸不旋踵，身家破损。岁运逢之：在仕有丧名失节之患，在士有纵欲败度之虞，在庶俗有荒淫无忌之祸，甚则丧身，悲伤之至。

六四：颠颐，吉。虎视眈眈，其欲逐逐，无咎。

此爻是任贤以养民，而为德泽之普者出。故叶者，大才重望，端谨威严，以正驱邪，立太平之基业，成格天之事功。“虎”字之兆，为虎榜、虎符之类。不叶者，多颠倒拂乱，纵欲耽乐，损则破家，甚则为虎所伤，为斥逐，而难以容生。岁运逢之：在仕则为太守，得尊上光宠；在士则进取成名，在庶俗得好人赞助，而营谋遂。数凶者，防摈斥驱逐是非之危。

六五：拂经，居贞，吉。不可涉大川。

此爻是赖大臣以养民，而因戒占者也。故叶者，多享现成富贵，或承祖宗之恩，或倚权内之贵。不叶者，平生不受辛苦，得人助力，亦有受用。岁运逢之：在仕则因人成功而位可保，不可明白主事以招咎；在士则进取得人引拔而小就；在庶俗作为有倚靠，而志可得，不可乘舟涉险。

上九：由颐，厉吉，利涉大川。

此爻是人臣任天下之重，当敬事而尽其力者也。故叶者，位尊德重，常怀忧惕，上承天宠，下系民望，功勋冠世，福泽深远。不叶者，亦有福寿之人，推戴仰望者多，而为乡里之善士。岁运逢之：在仕爵禄崇重，在士必为魁解，在庶俗谋为光显，无往不利。

䷛ 大过

《象》曰：泽灭木，大过。君子以独立不惧，遁世无闷。

震宫四世卦，属二月。纳甲是辛丑、辛亥、辛酉、丁亥、丁酉、丁未。如生于二月及纳甲者，功名富贵人也。

初六：藉用白茅，无咎。

此爻是著以敬慎之象，而示以寡过之占者也。故叶者，德行高洁，誉望清廉，处下以谦恭，得上以信任，富贵福泽，优悠坚牢。不叶者，志谋清虚，隐迹山林，知足不贪，谨厚无失。岁运逢之：在仕谨持而禄位固，在上谨密而德业修，在庶俗谨约而财利周。数凶者，防孝服之忧。

九二：枯杨生稊，老夫得其女妻，无不利。

此爻是阳得阴助，两拟其象而善其占者也。故叶者，特立独奋，持危扶颠，拨乱反正，建大业立大功。不叶者，难中求易，死处逢生，早年辛苦，晚景荣华。或妻少之迟。岁运逢之：在仕则去位者复职，在士久淹者复超，庶俗或妻娶，或生子，或纳妾。僧道或进徒弟。君子得少妻义子。

九三：栋桡，凶。

此爻是过刚而无益于事者也。故叶者，勇于立功，力于济世。但伤于暴戾，非惟不足以奏天下之功，而适足以愤天下之事；非惟不足以底天下之绩，而适足以成覆餗之危。不叶者，凶暴猜狠，祸患迭至。且变“困于石”之象，而其刑伤损折可知。岁运逢之：在仕必防谪，在士宜防危，在庶俗须防倾覆之患，或有足目之疾。

九四：栋隆，吉。有它吝。

此爻是刚柔相济，而拟以大臣克任之象，而戒其不可过于柔者也。故叶者，禀刚大之才，为国家栋梁，功勋盖世，誉望冠伦。不叶者，亦有才德誉望，虽不为世用，家业兴隆，福量深厚。岁运逢之：在朝必为宰任，初入仕当重任，在士进取成名，在庶俗多有修造之举。皆宜执见论事，不一堕于柔奸以取吝。数凶者，为窒制是非。

九五：枯杨生华，老妇得其士夫，无咎，无誉。

此爻是刚柔不足以济世，而难以致誉者也。故叶者，刚过之极，所遇非其人，好狎小人，所资非其良，不足以图事功，而名誉不着，足食足衣，无荣无辱。不叶者，或妻年高而性悍，或嗣悭而寿脆，碌碌庸常，成立艰辛。岁运逢之：在仕不可久仕，在士难于进取，在庶俗难于营谋。或喜中生忧，美事成丑；或有老妇之阨，治母之阨。“枯杨生华”，先逆后顺之象。

上六：过涉灭顶，凶，无咎。

此爻是拟以死难之象，而因以致其许国者也。故叶者，有德有位，当大难，临大危，而杀身以成仁，舍生以取义，名标青史，望重华夷。不叶者，志大谋小，轻动妄举，取祸招孽，难容于世。岁运逢之：在仕有震主身危之祸，在庶俗有疾首蹙额之危。惟士子求取则可夺魁，“顶”字之义故也。

坎

《象》曰：水洊至，习坎。君子以常德行，习教事。

坎宫六世，属十月。纳甲是戊寅、戊辰、戊午、戊申、戊戌、戊子。生于十月及纳甲者，功名富贵之人也。

初六：“习坎”，入于坎窞，凶。

此爻是无济险之道，而终无出险之功也。故叶者，知机守节，不失其道，而行险而不入于险也。不叶者，才弱志怯，所遇非时，所处非地，汩没泥途，超接无路。岁运逢之：在仕防摈斥之嗟，在士防黜降之辱，在庶俗防陷溺之危。惟僧隐逸者，可以免矣。

九二：坎有险，求小得。

此爻艰难之际，而求济险之道者也。故叶者，有刚中之德，身当变故之秋，虽未能大有所成，可以靖天下之难，而犹能扶植乎天运，而不流于倾覆之危。不叶者，不能大有施设，亦作小小规模。岁运逢之：在仕则历任小成而未大，在士则利于小试而未出身。在庶俗则经营小就。在女命或为侍妾。凶者防险难，或生心腹血气之疾。宜以“未、出、中”三字详之。或仕寓朝中，在士业学中，常人处于家中。

六三：来之坎坎，险且枕。“入于坎窞”，勿用。

此爻是往来皆险，而终不能以济险也。故叶者，虽无拯溺亨屯之才德，亦能斡旋以保固，区画以图存，而身家不至倾危。不叶者，才弱志短，动辄掣肘，贫难艰苦，终无出日。岁运逢之：在仕则宜退步，在士惟宜修藏，在庶俗多坎坷争讼之事。

六四：樽酒簋贰，用缶，纳约自牖，终无咎。

此爻是与其善于格君，而功可成者也。故叶者，诚实谦厚，不事浮华，足以去险济难，而德业昌荣。不叶者，易成易破，骤荣忽散，不食俭约，福泽浅薄。岁运逢之：在仕有祭酒修读之兆，在士则遭际之难，在庶俗有交缔结姻之应。数凶者，或丧祭之忧。

九五：坎不盈，祗既平，无咎。

此爻是尽济险之道，而成济阴之功也。故叶者，刚明之才，中正之德，顷否为泰，而措斯世于平康，易危为安，而拯天下于陷溺，上足以应天命，下足以慰民心，而功业非小补。不叶者，小有才能，排忿解厄，一世平宁，而坎坷少致。岁运逢之：或显仕，或为平章评事，而小官亦有职无危，在士利于小就而未大，在庶俗谋为平坦而无危。

上六：系用徽纆，寘于丛棘，三岁不得，凶。

此爻是以无才而居险极，深著其危亡之象者也。故叶者，抱道自重，隐逸于山林，付世事于不知。或僧道安置于丛林之中。不叶者，伤亲破祖，骨肉难合，寿算难远，招辱犯刑。岁运逢之：在仕防缚绑安置之忧，在庶俗防螺绁牢狱之灾，惟士子则鏖战棘闱之兆。

☲ 离

《象》曰：明两作，离。大人以继明照于四方。

离宫六世卦，属四月。纳甲是己卯、己丑、己亥、己酉、己未、己巳，生于四月五月六月及纳甲者，功名富贵人也。

初九：履错然，敬之，无咎。

此爻是其著妄行之象，而示以敬慎之占也。故叶者，刚明是用，敬慎是持。审事机之会，而损过就中；酌物理之宜，而纠缪归正。功业竟成，缙绅钦仰。不叶者，亦能改行率德，始焉行多拂戾，终焉福颇受享。岁运逢之：在仕防躁妄不谨之咎，在士防差讹之辱，在庶俗防越理犯分之危，行者防跌足之疾。

六二：黄离，元吉。

此爻是人臣有中德以丽君，斯足以成文明之化者也。故叶者，以谦柔之德，行中正之道，忠顺不失。上足以相文明之君，仁慈丕阐；下足以成文明之化，福量宽洪，器识远大。不叶者，亦诚实谨厚，家业兴隆，平生安乐。岁运逢之：在仕得君黄阁伟器，在士必得魁解，在庶俗必沾利息。

九三：日昃之离，不鼓缶而歌，则大耋之嗟，凶。

此爻是值天运将衰之时，而无能以挽之者也。故叶者，深知盛衰循环之理，盈虚消索之常，乐天知命，安土敦仁，以挽回乎天命，而福泽无损。不叶者，必致损身伤财，刑妻克子。岁运逢之：在仕告休，在士防辱，在庶俗乐中生悲，吉中生愁，险难迭至，丧亡无日。

九四：突如其来如，焚如，死如，弃如。

此爻是人臣恃刚以革政，自速其毙者也。故叶者，守旧安常，循章约法，上不犯刑宪，下不招仇怨。盖变为贲，有"终无尤"之兆，而身家可保。不叶者，不中不正，无逊无让，进逼乎尊，率意妄行，罪不容死。岁运逢之：在仕者凌逼之嫌，在士有作坎坷，在庶俗有逐忤长上之愆，或遭兵火，或死亡弃逐，而百孽难逃矣。

六五：出涕沱若，戚嗟若，吉。

此爻是戒人君尽保泰之道，而得安者也。故叶者，柔丽乎中，谦以致和，其操心也危，虑患也深，而强梁不得以乘其隙，刚暴不得以肆其志，而富贵福泽可以长保于无虞。不叶者，柔弱昏暗，权出乎人，或丽王公大人，而志意颇伸，先难后易。岁运逢之：在显仕者得志，退职者多险危，进取者难成名，经营者多蹇滞，甚则忧愁思虑悲泣嗟号之难逭矣。

上九：王用出征，有嘉折首，获匪其丑，无咎。

此爻是人君之位而征伐能以正也，故得无咎。故叶者，刚明远振，用刑不滥，文武全才，足以开太平之事基。不叶者，或为兵卒，或为商旅，碌碌奔走衣食。或头目带疾，声名丑恶。岁运逢之：在仕出师历任而功业就，在士进取作魁，常俗见喜，经营获利。数凶者变丰，有“阒其无人”之象。

下经三十四卦详解

䷞ 咸

《象》曰：山上有泽，咸。君子以虚受人。

兑宫三世卦，属正月。纳甲是丙辰、丙午、丙申、丁亥、丁酉、丁未。如生于正月及纳甲者，功名富贵人也。

初六：咸其拇。

此爻是不当感而感也，故为咸其拇焉。叶者，分虽卑而志高，力虽微而谋远，成名于青年，食禄于晚景。不叶者，中年离祖，身谋未遂。岁运逢之：京官出，闲官起，进取有待而未速，庶俗宜远商，僧道宜游行。大抵值此爻者，虽急急营求，亦多难于成就。

六二：咸其腓，凶。居吉。

此爻是利于静而不利于动者也。故叶者，相时而进，虑善以动。上顺乎君，而不敢越分以要功；下顺乎民，而不敢违道以干誉。灾害不生，吉祥自至。不叶者，志大心高，贪得无厌，奔走衣食，辛苦成家。岁运逢之：在仕居位者叶吉，差遣者有厄，在士难逢嘉会，在庶俗奔波徒劳。大抵宜静而不宜动也。

九三：咸其股，执其随，往吝。

此爻是主于有感，则非其正矣，故不免于往吝之失者也。故叶者，度时而进，知机而止，或为股肱执政之大臣，而悔吝不及。不叶者，谋巧见拙，志在随人，多致败失。岁运逢之：在仕为宰执，防谪降之咎。常俗为执干，在士子考校则随人下，而无出类之美矣。

九四：贞吉，悔亡。憧憧往来，朋从尔思。

此爻是能王霸之效者也。故叶者，刚正君子，无思无虑，诚足以格君，惠足以感民，功业盛大，爵位崇高。不叶者，心多暗昧，交情偏疏，奔走劳役，求遂不暇。器宇小成，未得光大。岁运逢之：在仕秉公执政，而迁除有阶；在士小有利而未光；在庶俗朋友相倚，小谋可就，大用则亏，心绪少安。

九五：咸其脢，无悔。

此爻是不能感物之象，而与其可以无累者也。故叶者，崇尚之志，而孤介以自立。虽无功业以见于世，亦无尤悔以累其躬。不叶者，志昏量狭，弃本逐末，斗筲鄙夫，福气浅薄。岁运逢之：在仕执一，多失同僚之欢；在士进取难为；在庶俗人情乖离，而营谋微小。

上六：咸其辅、颊、舌。

此爻是感人以言者也。故叶者，有德有言，或居言路，或掌词翰，必得君而行道，有以来众口之称誉。不叶者，鼓簧口以乱俗，招尤启祸，尘世难容。岁运逢之：在仕防谮论，或遭言责；在士庶为游说，为技艺，为评论，为毁谤。

䷟ 恒

《象》曰：雷风，恒。君子以立不易方。

震宫三世卦，属正月。纳甲是辛丑、辛亥、辛酉、庚午、庚申、庚戌。如生于正月及纳甲者，功名富贵人也。九月至十二月，失时为福浅。

初六：浚恒，贞凶，无攸利。

此爻是执理而不度时势，不当恒者也。故叶者，定其交而后求，度其势而后行，志得谋遂，亦可作贵人。不叶者，不安分命，不量浅深，动辄阻滞，谋为偃蹇。岁运逢之：在仕不得于君，在士难逢知己，在庶俗不通人情，而徒遑遑于路途。惟静守则免凶尔。

九二：悔亡。

此爻是有中德，而能寡过者也。故叶者，执中行道，饰躬厉行，见善则迁，有过则改，富贵福泽，享之无亏。且“中”字是官职之名，“久”字是长远之义。不叶者，亦平生不凶，老者无疾，声名清洁，寿算最久。岁运逢之：在仕谨身而无旷职之诮，在士来崇德之奖，在庶俗固守而无损耗之嗟。

九三：不恒其德，或承之羞，贞吝。

此爻是不能久于其道者，而深著其不善之占者也。故叶者，执德不固，而有隙以启人之诮；信道不笃，而有间以招人之议。不叶者，损行灭德，失节丧名，有以来众口之讪，而无所容于天地。岁运逢之：在仕防谏议之贬，在士防损德之谤，在庶俗防毁辱争讼之挠。

九四：田无禽。

此爻是久所不当久者也。故叶者，或以异术见宠于朝党，或以他技而滥与其爵禄，或功名早退而难久于其位。不叶者，谋为无实，生涯淡泊，佃田捕猎之子。岁运逢之：在仕退步，在士进取者无成，营谋费力而无益。

六五：恒其德，贞。妇人吉，夫子凶。

此爻是以柔德为恒，而不善者也。故叶者，是中正有德之人，或得贤妻而助之。不叶者，权出他人，拙于自谋，或妻悍为家之累。岁运逢之：在仕多阿谀于权势之门，而招诮议；在士则图幸进而取辱；在庶俗则居家不善，而多招毁谤损斥之虞。

上六：振恒，凶。

此爻是任躁动而不知固守，不能恒者也。故叶者，施为当于理，不至于偾事；制作协于义，不至于越分。盖变为“鼎玉铉”之象也。不叶者，好大喜功，违法妄作，粉更多事，反成覆败之祸。岁运逢之：在仕劳碌役志，多动少静，求名望利，小则有成，大则无功。女人不利夫子。

䷠ 遁

《象》曰：天下有山，遁。君子以远小人，不恶而严。

乾宫二世卦，属六月。纳甲是丙辰、丙午、丙申、壬午、壬申、壬戌，借用甲午、甲申、甲戌。生于六月及纳甲者，功名富贵人也。

初六：遁尾，厉，勿用有攸往。

此爻是举遁爻之危，而戒其能遁，则无患者也。故叶者，先起卑微，后至高大，先历艰危，后享安逸。不叶者，常怀忧虑，动受辛苦，纵有提携，不能设施。岁运逢之：在仕则见机解组，在士则藏器待时，在庶俗则营谋迍邅。安常守分则免灾咎。

六二:执之用黄牛之革,莫之胜说。

此爻是拟其固守之志者也。故叶者,固守素志,远绝群邪,以中顺之德见用于世,必为执符黄堂,近而郡宰之官。不叶者,性疏志鄙。岁运逢之:先看根基,在仕位高者以宰执言路,士人进取。牛则为解星,亦为黄榜、黄门、黄堂、黄甲之兆。农人有进牛畜之喜。数凶则讼起家人,牵执不悦,或防下人侵侮。安常守分则免灾咎。

九三:系遁,有疾厉。畜臣妾,吉。

此爻是当遁而有所系,不能遁以取危者也。故叶者,明哲以保其身,勇退以避其难。或得贤室以成其内助之功,或得童仆以足其使令之任。不叶者,溺于宴安,贪财悦色,疾厉系缠,举动无措。或下句绾,奴婢连累。岁运逢之:在仕有希功固宠之虞,在士进取不能成大事,庶俗多疾厄惊危之祸。数吉者,得妻之力,进人口之应。

九四:好遁,君子吉,小人否。

此爻是决志于遁,而深有望于君子者也。故叶者,卓有定见,确有定守。出仕之早,而英锐足以发其志;勇进之速,而利禄不足以撄其信念。全身远害,福泽永远。不叶者贪得无厌,趋赴权势。或技艺立身,或官干公使,或厌世无求。岁运逢之:在仕则告休以避难;在士则际遇非时,而难于进取;在庶俗虽得小人之阴庇,而终防阴祸之系缠。

九五:嘉遁,贞吉。

此爻是美其遁之善,而因以示占者也。故叶者,必为拨乱反正、纲维世道之大人。不叶者,亦中正守己,恬淡养性,平生安乐,劳辱莫加。岁运逢之:在仕升迁,必得嘉会。在士及常人,必近尊贵,或招庆祉。

上九:肥遁,无不利。

此爻是遁之裕者,而嘉其保身之哲也。故叶者,福禄丰厚,宅心正大,而宠辱不以为忧乐,决事快便,而祸福不以为忻戚。不叶者,亦得衣食滋深,而无是无非,无荣无辱。岁运逢之:在仕退闲,在士待时,在常人营谋获利,家肥业厚,无往不利。

䷡ 大壮

《象》曰：雷在天上，大壮。君子以非礼弗履。

坤宫四世卦，属二月。纳甲是甲子、甲寅、甲辰、庚午、庚申、庚戌，借用壬子、壬辰、壬寅。生于二月及纳甲者，功名富贵人也。在春夏福深，秋冬福浅。七月雷未收声，亦为及时也。

初九：壮于趾，征凶有孚。

此爻是妄进适以取困者也。故叶者，有刚明之才，从容以观变，而不躁进以取祸；含章以图机，而不遽进以取困。名节可全，身家可保。不叶者，恃刚妄为，无所顾虑，困穷摧折，偃蹇艰辛。岁运逢之：在仕则防谗邪之辱；在士则遭幸图之耻；在庶俗则招争讼，动辄有悔，更防足疾。

九二：贞吉。

此爻是得反正之道，而动罔弗藏者也。故叶者，矫其偏而归于正，易其过以至于中，足以为国家之重器。"中"字之义，为兆甚多，大中、给事中、中书皆是。不叶者，亦是稳实之人，衣食饶足，平生少祸。岁运逢之：在仕位居清高，在士进取成名，在庶俗谋为称意。数凶者，变为"丰蔀"之忧。

九三：小人用壮，君子用罔，贞厉。羝羊触藩，羸其角。

此爻是恃其壮，而难以免厉者也。故叶者，亦可为君子，但轻天下之事为不足为，而不能持重以观变；视天下之人为不足畏，而不能从容以审机。事虽出乎正，亦不免于厉。不叶者，多逞血气之刚，而好勇斗狠，招尤起衅，损财败家。岁运逢之：在仕为祸所绊，进退难安；在士进取阻滞；在庶俗官讼牵连，孝刑多端，人财不利。

九四：贞吉，悔亡。藩决不羸，壮于大舆之輹。

此爻是反正之善，而两拟其可进之象也。故叶者，矫偏从正，不极其刚，进无所阻，而可以建功立业，文章发于青年，福泽裕于晚景。不叶者，亦平生安逸，谋为快便，转否为泰，出险为夷，家业丰厚。岁运逢之：在仕闲散者起，进取者达。常人得福，久静者必动，动则吉。御试占高魁。

六五:丧羊于易,无悔。

此爻是德不足而不能进,而有为者也。故叶者,以柔居中,不骄不傲,能以和顺服强暴,易艰难为平易,虽不足以建功,而亦不至于偾事。不叶者,懦而无立,弱而无为,福量浅薄,寿算有损。岁运逢之:在仕为罢软荒政,在士为丧名不就,在庶俗为筹策莫展,而一无所利。病者有丧身之兆。

上六:羝羊触藩,不能退,不能遂。无攸利,艰则吉。

此爻是处壮之终,而用其壮也,此其所以无攸往也。故叶者,能戒其轻动妄举之失,处以慎重敬谨之心,内审事理之机,外顺时势之宜,则善用其壮,而得以遂其进。不叶者,志壮才弱,不量可否,贪望太过,常遭危险。岁运逢之:在仕遭贬斥之危;在士有难进之咎;在庶俗越分悖义,是非争讼缠扰,而进退无措。

䷢ 晋

《象》曰:"明出地上",晋。君子以自昭明德。

乾宫四世卦,属二月。纳甲是乙未、乙巳、乙卯、己酉、己未、己巳,借用癸未、癸巳、癸卯。生于二月及纳甲者,功名富贵人也。

初六:晋如,摧如,贞吉。罔孚,裕,无咎。

此爻是惟有德故,虽摧而终可获吉焉。叶者,守义于己,不枉道以求合;知命于天,宁宽裕以自守,功名之志终得以遂,而无咎。不叶者,有谋而屡见阻。在仕则政事怠而爵难久,在常人则作为拙而寿难永。岁运逢之:在仕者当阻于邪议,进取者不见孚于主司,而命难受。常人士彼此不孚,忧乐相半,静则吉,而动则凶。

六二:晋如,愁如,贞吉。受兹介福,于其王母。

此爻是惟有德故,虽愁而终可受福焉。叶者,有中正之德,受大福于王母。盖当畏天命悲人穷,而愁其道之不行。不叶者,亦是端人正士,忧喜无常,更变无定,多得母庇,或阴贵之宠任。岁运逢之:在仕则进王明,在士始挫而终得,在常人求谋称意,多得母力之扶助,或得妻财。

六三:众允,悔亡。

此爻是得同升之志,而进无所抑者也。故叶者,同道相孚而德行修,同气相求而德业进。进其始也获丽泽之资，其终也遂汇征之愿。事不固于外，心不歉于中，何悔之有？不叶者，亦诚正善士，亲贤友能，赞助者多，仇怨者少，平生安乐，无忧无虞。岁运逢之：在仕有升迁之美，在士有荐举之休，在庶俗有得朋共事之益，而营谋遂意。“悔亡”二字，防失脱人亡之兆。

九四：晋如鼫鼠，贞厉。

此爻是德不足以称位者也。故叶者，位居百僚之上，但妒忌者多。不叶者，必为无德损物之人，刚狠横狂，亦无结果。岁运逢之：在仕见阻于谏议，在士难图幸进，在常人难免鼠牙之讼。

六五：悔亡，失得勿恤，往，吉，无不利。

此爻是王者普无心之化，而天下成大顺之休者也。故叶者，文章道德高出一世，特立独行，不计功而自有其功，不谋利而自有其利，推无不准，动无不化，何所往而不利？不叶者，亦是心明志广，识远虑深，失得付之自然，行止皆获其志。岁运逢之：在仕迁擢有喜，在士进取成名，庶俗营谋获利。

上九：晋其角，维用伐邑，厉吉无咎，贞吝。

此爻是无德虽居于上，而不免于伐邑国之羞。故叶者，以刚处势分之极，但仕不显，或作县宰军官。盖有邑之象也，虽艰难亦无大害。不叶者，一生刚狠，德不称才，骨肉寡合，多事争斗，或为武卒公吏。岁运逢之：在仕者有食邑之荣，常人有修造屋宇之喜，士子进取而道未光。其数之凶者，主有征伐争讼之举。

䷣ 明夷

《象》曰：明入地中，明夷。君子以莅众，用晦而明。

坎宫四世卦，属八月。纳甲是己卯、己丑、己亥、癸丑、癸亥、癸酉，借用乙丑、乙亥、乙酉。生于八月及纳甲者，功名富贵人也。

初九：明夷于飞，垂其翼。君子于行，三日不食。用攸往，主人有言。

此爻是见机以避伤者也。故叶者，明哲足以保其身，廉洁足以饰其行，见用于治朝，免祸于乱世。不叶者，志大心高，动必见挫，虽有功名，难于食禄。岁运逢之:在仕为骢马五马之荣,大则为股肱之臣,谨防暗主之伤;在士则有捷报之兆;在常人则有灾眚手足之伤。数吉则富人进马匹之应。

六二:明夷,夷于左股,用拯马壮,吉。

此爻是人臣伐暴之象,而戒以顺天之举也。故叶者,勇于进德,力于行道,威望重,权势大,得以专征伐之柄,以吊民安国。不叶者,多得志横行,凌上侮下,罪孽叠至。惟武卒军人颇获功利。岁运逢之:在仕当权有阃帅之任,在士有得大魁之喜,在庶俗有灾眚之招。

九三:明夷于南狩,得其大首,不可疾贞。

此爻谓上下两伤,而明照有碍之象也,若不见文讼之争,亦有疢厄之苦。叶者,有化工元气之全,则有修屋宇造作之兆。不叶其数者,主左股有忌夷之所伤。或乘骑千里而去,必主有忧愁分张之应也。

六四:入于左腹,获明夷之心,于出门庭。

此爻是居暗地而尚浅,而犹可得意于远去者也。故叶者,则必有才德,履公正,或执政命而为朝廷心腹之宠。又文有左武有右,职司门令黄门之显。不叶者,多无德行,立心诡谲,蠹物害民,不可测度。岁运逢之:在闲官必任事,在朝中者必出外郡;久于养晦者,必出身成名;淹于囹圄者,必脱身免祸;出外营谋者,必得心交之力。妇人有孕必生子,凶者或生心腹之疾。

六五:箕子之明夷,利贞。

此爻是当内难,而能正其志者也。故叶者,有正大之机谋,而能明哲保身。不叶者,难遇知己,常怀忧心,经营艰难,奔驰劳苦。岁运逢之:在仕当俭德避难,在士难逢知己,在常人必有家难之祸。

上六:不明晦,初登于天,后入于地。

此爻是无德之君,故无以保天下之大位也。故叶者,志远谋大,处高位而能保,当大难而知避。且天者有天府天曹之兆。不叶者,恃势妄行,损人利己,早岁猖獗,晚受波涛。岁运逢之:在仕防摈斥之嗟;在士有登天之兆,后必摈斥;庶人先达后阻,老者窘而不寿。

䷤ 家人

《象》曰:风自火出,家人。君子以言有物而行有恒。

巽宫二世卦,属六月。纳甲是己卯、己丑、己亥、辛未、辛巳、辛卯。若生于六月及纳甲者,功名富贵人也。

初九:闲有家,悔亡。

此爻是尽正家之道,而家无乖戾之失者也。故叶者,才德广大,思虑深远。不惟能区画营为以成其家业,亦且能立纲陈纪以植其国体,富而且贵,福泽无亏。不叶者,亦是谨厚之士,家给人足,一生安乐。岁运逢之:在仕闲官者则超迁而为大夫,已士者则官带闲处。在士者进取则利于小试。常人谋事有成,未妻者有室家之好,僧道主住持,老者不利于寿。

六二:无攸遂,在中馈,贞吉。

此爻是克尽妇道,而有以获宜家之效者也。故叶者,有柔顺之德,不骄不傲,平易近民而爱敬者多,家道兴隆而福泽深。女命则相夫益子,而大成内助之功。不叶者,足衣足食,优游享福。岁运逢之:在仕则入朝中,而有光禄之秩;常人必主营谋成家,而有赀粮之增;士寓学中,而有廪给之喜。

九三:家人嗃嗃,悔厉吉。妇子嘻嘻,终吝。

此爻是取其处家之严,而又以宽裕为戒也。故叶者,严整以肃其威,刚断以制其义,配纳整肃,人心祗畏,吉而有终。不叶者,喜怒不常,尊卑失序,纵欲败度,家业凋零。岁运逢之:在仕严而少宽恕之恩,在士进取平等而未大,常人喜忧相半,谨防耽迷之恙。

六四:富家大吉。

此爻是能裕利于国,而有德以致之者也。故叶者,有柔顺之德,而居上位,善能理财聚利,使邦本固而民生遂,理义兴而和气治。不叶者,亦粟帛丰厚,为乡里吉人。岁运逢之:在仕则禄以驭富,而超迁有地;在士则受赏赉,于考校之余;在常人谋为沾利,孤寡见亲。

九五:王假有家,勿恤,吉。

此爻是大君获内治之助,而深决其家之庆也。故叶者,言行以正,标准当时,扶持有人,助赞有力,勿恤其吉,而吉自来也。不叶者,亦主粟帛丰盈,亲眷和睦。岁运逢之:仕路最显,进取成名,常人遇贵人提携。数凶者变“贲于丘园”,有入境土之兆也。

上九:有孚,威如,终吉。

此爻是能正家于其终,而吉可得者也。故叶者,文章高世,威望服人,上肃朝纲,下清民俗,而为天地之全人。不叶者,亦是刚柔相济之硕士,德业广大,福量宽洪。岁运逢之:在仕位高权重,在士进取成名,其在庶俗之人,主营谋称意,在妇人必主为命妇。

睽

《象》曰:上火下泽,睽。君子以同而异。

艮宫四世卦,属二月。纳甲是丁巳、丁卯、丁丑、己酉、己未、己巳。如生于二月及纳甲者,功名富贵人也。

初九:悔亡。丧马,勿逐,自复。见恶人,无咎。

此爻是著其失应而复得之象也。故叶者,德望足以起人之敬信,中正足以消人之暴戾。谋猷难发于初年,志愿大遂于晚景。不叶者,成立艰难,遭际不遇。先贫后不贫,先孤后不孤。岁运逢之:在仕闲官复职,降谪者复升;在士难遇知己,而进取迟滞;在庶俗营为先失而后得,人事先睽而后合。谨防六畜之损,凶恶之患。

九二:遇主于巷,无咎。

此爻是尽诚以事君,斯于臣道无歉者也。故叶者,为忠臣义士,上能格君心之非,下能挽民俗之厚,功业建而志谋遂。不叶者,亦善通人情,而亲辅赞相者多,幽居闾巷,荣辱不加。岁运逢之:在仕必遇明主,而升迁有期;在士必遇主司,而进选有赖;在庶俗必遇知己,而营谋遂意。

六三:见舆曳,其牛掣。其人天且劓,无初有终。

此爻是与始睽而终合者也。故叶者,禀性最敏,见事生疑,始虽见忤于人而束缚其施为,终必见合于人而求谋无不顺。不叶者,多在车前马后，驱役刑伤，先受劳苦，后享安乐。岁运逢之：在仕防谀邪之阻；在士考校则取于既遗之后，而有登天府之兆；在庶俗进望有阻，险中求安，先迷后顺。数凶者，有骨肉刑伤之厄。

九四：睽孤，遇元夫，交孚，厉无咎。

此爻是得其所遇，而深勉其慎所处也。故叶者，有拔萃之才，善于交际，得良朋益友之赞助，而拨乱反治，转睽合一之事业可立。先孤后不孤，先逆后不逆。女子得子，为命妇受诰。不叶者，孓然自立，谦恭持己，始虽睽离，终得际遇。岁运逢之：在仕得同志荐拔，在士则见遇于主司，求婚者必配，处危者身安，遇闲者志行，外图先阻后顺。

六五：悔亡。厥宗噬肤，往何咎？

此爻是君臣相合之易，而利有攸往者也。故叶者，德重位尊，谦恭下士，而得贤能辅助，立功名，享富贵。不叶者，多承祖宗恩泽，生来受用，不劳己力，出而营谋，多遇知己。但骨肉有噬啮之伤。岁运逢之：在仕必有除拜之劳，在士必有登魁之应，庶俗经营获利，抬举有人，未婚者配。数凶者，亲朋怨恶，骨肉刑伤，官事牵连。

上九：睽孤。见豕负涂，载鬼一车。先张之弧，后说之弧。匪寇，婚媾。往，遇雨则吉。

此爻是与应始异而终同者也。故叶者，负刚明之才，过明而察，过察而疑。初涉艰难，终见平易。或重叠婚姻，或兵立功。又雨者福泽，利人济物之兆。不叶者，为孤独，为污浊，虚许乖戾，是非不一，聚散无定。岁运逢之：在仕遭谤怨之谪，在士进取先迷后得，在常人遭污受诬，先损后益。

䷦ 蹇

《象》曰：山上有水，蹇。君子以反身修德。

兑宫四世卦，属八月。纳甲是丙辰、丙午、丙申、戊申、戊戌、戊子。如生于八月及纳甲者，功名富贵人也。

初六：往蹇，来誉。

此爻是时有不可进，而人亦所当止者也。故叶者，大才清誉，善处逆境，见险能止，明哲保身。初虽偃蹇，终有济遇。不叶者，循途守辙，自贫乐道。岁运逢之:在仕来奖誉之加,而制诰之有待。在士则待时而进,在常俗则惟宜守旧安常。

六二:王臣蹇蹇,匪躬之故。

此爻是尽诚以事君者也。故叶者,孝亲忠君,竭力效诚。岂非才末技所能为?不叶者,父子同受艰辛,夫妻共甘寂寞,洁身清虑,乡里钦仰。岁运逢之:在仕则效忠贞之节,以靖国家;在士则所遇非时,而难进取;在庶俗则涉艰历险,而营谋有阻。数凶者,难以保身。

九三:往蹇,来反。

此爻是时不可进,而义亦所当止者也。故叶者,见机相时,得人赞助,或居内翰、内舍、中书省、治中、中顺之职,其安乐自知。不叶者,改过自能外立,归宗守祖生涯,或多得内助。岁运逢之:在仕入朝进取,利会试,位高者必翰林中书。庶俗有妻子之喜。数凶者变比六三,刑克损伤。

六四:往蹇,来连。

此爻是时虽不可进,而义不容已,故连下合力以济者也。故叶者,亲贤下士,同心者多,协力者众,而拯溺亨屯,兴衰拨乱之有赖。或上承祖爱,下续贤嗣,功名不虚,福禄允当。不叶者,道克事实,得人赞助,平生安逸,或婚姻嗣接续。岁运逢之:在仕连接历升之无阻,求名望利皆有实而不虚。数凶者,牵连讼非,动止蹇。

九五:大蹇,朋来。

此爻是人君当蹇之重,而深庆其助之者也。故叶者,行道执中,虚己守正,明王道信任,良朋协从,而转否为泰,易乱为治,不劳力而自成。且"中"字之义,则为大中、中丞、中书之兆。不叶者,身家虽困,常得良朋助力提携,干事中节,先蹇后泰。岁运逢之:在仕外郡者必擢清要,进取者多用关节而中试,或入大学之选。营谋者好人提举,无往不利。

上六:往蹇,来硕,吉。利见大人。

此爻是有可进,而义当从乎君者也。故叶者,大才硕德,笃志事君,勋业著于当时,誉望昭于千古。不叶者,依附尊贵,卓然生涯,内助有人,平生安逸。岁运逢之:在仕必入内台内翰,进取成名。庶俗近贵获利。

䷧ 解

《象》曰:雷雨作,解。君子以赦过宥罪。

震宫二世卦,属十二月。纳甲是戊寅、戊辰、戊午、庚申、庚午、庚戌。生于十二月及纳甲者,功名富贵人也。又二月及八月,雷雨及时福重。九月至正月,失时福浅。本命月卦,不在此论。

初六:无咎。

此爻是有相济之德,斯可以寡过者也。故叶者,刚柔相济,宽猛得宜。既足以立浑厚之体,而不至于多事以扰民,亦足以立清名之功,而不至废事,灾难解而福泽深。不叶者,立心平易,举措得宜,知己扶佐,受用无穷。岁运逢之:在仕德位相称而升迁有机,在士有登科之喜,未婚者合,经营者济。

九二:田获三狐,得黄矢,贞吉。

此爻是得去邪之善者也。故叶者,中正不偏,德高望重,摈斥奸邪,扶植善类,上有以成君德,下有以正民俗,而为一代之元老。不叶者,亦能亲贤远奸,田产丰裕,婚姻重结。或虞夫矢人,亦足衣足食。岁运逢之:在仕有为三孤、三公、黄门、黄堂之兆;在士有为二甲、三甲、黄榜之应。又,矢者,荐也,有荐拔、荐举之佳。在庶俗有进田产之庆,或武将有征猎之举,又利更改三谋三就之吉事也。

六三:负且乘,致寇至,贞吝。

此爻是无德而有位,祸不能免者也。故叶者,或起卑微而受富贵,保固周密,寇害难侵。不叶者,专行险诈,窃滥贪谋,有玷名教,丑辱可耻,招尤启衅,举止无措。妇人值此,尤为不堪。岁运逢之:在仕防摈斥之虞,在士防谪降之辱,在庶俗防寇盗讼非之扰。"乘"字,士人有中选者,但祸不旋踵。

九四:解而拇,朋至斯孚。

此爻是严以绝邪,斯向道合志者也。故叶者,为人正端,远绝群邪,而与良贤相协相助于庙廊之上,所谋无不遂,所行无不成。不叶者,不能远小人以亲君子,器宇不洪,事功有限。岁运逢之:在仕防朋党习狎之祸,在士防淫朋荒德之损，庶俗防奸党失事之尤。

六五：君子维有解，吉，有孚于小人。

此爻是君子黜恶之有获，而因示其去恶之多力也。故叶者，秉公持正，进贤良，退不肖，国家赖以清宁，生民赖以安息，而功业之大，非小补者比。不叶者，诚信足以协上人之心，慈惠足以得小人之力，德业隆盛，福量宽洪。岁运逢之：在仕多居要路，摈斥奸邪，或兵伐重权以立功。士子成名，常人获利。讼者释，而疾者愈。

上六：公用射隼于高墉之上，获之，无不利。

此爻是拟以解悖之象，而因以与之者也。故叶者，才大志高，望尊名重，有文以绥太平，有武以戡祸乱，而为功勋之大臣。不叶者，亦高堂大厦，享福优游，上为君子之推重，下为小人之畏承。岁运逢之：闲官超迁，兵师之功。士子中举，有一鹗横空之兆。常人多葺门墙，谋为获利。仕途必获荐剡。

䷨ 损

《象》曰：山下有泽，损。君子以惩忿窒欲。

艮宫三世卦，属七月。纳甲是丁巳、丁卯、丁丑、丙戌、丙子、丙寅。生于七月及纳甲者，功名富贵人也。

初九：已事遄往，无咎，酌损之。

此爻是嘉其友道之尽，而示以进言之机者也。故叶者，宣力王室，而不为身谋之便；随机应变，而不失其浅深之宜。事功显越，名誉著闻。不叶者，虽有才德，设施亦难，巧于人谋，拙于自为，欲进不达，欲退无机，奔走衣食，福量亏损。岁运逢之：在仕则国尔忘家，而天宠之日加；在士则上人合志，而必得优选；在庶俗则会计允当，而利无不获。数凶或因酒食费事。

九二：利贞，征凶，弗损，益之。

此爻是示以守正之道，而因大其效者也。故叶者，含章以守贞，安土以敦仁，虽不能兴道致治，以显事功于朝廷，亦足以致顽者廉，懦者起，以维风俗于草野。不叶者，敦本尚实，不务浮华，财用随足，终身无损。岁运逢之：在仕固守已职而难迁，在士确守常业而难进，庶俗则谨守常度而难于远谋。

六三：三人行，则损一人，一人行，则得其友。

此爻是交友多，择其类者也。故叶者，取仁以为辅，择善以为资。不惟能共成德业，而下有益于己；亦且共赞乎皇猷，而上有益于君。不叶者，亦善交际，扶助得人，而营谋易就，福泽无损。岁运逢之：在仕同寅协恭，而政事举；在士则同道为朋，而有丽泽之益，或遇知己，而进取升腾之有赖；在庶俗则协力者众，而营谋获利者多，未婚者配合，僧道领众。

六四：损其疾，使遄有喜，无咎。

此爻是示以反性之学，而因言敏以图之为贵也。故叶者，勇于从善，乐于改迁，置身于高明正大之域，而不流于人小之归，功名成就，福泽深厚。不叶者，有疾速医，有过速改，早年艰过心，晚景平康。岁运逢之：有灾者免，有疾者愈，晦者明，忧者喜。闲官将起，士人有喜，庶俗获利。

六五：或益之，十朋之龟，弗克违，元吉。

此爻是以德而居尊位，而必著其得贤弘治之益者也。故叶者，虚中无物，得贤才之协力，君心得而治道成，人心归而天命眷，富贵福泽，尔职尔昌。不叶者，亦有誉望出群，而为乡邦所景仰，荣身起家，庆祉并增。岁运逢之：在仕职美近天颜，士人进取中选占高魁，常人大发天财。与卦小异，须防孝服。

上九：弗损益之，无咎，贞吉，利有攸往。得臣无家。

此爻是与其益下之善，而勉以得正之道者也。故叶者，存心于天下，嘉志于穷民，德足以立功勋，禄足以享富贵。不叶者，不贪不谋，自得饱暖，亲近尊贵，多好游谈。或为商旅获利，或为僧道成家。岁运逢之：在仕民归心而天宠固，在士则有得志之喜，在庶俗则得地利之多。贵人扶持，出入尤利。

䷩ 益

《象》曰：风雷，益。君子以见善则迁，有过则改。

巽宫三世卦，属七月。纳甲是庚子、庚寅、庚辰、辛未、辛巳、辛卯。若本命生于七月及纳甲者，富贵功名人也。又二月至八月生者福重，余月福浅。

初九：利用为大作，元吉，无咎。

此爻是报效于君，固多大有所为，而尤多善有所为也。故叶者，任大事，建大功，周悉万全，而为经久之良图。上有以益于君，下有以利于民。不叶者，亦有善行良才，安时处顺，或大有作为，而小有耕作，而家兴业举。岁运逢之：在仕必有迁擢，进取者必中大魁。且"大"字之义，为兆甚多，大夫、大师、大中是也。僧道则有大德、大师之说，庶俗则有大谋、大有、大称心之义。

六二：或益之，十朋之龟，弗克违，永贞吉。王用享于帝，吉。

此爻是君臣受益之善者也。故叶者，虚中无私，良朋类集，上为君宠，下为民庆。或得王官，或得高年，或为配享。不叶者，守己奉上，活计长久，利官近贵，受用颇足。岁运逢之：仕途荣迁，在士进取成名，商贾获利，享祀获福。

六三：益之用凶事，无咎。有孚，中行，告公用圭。

此爻是示以尽臣道而慰君心者也。故叶者，为忠臣烈士，必当危难而尽心竭力，有益于生民，有益于风教。考其"中"字"公"字"圭"字之义，而官职显然矣。不叶者，操危虑深，动心忍性，出险为夷，易危为安，尊贵信用，福泽晚受。岁运逢之：在仕朝贵大用，兵将立功，士子成名，选人改秩，庶俗获利。数凶者，有非常之凶，官灾最忌。

六四：中行告公从，利用为依迁国。

此爻是人臣有益下之德，而君臣皆信之者也。故叶者，公平正大，建功立业，上得君宠，下副民望，而为一世之勋臣。不叶者，亦能干辨遂意，创业维新。岁运逢之：在仕责任之重，而得君宠渥；在士则得上人荐举，而名可成就；在庶俗则有修造迁移之喜。讼者利官得伸。

九五:有孚惠心,勿问元吉,有孚惠我德。

此爻是益下者,而著其诚心诚应之机者也。故叶者,才猷足以辅国,利泽足以感民,功名利达,福禄丰盈。不叶者,亦厚仁存心,恩惠及物,有优游厚福。或为僧道有聪惠之誉,或为商贾有惠我之利。岁运逢之:在仕人要津逢明主,在士进取者成名,常俗营谋称意,僧道住持,卑贱谒尊贵,多有知遇。

上九:莫益之,或击之,立心勿恒,凶。

此爻是求人之益者,而至于或击之,则人之报怨者多矣。故叶者,贪才损物,图名获利,立心有恒,祸可苟免。不叶者,险诈,利己损人,灾祸并至,身家难保。岁运逢之:在仕有贪谋之谪,在士有夺竞之辱,在庶俗有利专取怨之祸,刑克损伤之惨。

夬

《象》曰:泽上于天,"夬"。君子以施禄及下,居德则忌。

坤宫五世卦,属三月。纳甲是甲子、甲寅、甲辰、丁亥、丁酉、丁未,借用壬子、壬辰、壬寅。如生于三月及纳甲者,功名富贵人也。乾、兑二体属金。若生于秋月,亦为及时也。

初九:壮于前趾,往不胜,为咎。

此爻是君子不能虑胜以决小人,而不免有激变之危者也。故叶者,观时以尚往,见危而知避,虽不能行道济世,亦能全身远害。不叶者,无德而逞志,夸能处下,而争高抑薄,祸患迭生,摧抑难支。岁运逢之:在仕遭躁动之斥,在士招幸图之尤,在庶俗罹妄行之患。

九二:惕号,莫夜有戎,勿恤。

此爻是有备,斯无患者也。故叶者,整治于未乱,保邦于未危,中道足以服众,威望足以弥暴,文中成名,武中有功。不叶者,多谋多变,忧喜不常,或因功而得禄,或从戎而得名。岁运逢之:在仕多掌兵戎之权,在士进取武选为高,在庶俗多惊危忧号寇盗之事。

九三：壮于頄，有凶。君子夬夬，独行遇雨，若濡有愠，无咎。

此爻是决小人过于刚，而因示以善处之道者也。故叶者，才大志刚，机深虑远，为国除害，而上有补于朝廷，为民除敝；而下有补于风俗，功名远大，奸暴消除。不叶者，好勇斗狠，招尤启衅，孤独寡亲，常怀忧惧。岁运逢之：在仕有除奸反噬之殃，在士有含愠违世之嗟，在庶俗有争讼结构之虞。大抵从正则吉，从邪则凶。宜见几，初见艰难，终受安静。

九四：臀无肤，其行次且。牵羊悔亡，闻言不信。

此爻是去小人而未能，而因示以善决之术者也。故叶者，才德颇高，智识稍大，立功而不逞能以争先，闻善而能乐听以信从，志得谋遂，功成名举。不叶者，执迷不明，谋为顿挫。或聋跛不便，或牧养生涯。岁运逢之：在仕有才力不及之谪；在士进取落后，惟初利于殿试，盖"臀"字去月有殿头之兆；在常人必有争讼杖责之虞，或疮痍耳足之厄。盖以"且"者，不前之意也。

九五：苋陆夬夬，中行无咎。

此爻是人君能决小人而不勇，而因戒以必决之为善者也。故叶者，见明而不堕于小人之奸，中道而不激乎小人之变，上肃朝纲，下清民俗，事功宏大，福泽远深。不叶者，畏缩而多欠乎果断，偏僻而不合乎中道，好行小惠，灾眚莫测。岁运逢之：在仕防柔邪之侵害；在士进取小利而未光，久淹者心通，闲官者必复任；在庶俗营谋遂意，讼者伸，疾者愈。

上六：无号，终有凶。

此爻是小人之党类已尽，而灾不能退者也。故叶者，虽为富贵，多恃高压众，盗物弄权，阴贼良善，终不远大。且变为"亢龙"亦"有悔"矣。不叶者，人已相忌，举目无亲，动则有悔，终不能长久。岁运逢之：在仕难于久任，而勇退为佳；在士难于进取，而藏修为愈；在庶俗难于营谋，而安常为美。甚则骨肉刑克，是非括挠，老难于寿。

姤

《象》曰:天下有风,姤。后以施命诰四方。

乾宫初世卦,属五月。纳甲是辛丑、辛亥、辛酉、壬午、壬申、壬戌,借用甲申、甲午、甲戌。生于五月及纳甲者,功名富贵人也。

初六:系于金柅,贞吉。有攸往,见凶。羸豕孚蹢躅。

此爻是戒小人当自守者也。故叶者,学古之勤,行道之力,虽不能设施以建立事业,亦善区画而修身保家。不叶者,才短力微,妄行取困。岁运逢之:在仕有贬降之虞;在士有难进之忧;在庶俗或遇尊贵信朋,或得金帛进入,或阴人必得生育。数凶者,防疾讼忧虞阴人不洁之事。

九二:包有鱼,无咎。不利宾。

此爻是以君子而遇乎小人,以能止为正者也,故有"包鱼"之象。叶者,有大才宽量,容物爱民,得贤者佐助,民心服从。不叶者,鄙吝富人,不好宾朋,损人益己,固执不通。岁运逢之:在仕则迁除,有锡金鱼银鱼之兆;在士则门下无人,而难于宾兴之选;在庶俗有金帛水利之多,或进奴仆,妇人有孕。

九三:臀无肤,其行次且。厉,无大咎。

此爻是以刚而与人无所遇也,故不免于厉焉。叶者,以之求名则不足,以之荣家则有余。盖变为讼三爻"食旧德"之象,或承祖恩,或守田业,无初有终。不叶者,孤立无助,作事艰辛,或腰足生疾,福量浅狭。岁运逢之:在仕退步遭谪;在士子进取惟利于殿,盖"臀"字去月字,有殿头之兆故也;庶人俗则有灾眚杖责之虞。

九四:包无鱼,起凶。

此爻是遇民者失其正,故有无鱼之凶者也。故叶者,贵而无位,高而无民,知机固守,可免灾害。不叶者,求名望利,多失机会,孤立寡与,奴仆少力。岁运逢之:在仕有摈斥之殃,在士有停降之辱,在庶俗有讼争是非之扰,在老者不利于寿。

九五：以杞包瓜，含章，有陨自天。

此爻是以阳制阴，而示以静制之道者也。故叶者，宽洪大量，包纳群生，文章克积，志不舍命，而富贵利泽，尔职尔昌。不叶者，亦学问之勤，器量之大，虽无爵禄之荣，亦可成其富有之业。岁运逢之：在仕栋梁之材，以者加秩，"章"字为平章之类，"天"字有登天府、受天恩之兆；常人必遇尊贵提携，而所获出于非望；妇人有孕育之喜。数凶者损寿。

上九：姤其角，吝，无咎。

此爻是以刚而与人无所遇，故不免于吝者也。叶者，高名清誉，出萃冠伦，忠言正论多阻于邪议，而禄位不稳。不叶者，气大志刚，不近人情，结仇构怨，劳碌不暇。岁运逢之：在仕必为僚长，防过高之诮；在士进取必居魁首；僧道住持，常人独立无助，营谋艰辛。

 萃

《象》曰：泽上于地，萃。君子以除戎器，戒不虞。

兑宫二世卦，属六月。纳甲是乙未、乙巳、乙卯、丁亥、丁酉、丁未，借用癸未、癸巳、癸卯。生于六月及纳甲者，功名富贵人也。

初六：有孚不终，乃乱乃萃。若号，一握为笑，勿恤，往，无咎。

此爻是戒违众以从正，则无妄聚之失矣。故叶者，执己见而听乎谗言，改过而必从乎正道，广大之业可保其无虞。不叶者，忧喜不常，邪正不定，德薄行亏，成立艰辛。岁运逢之：在仕必遭贬逐，在士则遭蹇难，在庶俗有小人结构受诬之危。大抵皆先凶后吉，戒之为是。

六二：引吉无咎，孚乃利用禴。

此爻是得人事君之诚，而因著卜祭之占者也。故叶者，宽洪以扩其量，忠直以事其心，推贤荐能，引善率德，明足以事君而德修道行，幽足以格神而德盛福隆，庙廊著迹，海宇流芳。不叶者，亦存心诚实，交接好人，多得尊贵拔引，谋为利达，福泽无亏。岁运逢之：在仕得人引荐，必有升除，"中"字有大中、中顺、中泰、给事中之兆；在士主得上人引拔，而登庸有赖；在庶俗之人，营谋得好人提举，谋为遂意。

六三：萃如，嗟如，无攸利。往，无咎，小吝。

此爻是萃于二阴，萃非其正也。故必往而勿恤其羞。故叶者，志谋遂而四海为家，协力者众而生涯利达。不叶者，六亲冷淡，家业寂寥，离祖外立，方得遂志。岁运逢之：在仕难萃于朝，而历任远方之为艰；在士进取难逢佳会；在庶俗家不安宁，六亲有损，老者凶也。

九四：大吉，无咎。

此爻是大臣有君民之寄者也，必尽其道而责斯塞焉。故叶者，秉钧执政，敷道弘化，上有以致君，下有以泽民，而萃太之昌可保于无咎。不叶者，虽有才志，无德可守，非凶于国，必害于家。岁运逢之：在仕防猜忌之谤，弃高就下，急流勇退为吉；在仕进取有不富之咎；在庶俗谋为不从正道，皆难免祸。惟大德君子，方可改过得福。

九五：萃有位，无咎，匪孚。元永贞，悔亡。

此爻是著其君位之隆，尤必戒君德之修也。故叶者，禄重位高不以为荣，士从民悦不以为乐，常存敬畏，富贵永久。不叶者，亦能反身修德，虽无爵士之荣，亦能致其家业之兴。岁运逢之：在仕则人心未孚而志未光，在士有道德未修之歉，在庶俗则人情不合而营谋有阻。

上六：赍咨涕洟，无咎。

此爻是无才无位得天下之萃者也，故不免于惧。叶者，治而不忘乱，安而不危。虽无所利萃，而尤可以自保；虽无所利，而尤可以免害。不叶者，懦弱无为，忧愁度日，孤立无助，碌碌小就。岁运逢之：在仕进前不稳，事多烦扰，不能安静，或上下逼迫，长幼忧愁，退悔嗟悲，名利成虚，寿算不永。

䷭ 升

《象》曰：地中生木，升。君子以顺德，积小以高大。

震宫四世卦，属八月。纳甲是辛丑、辛亥、辛酉、癸丑、癸亥、癸酉，借用乙丑、乙亥、乙酉。生于八月及纳甲者，功名富贵人也。

初六：允升，大吉。

此爻是进而有助者，而深幸其得君行道也。故叶者，有谦恭之德，获上人拔引之助，功名利达，必为国家栋梁。不叶者，亦善通人情，扶持者多，谋为遂意，家业兴旺。岁运逢之：在仕超迁，在士高荐，庶俗营谋称心。

九二：孚乃利用禴，无咎。

此爻是诚实上交之象，而著其享祀之吉占者也。故叶者，大才大德，诚实中正，上有以得君，下有以得民，功业丕显，志愿大行。不叶者，立心以诚，结交以正，清名日著，德业兴隆。岁运逢之：在仕有升，或为祭酒配享之职，士子成名，常人有喜，疾者安而用者达。数凶者，有丧祭之兆。

九三：升虚邑。

此爻是仕进之易者也。故叶者，南征以从王之事，而进无所摧；奋庸以熙帝之载，而动无所括。大则当要路，小则食邑郡。不叶者，亦谋为遂而无所阻，家业兴而无所亏，或道习清虚，身居空洞。岁运逢之：在仕升迁，必居大郡，在士成名，在庶俗营谋遂意。数凶者，变为“师或舆尸”之象。

六四：王用亨于岐山，吉，无咎。

此爻是王者祀神之诚，而获福者也。故叶者，柔顺之至，诚信之极。明足以格君，而得恩光之隆；幽足以格神，而得福泽之深。功名显达，志愿大遂。不叶者，诚实足以动人，求谋无阻，家业兴隆。岁运逢之：在仕得君而升必高，在士用宾于王而名成，在庶俗必得山林之利，隐者有山水之乐，僧道获祭享之益。数凶者，有归山冢追祭之兆。

六五：贞吉，升阶。

此爻是人君守至正以临民，而有以致天下之顺治者也。故叶者，科甲登于少年，功业建于朝廷，志量大得，福量宽洪。不叶者，亦守道立身，进取有为，动皆合志，德业日新。岁运逢之：在仕超迁，在士高荐，庶人谋遂得志。

上六：冥升，利不息之贞。

此爻是速于上升，而不知止者也。故叶者，为君子，进德修业，有忠鲠清度之美誉。不叶者，为小人，贪利之切，难免辱身之祸。岁运逢之：在仕告休，在士反身修德，庶俗有贪得不厌之祸。数凶者，有幽冥之非。

䷮ 困

《象》曰：泽无水，困。君子以致命遂志。

兑宫初世卦，属五月。纳甲是戊寅、戊辰、戊午、丁亥、丁酉、丁未。如生于五月及纳甲者，功名富贵人也。

初六：臀困于株木，入于幽谷，三岁不觌。

此爻是无济困之才，终于困而不能自拔者也。故叶者，有为有守，虽不能见用于世，亦为一世之高士，而幽岩之无辱。不叶者，为懦弱之才，为昏暗之质，明不能以有见，困不能以自拔。岁运逢之：在仕退职，在士待时，庶俗有惊忧服制之患。

九二：困于酒食，朱绂方来，利用亨祀。征凶，无咎。

此爻是有刚中之德而无其时，故不能以成济困之功。叶者，有才有德，必居高位，必享厚禄，明足以感结乎人君，幽足以感格乎神明，虽无拯溺之力，亦免犯难之凶。不叶者，性多偏僻，贪食好酒，必入干于朱门，或为师诬，足食足衣，但不能远谋大成。岁运逢之：在仕升迁，或为祭酒，方面、配享、中丞、中奉、中书之类。闲官必起，天书自来，士人有庆，庶俗得贵人提携，营谋获利，静吉动凶。数凶者有丧祭之兆。

六三：困于石，据于蒺藜，入于其宫，不见其妻，凶。

此爻是无才德以济困，而身不能保者也。故叶者，多栖身山林与木石居，或入于宫门而为阍人，虽无妻子之庆，尤得保身之术。不叶者，无才无德，出入顿挫，身孤势危，大困急迫。岁运逢之：在仕有入清禁之兆，在士有入棘围之喜，但恐遭妻妾之变。数凶者，名厚身危，死期将至，况有妻子之可见乎？

九四：来徐徐，困于金车。吝，有终。

此爻是才弱不足以济初之困，而终有相与之分也。故叶者，成名虽早，食禄尤迟，上进有难于速，得遇有难于近。其"金"字之义，有金榜、金门、金阶之兆。不叶者，先难后易，或依附权势而后有立，或受制尊贵而不得自尊，谋为阻节，终有受用。岁运逢之：闲官超越，事有兼权而不胜其丛挫之忧；在士进取多缀朱榜；在庶俗谋望有顿挫之祸，而终有出险之喜，为商者为金车而遭困。

九五：劓刖，困于赤绂，乃徐有说，利用祭祀。

此爻是本其德之足以济困，与其诚之足以格神也。故叶者，勤于学古，力于行道，始焉进取艰阻，终则机会适逢。或居言路以声其中直，或为大臣以配享其祭祀。不叶者，亦先受艰辛，后享安逸，或骨肉有刑，或身体有亏。岁运逢之：在仕则先阻后顺，或为奉直、中奉、社令、祭酒、祭祀之职；士子进取先逆后顺，庶俗营谋先挫后获。数凶者，有讼刑之扰，丧祭之兆。

上六：困于葛藟，于臲卼，曰动悔、有悔，征吉。

此爻是无济困之才德，而示以善反之道者也。故叶者，改过以复于善，易恶以至于中，才足以援其危，德足以济其困。不叶者，心至柔暗，身处困极，缚束而不能解，危惧而不能安。或离祖远方，方可成立。岁运逢之：在仕防刑罚缚束之虞，在士防停降之辱，在庶俗防忧惊服制之危。惟商旅则利有攸往。

䷯ 井

《象》曰：木上有水，井，君子以劳民劝相。

震宫五世卦，属三月。纳甲是辛丑、辛亥、辛酉、戊申、戊戌、戊子。如生于三月及纳甲者，功名富贵人也。

初六：井泥不食，旧井无禽。

此爻是无德而为世所弃也。故叶者，有才有德而难逢机会，未见其名利之遂，恒嗟其道德之穷。不叶者，身处卑下，污浊昏昏，成败无定，终为废才。甚则下有痢疾，上有隔气之终寿。岁运逢之：在仕退闲，求名者不遂，营谋者阻滞。数凶者，弃世。

九二：井谷射鲋，瓮敝漏。

此爻是德足于己，而力不足以及物者也。故叶者，文章德道，屈处困时，难逢明主，养道全真，乐天知命。不叶者，学业之寡，名利之薄，或生癖疾，或见妒忌，损漏之多，仅能养家。岁运逢之：在仕宜退处以自养，在士宜藏器以待时，在庶俗而谨守以避祸。

九三：井渫不食，为我心恻。可用汲，王明，并受其福。

此爻是惜其未为世用，而逆许其见用之功也。故叶者，德足以求明主之用，惠足以济斯民之穷，功名利达，福泽丰隆。不叶者，贵不受禄，富不受用，一筹莫展，常怀忧戚。岁运逢之：在仕难逢明主，而见机解组之为佳；在士难逢佳会，而养晦俟时之为美；在庶俗安常守分之为吉。值数之凶者，主有忧惨之兆。

六四：井甃，无咎。

此爻是惟知自修之象，而仅许其得独善之道者也。故叶者，有谨厚之德，无果断之才，虽未能建功立业，以鸣国家之盛，亦能存心养性，以尽成己之美。不叶者，善于会计，难于际遇，外节虽可观，内虚则可悯。岁运逢之：在仕条陈利害而修政事之为尚，在士则穷经学古以待用，常人则耕田凿井以厚生，或有造屋修筑之兆。

九五：井洌，寒泉，食。

此爻是德全于己，而功及于物者也。故叶者，经济之术素具于己，而德泽之施普及于物，功名富贵，并隆无亏。不叶者，清才达道，守义安贫。岁运逢之：在仕则德位兼隆，而膺天庞；在士则名利两全，而有登荐之美；在庶俗则营谋遂而获利。

上六：井收。勿幕，有孚，元吉。

此爻是著其德泽及物之普，而示以有本之治者也，故叶者，实德裕于己，有本之治自足以缚润泽之因；至诚根于心，而有体之用自足以敷浩荡之化。事功隆于当时，而名誉昭于千古。不叶者，亦养之裕而积之厚，虽无踵鼎之荣，亦有陶朱之产。岁运逢之：在仕则功高德厚而高迁，在士则道全德备而名成，在庶俗则才用充足而谋遂。

䷰ 革

《象》曰：泽中有火，革。君子以治历明时。

坎宫四世卦，属二月。纳甲是己卯、己丑、己亥、丁亥、丁酉、丁未。如生于二月及纳甲者，功名富贵人也。

初九：巩用黄牛之革。

此爻是无变革之任，故以不革为革者也。故叶者，虽有才猷，而多阻于职业之未就，安常守分，居易以俟命。不叶者，自处卑下，执一不通，虽无祸患，鄙哂可耻。岁运逢之：在仕保位，不可怀出位之思；在士安己，不可图幸进之举；在庶俗谨守常度，不可存妄作之念。

六二：己日乃革之，征吉，无咎。

此爻是从容以观变，得善变之道者也，故叶者，能察乎时势，能烛乎事机。通变以宜民，创立于一人，达诸四海而不悖；更化以善治，建立于一时，传诸万世而无穷。上承君宠，下系民望。不叶者，亦存心忠厚，处事得宜，革先人之弊，成一代之规模。岁运逢之：在仕迁职，士子成名，庶俗多喜事之作。

九三：征凶，贞厉。革言三就，有孚。

此爻是当革之任，病于燥而贵于审者也。故叶者，从容周密，相时以更其弊，持重详审以观其变，事功崇高，功名远大，群情允协，百代钦仰。不叶者，轻举妄动，成少败多，卓立艰辛，营谋顿挫。岁运逢之：在仕有躁动失政之谪，在士有复试三就之举，在庶俗多纷哗之扰安不一。数凶夭折。

九四：悔亡，有孚改命，吉。

此爻是协民心以革政，斯治道难新者也。故叶者，道大德宏，谋远志高。补弊救偏，以成莫大之功名；革故鼎新，以成可久之制度。上有以叶乎君心，下有以孚乎民情。“命”字，有爵命寿命之吉兆。不叶者，宅心忠厚，区画有方，先难后易，改祖外立，生涯奈久。岁运逢之：在仕有升迁之骤，在士有登荐之荣，在庶俗有增美之吉。“改命”二字，亦有深意。

九五：大人虎变，未占有孚。

此爻是有革命之象，而因示以顺民之情者也。故叶者，奇才重望，出类超群。制礼作乐，以成百代之规；修改明刑，以阐百王之秘。虎榜龙池，特其余事。不叶者，福力之厚，声价之高，见事无疑，行不负志。岁运逢之：在仕有迁超之荣，在士有高荐之喜，在庶俗干为有变通先显之休。惟贱士阴人不利，余皆吉兆。

上六：君子豹变，小人革面，征凶，居贞吉。

此爻是变革之后，革道之成也，而其占必欲其居贞焉。故叶者，下修己德文章，有豹变之美；上从君命受禄，有荣膺之休。不叶者，作聪罔法，率意妄为，强贪不厌，祸患迭生。岁运逢之：未仕者进秩，已仕者退闲；在士有文蔚之喜，而名必成；庶俗有守法之心，而患害免。革面主是非。

䷱ 鼎

《象》曰：木上有火，鼎。君子以正位凝命。

离宫二世卦，属十二月。纳甲是辛丑、辛亥、辛酉、己酉、己未、己巳。如生于十二月及纳甲者，功名富贵人也。

初六：鼎颠趾，利出否。得妾以其子，无咎。

此爻是德足以革故而从新者也。故叶者，舍己以从人，屈己以受善，非于进德修业，以淑在我之身心；且能革弊改旧，以新天下之耳目。文章发于少年，福禄隆于晚年。不叶者，多改祖外立，先逆后顺，名轻利重，有妾有子。岁运逢之：在仕有因败致功之美而迁职，在士有因贱致贵之休而成名，在庶俗有因人成事之益，或得妾，或生子。忧者喜，贱者贵。

九二：鼎有实，我仇有疾，不我能即，吉。

此爻是能以道而自守，必著其象而善其占者也。故叶者，有阳刚之才德，居大臣之正位，如鼎之实，可荐于上帝。奉王公，养天下，所以为宗庙之重器也。不叶者，秉性敦厚，谋为笃实，家基丰富，得人妒忌。岁运逢之：在仕执正秉公，谨防谗邪之谤；在士虽有学而难逢知己；营利者虽有获，亦当防外扰下人侵害之祸，或小疾而无害。

九三：鼎耳革，其行塞，雉膏不食。方雨亏悔，终吉。

此爻是鼎之贤，拟其睽于始，而合于终也。故叶者，德蕴于己而充积之有素，但嘉会难遇，而科第多阻于初年。然大德不废，爵禄终膺于晚景。不叶者，有德不能见用，有才不能施行，或足疾而艰于步，或悖义而专于利，早岁艰辛，晚景安逸。岁运逢之：在仕多阻于邪议，而始摧终得；在士则难于进取；在庶俗营谋无初有终，老者受福，幼者少遂。

九四：鼎折足，覆公餗，其形渥，凶。

此爻是大臣用人之非，以倾覆国家者也。故叶者，贵为大臣，但委任非人，必有累己之祸。不叶者，有才无德，弃正从邪，恃强妄作，成败无常，破祖外立，聚散不一。岁运逢之：在仕有贬逐之虞，在士有难进之失，在庶俗有破损之灾，或生足疾。数凶者，折寿。

六五：鼎黄耳金铉，利贞。

此爻是拟其任贤图治之象，而勉以克终允德之占焉。故叶者，德重位尊，虚己纳贤，上以承天宠，下以系民望。不叶者，亦秉性忠直，善通人情，家业丰厚，福量宽洪。岁运逢之：在仕则进，吉兆甚多，盖鼎有三台之象，“黄”字有黄甲、黄榜、黄堂，“金”字有金鱼，金榜、金紫，中字有中奉、大中、给事中之兆，治中、中书省之应。商农获利，僧道住持。

上九：鼎玉铉，大吉，无不利。

此爻是鼎之居上者，象其德之美，而要其功之成也。故叶者，为富为贵，知进知退，左选则为玉堂，右选则为建节。女子可为节妇命妇。不叶者，清名重望，隐避岩谷，金玉满籯，福泽深远。岁运逢之：在仕未仕者进职，已仕者退闲；在士子有高荐之喜，在庶俗安稳利达而谋成。数凶者，身亡。但德小者不能当之。

䷲ 震

《象》曰：洊雷，震。君子以恐惧修省。

震宫六世卦，属十月。纳甲是庚子、庚寅、庚辰、庚午、庚申、庚戌。如生于十月及纳甲者，功名富贵人也。

初九：震来虩虩，后笑言哑哑，吉。

此爻是知所惧而惧焉，故后可以有则也。故叶者，禀刚大之才，文章足以补帙，威望足以服众，事功远人，爵禄崇高。不叶者，亦能恐惧修省，先涉艰辛，后享福祉，次则或足失为喑哑。岁运逢之：在仕有先惊后喜之应；在士有一鸣惊人之兆，有为县宰社令主祭之职；在庶俗多有虚惊，后或进喜。

六二：震来厉，亿丧贝。跻于九陵，勿逐，七日得。

此爻是知所惧而惧，故终可以有得者也。故叶者，有才重望，深思长虑。遭事变而有转移之术，罹祸害而有区画之谋。虽不能创立新居，亦能保守旧业。不叶者，履危险而不知避，贪货贝而不能舍，常虑常思，奔驰四野，先逆后顺，先危后安。岁运逢之：在仕有遭阴险奸邪之虑，在士有先迷后得之兆，在庶俗有争讼失脱之虑。老者寿险，少者心惊。七日者，乃刻期之应。

六三：震苏苏，震行无眚。

此爻是无德致祸之象，而示以改过之端者也。故叶者，安而不忘危，治而不忘乱，虽不能奋发勇为以扩大其事业，亦能恐惧修省以保全其常分。素位而行，清修日著。不叶者，柔懦不能立，惊惶失志，进退无定，利名皆虚。岁运逢之：在仕有尸位之诮，在士有废业之患，在庶俗有灾害忧惧之损。谨戒之免凶耳。

九四：震遂泥。

此爻是纵欲惟危者也。故叶者，节其欲而不至于流，损其过而不至于溺，虽不能设施以成其光大之业，亦可以图存而保其陷溺之危。不叶者，局处卑下，垂失正体，尘泥汩没，生涯淡薄。岁运逢之：在仕有贬逐之危；在士有停降之祸；在庶俗卑污苟贱，而一筹莫展，甚至缧绁拘系，而无光享之日。

六五：震往来厉，亿无丧，有事。

此爻是无才固不免于厉矣，而求之有德则能知惧者也。故叶者，才不足而德有余，能保其前人之业，图治匡世之绩，足以振丕显。不叶者，存心忠厚，保固图存，早年奔驰，晚景安逸。岁运逢之：在仕常职可保，在士守其固有，在庶俗有虞，或手足之忧。

上六：震索索，视矍矍，征凶。震不于其躬，于其邻，无咎。婚媾有言。

此爻是无才固不免于凶矣。故叶者，患未到而先备，害未来而先防。威望服于乡邻，而身家可保。不叶者，不能谨畏，强狠招祸，妻妾不和，状貌委靡。岁运逢之：在仕防谪贬，在士防停降，庶俗有防则免祸害震惊之忧，修之则吉。或夫妇有刑，亲邻遭难。

 艮

《象》曰：兼山，艮。君子以思，不出其位。

艮宫六世卦，属四月，纳甲是丙辰、丙午、丙申、丙戌、丙子、丙寅。生于四月及纳甲者，功名富贵人也。

初六：艮其趾，无咎，利永贞。

此爻是得其守正之道者也。故叶者，从之正而无从逆之凶，守之固而

得厚终之道。虽无发达之美，亦免倾危之忧。不叶者，谦卑是持，谨厚是守，灾害不生，身家可保。岁运逢之：在仕保守己职而无失，在士进取落后，庶俗安常守分而不陷于纵欲之危。

六二：艮其腓，不拯其随，其心不快。

此爻是仅能成己，而歉于成物者也。故叶者，乃是中正之人，才德甚高，有志事君，而其谋犹难以进用，且阻于权枢，而其心常怀不歉。然虽不能建于世，而亦为后世所矜式。不叶者，心无定见，邪正相混。家难而不知排遣，父蛊而不能干治。卓立艰难，心绪挠括。岁运逢之：在仕无扶危持颠之才；在士无机会之美；在庶俗无求谋之遂，或驰他郡而苦于劳役，或有足疾而动止难安，或为家患而心有不快。

九三：艮其限，列其夤，厉薰心。

此爻是不当止而止，失时之极者也。故叶者，必为显宦执柄，贪得不足，败君误国，阻隔正路，而上下之情不通，欺逆之罪难逭。不叶者，富藏金谷，必起强梗，恶事常行，善缘不作。岁运逢之：在仕显者必迁要津边阃，选入立班改职；士子前则成名；庶俗强梗不顺，破损不宁，危厉不安。数凶者，老幼或为心病，或患眼，或腰疾，或阻碍刑孝破家。

六四：艮其身，无咎。

此爻是时止而止，有不妄动之义者也。故叶者，锁靖安稳，藏修谨厚。虽不能兼善天下，而亦可以成独善之志。虽不能以济时，而亦可以无偾事之愆。不叶者，单身自谋，适己自便，或为僧道。岁运逢之：在仕安职，不可怀出位之思。未仕者不可图幸进之学。在庶俗安分，不可怀越分之谋。

六五：艮其辅，言有序，悔亡。

此爻是于其言而寡尤者也。故叶者，有德有言，大则为辅相，为言路，为大中、中奉、给事中、中书省，小则为序首庠序之职。不叶者，而为陶情吟哦、谈今说古之幽人，或得朋友亲辅丽泽之功，而活计可以养身。岁运逢之：在仕显者必获大位，居朝堂之职，未显者则为言路之官；在士则一言而合主司，科名成就；在庶俗则公言足以合人情，而谋望遂意。若小人当此，则反有唇吻之咎，老少难于颐养。

上九：敦艮，吉。

此爻是止于至善者也。故叶者，高风劲节，必为大人君子，而标准当时，福泽厚深。不叶者，主诚实，不浮华，或田业之广，寿处之高。岁运逢之：在仕迁职，在士成名，农家进田业，商贾获利，在庶俗获福。但变得“谦”上爻，有志未得伸之兆。数凶者，亦防之。

䷴ 渐

《象》曰：山上有木，渐，君子以居贤德善俗。

艮宫三世卦，属正月。纳甲是丙辰、丙午、丙申、辛未、辛巳、辛卯。如生于正月及纳甲者，功名富贵人也。

初六：鸿渐于干，小子厉，有言，无咎。

此爻是不得所安，无其时而不能进者也。故叶者，清才贤德，入仕以渐而有序，非但登科及第，而且入言路，以为去好逐佞之臣。不叶者亦起立生涯，自微积累，或涉艰辛，或凭口舌，如小子之行不躐等。岁运逢之：在仕多作正言，或条陈利害，或上本谏诤，而为文讼论谪；在士无应援汲引之人，而进取阻于时；在庶俗多遭其穷厄，而谋为不阻。

六二：鸿渐于磐，饮食衎衎，吉。

此爻是安于禄位之隆，而深幸其所遇者也。故叶者，才高德重，足以措国家于磐石之安，纳君民于和衎之乐，富贵极其长久，福泽极其深厚。不叶者，亦饱暖衣食，为良善之士，或逸而处于岩穴，或散而游于江湖。岁运逢之：在仕或食禄祭酒之职，在士为鹿鸣琼林之宴，在常人为金谷庖厨之事。无往不利，随处皆安。

九三：鸿渐于陆。夫征不复，妇孕不育，凶。利御寇。

此爻是不得所安，无其德而不能进者也。故叶者，有兼人之勇，济世之才，文中成名，武中有功。但艰于妻子之为尤。不叶者，离祖外居，去文就武，自高自大，亲邻寡合，妻子刑克，作事乖违。岁运逢之：在仕有谪贬之忧；在士有阻滞之虞；在庶俗有惊恐之患，人情不睦，盗贼侵害。

六四：鸿渐于木，或得其桷，无咎。

此爻是遇暴而得所安，斯可以无虞者也。故叶者，德重能谦，位高能让，平生安乐，保无倾虞。不叶者，生计艰苦，常见忧惧，去留无定，恭俭自约，晚有受用。岁运逢之：在仕有强暴难制之嗟，迁除无定，兼用不一；在士秋试可望，或发解；常人利于修造，家给人足，而无惊忧之虞。

九五：鸿渐于陵。妇三岁不孕，终莫之胜，吉。

此爻是进得君位之正，终得贤臣之助，而成治功者也。故叶者，才高德厚，功名难发于青年，爵禄终膺于晚景。不叶者，有清誉而处于岩谷，足衣足食，志愿晚遂，嗣续晚成。岁运逢之：在仕多招谤议，先暗后明；在未仕者始失后得；在常人先阻后顺，老或损寿，少或难养。数凶者，有葬丘陵之兆。惟正月生人，主大富贵。

上九：鸿渐于陆，其羽可用为仪，吉。

此爻是超乎人外者也。故叶者，有德有言，居上可法，道义可尊。或为一世之表仪，或为四方之师表。高下钦仰，遐迩皆服。不叶者，多为羽衣僧道之流，而功名付于度外。或为翼从之辈，而富贵难享。岁运逢之：朝臣大拜，足为天下仪刑；士子成名，有一飞冲天之兆；在庶俗得人提举，而谋为卓然，祸患不侵，福泽永崇。

归妹

《象》曰：泽上有雷，归妹。君子以永终知敝。

兑宫三世卦，属七月。纳甲是丁巳、丁卯、丁丑、庚午、庚申、庚戌。如生于七月及纳甲者，功名富贵人也。

初九：归妹以娣，跛能履，征吉。

此爻是有德而无正应，阻于所遇而得，因分以自尽者也。故叶者，有德而无时，居下而无应，虽不能大有所为以享其厚禄，亦能小有所就以上承乎君恩。不叶者，亦执守有常，舍己从人，亦起自艰辛，或疾患蹁跛。岁运逢之：在仕者多助僚长，而有政声；在士则有小试之喜；在庶俗则有小德，而谋为颇遂，或纳婢妾，或投势豪以求活计。

九二：眇能视，利幽人之贞。

此爻是有德而不遇于君，示以守重之道者也。故叶者，才德修于己，虽不逢乎明主，而忠贞靖恭之节，确乎其不可拔。不叶者，寡学而无名利，有道而处山林，财帛丰足，福泽固稳。或有目疾，或好淡静。岁运逢之：在仕职位艰迁，选人求改，士子不遇机会，庶俗守旧安常，祸害不生。数凶者，幽险之人，丧身幽冥之兆。

六三：归妹以须，反归以娣。

此爻是无德无应者也，故归妹而为娣。故叶者，多阻于嘉会，而不可以有为，小就则可，大用则阻。不叶者，谋为迍邅，志量浅狭，倚托势豪，福泽有限。岁运逢之：在仕降谪之祸，在士有待时之困，在庶俗有劳役悲苦之嗟，反复进退之忧。如元堂值吉，主有出妻之应，或纳宠婢。

九四：归妹愆期，迟归有时。

此爻是守其道而不苟于进者也。故叶者，正大之才，固守其道，待时而动，科甲无早发之休，大器有晚成之喜。不叶者，虽有大德，多逢艰阻，或妻迟子晚，晚景荣华。岁运逢之：在仕外方者归朝，待制待用；在士进取待时，国学待补，求仕待阙；商旅在外未归，婚姻者未就。

六五：帝乙归妹，其君之袂，不如其娣之袂良。月几望，吉。

此爻是象女德之纯，而示其风化之善者也。故叶者，才全德备，守古之道，宽量容物，黜浮从雅，功名利运，福泽丰隆。不叶者，迎贵待贱，古直良善，富而不骄，欲而不贪。岁运逢之：在仕有升迁大中、中奉、给事中、中丞等官之兆；在士有登科及第之喜；在庶俗谋为遂志。或婚姻得财，或作国宾之贵。

上六：女承筐，无实。士刲羊，无血。无攸利。

此爻是无德无应，约婚而不终者也。故叶者，有才而难获科甲，有贵而难为爵禄，有妻而难为子媳。不叶者，孤苦劳神，多谋愈窘。岁运逢之：在仕徒居虚位，而无实禄；在士进取徒有虚名，而无实胜之善；在庶俗营谋皆空，凶者有丧祭之兆。

䷶ 丰

《象》曰：雷电皆至，丰。君子以折狱致刑。

坎宫五世卦，属九月。纳甲是己卯、己丑、己亥、庚午、庚申、庚戌。如生于九月及纳甲者，功名富贵人也。又，二月至八月福重，余则福轻也。

初九：遇其配主，虽旬无咎。往有尚。

此爻是厚其德之相敌，而要其功之相济者也。故叶者，以刚大之才，当盛明之世，同德相济，而丰亨裕大之业，可以常保于无虞。不叶者，恃才傲物，招尤启衅，谋事不称心志，刑伤多见于骨肉。岁运逢之：在仕必遇明主，必逢大臣而超迁；在士则进取成名，多遇知己；在庶俗得贵人提携，谋望克遂。凶者作为大过，必招祸殃。

六二：丰其蔀，日中见斗。往得疑疾，有孚发若，吉。

此爻是有德而见蔽于君之象，必示以积诚之占者也。故叶者，当明盛之时，居朝堂之位。在君虽昏暗，而有猜疑忌疾之心；在我则诚积内蕴，而有转移化道之术。不叶者，无所庇荫，孤亲寡眷，惹谤招疑，先逆后顺。岁运逢之：在仕则忠言多抑于邪议，而始失终得；在未仕者有久淹发达之机；在庶俗有久困发财之美，有讼者不辨自明，在疾者不药自愈。数凶者，或防长上，必有忧悲。

九三：丰其沛，日中见沫。折其右肱，无咎。

此爻是所遇非其君，虽明而无所用者也。故叶者，虽有明德，而遇暗君，大则为股肱之臣，次则为佐贰之官，但恐有同僚毁伤之咎。不叶者，伤亲破祖，秀而不实，或手足有疾，小小荣谋，有才难用。岁运逢之：在仕有告休之兆，在士有难进之虞，在庶俗营谋难遂。或明而受蔽，争讼日起，或手足有厄，而难于作事。

九四：丰其蔀，日中见斗。遇其夷主，吉。

此爻是大臣有德而遇非其君，而示以同升之吉占也。故叶者，有刚明之德，而为柔邪所蔽，虽不能自主以显其谋猷，然同德相为，协力赞助，亦可以成其事功。丰亨之时，可保福泽之享无亏。不叶者，改祖外立，先暗后明，多倚贵戚，以求活计。岁运逢之：处于君臣之间者，必有猜忌而位不安；在士则遇知己，而进取有赖；在庶俗而明则受蔽，得人解释为吉；商旅弃内就外，反有遭际；行舟者，防折桅之惊。

六五：来章，有庆誉，吉。

此爻是勉人君以求贤，而因与其有得贤之善者也。故叶者，先暗后明，虚心积德，舍己从人，必为显宦大贵，功名利达，福庆丰厚。不叶者，亦有声誉，文章过人，居朝堂而高爵是膺。岁运逢之：在士必获高魁而名成，在庶俗必有好人提举，谋望称意。老者有荣膺官带之兆。

上六：丰其屋，蔀其家。窥其户，阒其无人。三岁不觌，凶。

此爻是明极反暗而得凶者也。故叶者，受祖宗已成之业，而难堪事任；恃在己之聪明，主作为妄诞，终迷不复，灾眚难逭。不叶者，主有才无德，妄自尊大，绝亲离友，拘执不定，百为成空。惟僧道隐于山林，则免灾咎。岁运逢之：在仕高而招危；在士则翱翔于天际之兆；在庶俗则骨肉相残，离祖成家，难免讼狱口舌之忧，或困于门户之咎。

䷷ 旅

《象》曰：山上有火，旅。君子以明慎用刑，而不留狱。

离宫初世卦，属五月。纳甲是丙辰、丙午、丙申、己酉、己未、己巳。如生于五月及纳甲者，功名富贵人也。

初六：旅琐琐，斯其所取灾。

此爻是处旅卑猥者也，故不免于取灾。故叶者，才虽出众，而小官薄职亦可以图求，事多艰阻，功终微细。不叶者，习下为卑，事稍济遇，则骄溢而志张，一值蹇滞，则困迫而志穷，灾来莫测，祸至不及。岁运逢之：在仕有才力不及之叹，在士有卑污贱陋之嗟，在庶俗有局量褊浅之祸。

六二：旅即次，怀其资，得童仆贞。

此爻是旅道之善者也。故叶者，文可华国，才可济世，上膺天位之荣，下得民心之戴，事业崇高，德位悠远。不叶者，虽不入仕，亦有资才丰盈，堂厦华丽，童仆繁多，厚福人也。岁运逢之：在仕显耀，有师旅、仆射、资政、神童之兆；在士则进取成名；在庶俗或进修造之举，或进仆从之喜。此爻值者多自立规模，外郡营立。

九三：旅焚其次，丧其童仆贞，厉。

此爻是旅之高者也，故不免凶厉。故叶者，有刚正之德，出风尘之表，贵而无位，高而无民，好大喜功，招尤启衅。不叶者，刚明自恃，离乡改祖，动必有悔，无所容立。岁运逢之：在仕有去职之诮，在士有丧名之玷，在庶俗有焚庐之殃，损人口之厄。

九四：旅于处，得其资斧，我心不快。

此爻是得处旅之善，而表其忧天下之心者也。故叶者，才德足以为世用，或为武职而立功于外方，多动少静，难中见易。不叶者，多为外贾而获利，奔波险阻，心有不宁。岁运逢之：在仕必升外阃，而征战有功，显者枢相资政；在士子进取难为；在为商者获利；常人在外者有成立，但美中不足，而忧惨伤悲之事作。

六五：射雉一矢，亡。终以誉命。

此爻是拟其小有所失，而决大有所得者也。故叶者，功名发于青年，声闻达于帝侧，富贵福泽并隆。不叶者，亦有文章之美，声誉之蓄，德业广，为乡里之吉士。岁运逢之：在仕为荐剡，而位居清要；在士为请举，而名成就；在常人发则近尊上，老者推恩，妇人封诰。数凶者，终不可以言吉。

上九：鸟焚其巢，旅人先笑后号咷。丧牛于易，凶。

此爻是处旅过高者也，所以有凶。故叶者，以刚明之才处百僚之上。但骄亢足以取祸，而终难保其安荣。不叶者，或流于羁旅，或奔于道途，丧家辱身，终难受福。岁运逢之：在仕难保其位，有先得后失之嗟；在士有飞腾之兆；在庶俗好中有损，或移居修造以避灾眚，或目疾火殃之危，或仕进登忧。大抵先见荣处，乃祸之根也。

 巽

《象》曰：随风，巽。君子以申命行事。

巽宫六世卦，属四月。纳甲是辛丑、辛亥、辛酉、辛未、辛巳、辛卯。如生于四月及纳甲者，功名富贵人也。在春夏长养为福重。

初六：进退，利武人之贞。

此爻是拟以不果之象，而因示以果断之占者也。故叶者，沉潜而不能刚克，多文中成名，武中立功，业内出外，决意远图，先逆后顺。不叶者，自处卑下，进退无定，小小营为则可，大谋则招灾害。农工商技，亦弃本逐末，常得工人之力。岁运逢之：在仕则宜右选，或有差除，进退不一，或有兼权，难中有易；在士则利于武选，文选则有阻；在庶俗营为有得有失，凶者多招疑谤。

九二：巽在床下，用史巫纷若，吉，无咎。

此爻是有得于臣道之纯者，两有以善之者也。故叶者，大德辨才，接人

以谦，功名显达，爵位崇高。在贵人吉兆甚多，如“史巫”字义，有太史、御史之官，又得“中”字义，有大中、中奉、给事中、中书省之类。不叶者，小小规模，或为巫医僧道，心绪多端，卓立不一。岁运逢之：在仕有迁除，非言路则在史馆；士子成名，庶俗则诚实感人，而谋图利达。凶者有巫祝之祭。

九三：频巽，吝。

此爻是不能巽者，故无以免其咎也。故叶者，过刚不中，无下人之资，挟人之势，高焉而不能自卑，亢焉而不能自屈，志意穷极，为世所忌。不叶者，多适己自便，招衅启尤，志骄意悍，穷迫难容。岁运逢之：在仕有谪降之嗟，在士有损失之虞，在庶俗有穷困之厄。宦途有差遣者，或再用，或兼干，屡得屡失，羞吝难免。

六四：悔亡，田获三品。

此爻是不见害于人，而因表其获多取之功也。故叶者，清才美誉，柔顺谦恭。或为三公大夫，大祀山川社稷之大祀；或为总制军门，而有战胜攻取之略。不叶者，亦先难后易，虽非仕路之宾，亦不失为田舍翁，丰衣足食，安乐自如。岁运逢之：在仕人用或为边阃，以总制三军，或为祭酒；在士功名成就；在庶俗获利获福。

九五：贞吉，悔亡，无不利。无初有终。先庚三日，后庚三日，吉。

此爻是君德之未纯，既举其得正之功，复示其更化之善也。故叶者，矫偏以归于正，损过以就乎中，思虑之深，谋为之审，谋猷难发于初年，功业终成于晚景。不叶者，先难后易，改祖外立，事见重叠，谋为反复，虽不能大用，亦清誉结果。岁运逢之：在仕虽有迁除，先阻后顺，三日先后皆刻期之日，事有兼权。“中正”字为官职之兆。其余人谋望皆有转移之方，“无初有终”。士子成名，常人获利获福。

上九：巽在床下，丧其资斧，贞凶。

此爻是过于巽者也，故失其阳刚之德以取凶。故叶者，心平气和，谦恭足以服强暴，巽顺足以服刚狠。虽不能见用于世，亦可以明哲以保身。不叶者，器识鄙陋，图谋艰辛，凶灾难除。岁运逢之：在仕有罢软之嗟，在士有上穷之损，在庶人吸损疾之虞。但变得井上爻之佳，凶中有救，绝处逢生，反有成功之喜。

兑

《象》曰：丽泽，兑。君子以朋友讲习。

兑宫六世卦，属十月。纳甲是丁巳、丁卯、丁丑、丁亥、丁酉、丁未。如生于十月及纳甲者，功名富贵人也。

初九：和兑，吉。

此爻是和以处众，斯得民心之应者也。故叶者，神情凝远，器宇冲和，道德润身，专心圣贤之学，文章华国，耀乎星河之焕，功名早遂，福泽愈洪。不叶者，安常处顺，和光同尘，虽无爵禄之荣，亦有田园之广。岁运逢之：在显仕者臣邻赓歌于一堂之上，次则同寅协恭而政事有声；在士朋友有丽泽之益，而且利于进取；在庶俗人情和合，而百谋皆遂；在夫妇有相守之宜。数凶变"困"初爻，有幽冥官讼之兆。

九二：孚兑，吉，悔亡。

此爻是人臣一诚以结乎君心，斯得之尊而无媚悦之非者也。故叶者，才德出众，诚信之至，上可以得乎君，下可以得民，事功成垂于一世，声名播及于海宇。不叶者，亦能结交以信，处事以和，吉祥迭至，休咎不生。岁运逢之：在仕有升迁之兆，在士有进取之喜，在庶俗有百为和顺之休。暗昧者由是而光明，结构者由是而和解。

六三：来兑，凶。

此爻是佞悦以取凶者也。故叶者，上结势权，下交富豪。虽不能振拔有为，以高大其事功，而赞助有赖，亦可以安守其职业。不叶者，阿顺为荣，逢迎为悦，非惟不足以得人之与，而且有以取天下之恶，沦于污浊，难免耻辱。岁运逢之：在仕有邪媚谄渎之尤，在士有奔竞之嗟，在庶俗有诡随苟合之祸，甚则失道忘身。

九四：商兑未宁，介疾有喜。

此爻是绝邪以忠君，而获福之隆者也。故叶者，多见其去邪远奸，亲贤让能。物至而善于揆度，德立而介然有守。事功立于可大，德业衍于无穷。不叶者，混于贤否之间，趋向无定。心事有不宁之嗟，作为无变通之美。先逆后顺，仅可支持。岁运逢之：在仕必居要津，而为遂佞之谋，迁升有赖；在士有进选之喜；商贾获利；常人进人口，次则疾病少安，心志未宁。

九五：孚于剥，有厉。

此爻是人君有所恃，而误用奸邪，以招害者也。故叶者，有阳刚之德，居崇高之位。但误用奸邪，而事功有倾覆之厄。不叶者，立志无定，或正或邪，任意妄作，委任非人，招尤启衅，损益不一。岁运逢之：在仕有谗邪之谤，在士有失夺之嗟，在庶俗有阴邪扰害。

上六：引兑。

此爻是专务悦人者也。故叶者，上引君于正道，下引民以悦泽，和气薰于力有，福泽履于不替。不叶者，为奸邪蛊惑之人，为世所忌而谋望未光。岁运逢之：在仕为引宰，为引道，同声相悦于朝堂；在士为引进，为引领，但上达有未光之欠；在庶俗为和光同尘，而营谋不显，甚则害眸之厄，或受污浊之类。

 涣

《象》曰：风行水上，涣。先王以享于帝，立庙。

离宫五世卦，属三月。纳甲是戊寅、戊辰、戊午、辛未、辛巳、辛卯。如生于五月及纳甲者，功名富贵人也。

初六：用拯马壮，吉。

此爻是济天下之涣，而得阳刚之助，而涣无不济之者也。故叶者，有才有德，力于行道，进取多遇乎知己，有谋必得乎佳会，人心归服，国势尊安。不叶者，亦容易起家，不甚劳力，出乘车马，得人扶持。岁运逢之：在仕升迁之速，有五马戎马之兆；在士有飞腾之应；在庶俗得尊上提举，而谋为皆遂。

九二：涣奔其机，悔亡。

此爻是所据得其地，而济涣之心可慰矣。故叶者，有刚中之德，当涣散之秋。乘机观变，而匡济之功可成；养锐畜威，而兴复之谋可就。先涉艰苦，后见平易。不叶者，必离祖奔逐，自营独修。勤苦艰辛，初年失志。安静丰泰，晚景得愿。岁运逢之：在仕或为百僚之长，执权柄之重，登坛拜将，运筹帷幄；士子成名；常人成家。谋望者合心，僧道受恩。数凶奔波失

脱逃亡。

六三:涣其躬,无悔。

此爻是人臣许身以济难,斯无可咎者也。故叶得,矫偏以归于正,损过以就乎中,不为一身之谋,而有天下之虑,上足以拯君之艰,下足以救民之溺,非小器浅量者比也。不叶者,远亲向疏,离祖业,立外基,无荣无辱,亦是近上之吉人,或为僧道,修心养性。岁运逢之:在仕朝中者必转迁外郡,进取者不利州县,而外试则遂。有祸者厄必散,在国学者必出身,常人获利。

六四:涣其群,元吉。涣有丘,匪夷所思。

此爻是有见于人臣尊主之象,而深致其许焉者也。故叶者,见识高远,德大望重,散朋党之私,立匡世之业,上膺君宠下一民心,信非常人思虑所能及。不叶者,亦才德出众,有名有利,但多聚散不一,心持二思,志无定守。岁运逢之:在仕为百官之长,或郡县之主;在士则为超群而魁元可得;在庶俗先凶者散,谋望者合,求利者获。数凶者,则不利,盖有丘葬之兆。

九五:涣汗其大号。涣,王居,无咎。

此爻是班王师而广王泽,君道无添者也。故叶者,位高任重,道大德宏,威声远著于华夷,惠泽覃乎于九有。事功显赫,福泽宽洪。不叶者,志大心高,好胜出众,纵非富贵,亦有声誉。岁运逢之:在仕有升迁之荣,未仕者宜进取,有凶者散,求利者遂。盖“王居”之“王”字有大魁、大拜、大夫、王公、起居舍人、正奏正言之兆。

上九:涣其血,去逖出,无咎。

此爻是大臣两有济涣之功,斯无愧于臣道者也。故叶者,才大识广,忠肝义胆。救天下之险难,拯斯民之陷溺。功成业就,禄重位尊。不叶者,度时而进,知机而退,遨游远方,卓立外郡,出险为夷,易危为安。岁运逢之:在仕朝中者外选武将靖难,在士有出潜离隐之兆,在庶俗有出险就安之美,在讼狱者必散,在疾厄者必愈,在幽暗者必明,数凶有血气泣血之殃。

䷻ 节

《象》曰：泽上有水，节。君子以制数度，议德行。

坎宫初世卦，属十一月。纳甲丁巳、丁卯、丁丑、戊申、戊戌、戊子。如生于十一月及纳甲者，功名富贵人也。

初九：不出户庭，无咎。

此爻是因时以自守，斯无枉道之辱者也。故叶者，学足而贯古今，识广而知通塞，显仕则不出于内京，或为门下平章，或户部，或内翰，次则不出于州县，以理人丁户口之任。不叶者，或谨守正道，不争不竞，或拙守祖业，无灾无害。岁运逢之：在仕入朝中者不出外郡，闲居亦不迁，士人进取不利，常人守旧。数凶者，有坎陷之兆。

九二：不出门庭，凶。

此爻是守己昧时，而深著其不善之占者也。故叶者，有才而不知设施，遇时而不知进取，怀宝迷邦，洁身乱伦。不叶者，鄙吝拘苹，不通人情，困守无为，难免尤悔。岁运逢之：在仕有失持之厄，在士无援引之人而难于进取。在庶俗有不通之祸，有谋者当干不干，居家者当出不出。大抵宜动不宜静，不出门故也。

六三：不节若，则嗟若，无咎。

此爻是不能节，以自致其忧者也。故叶者，虽居位食禄，但不能节以制度，未免伤财害民，而自贻悲戚。不叶者，专行邪媚，躐等犯分，衣食无余，终遗阻滞。岁运逢之：在仕有穷奢极欲之厄，在士有不恒其德之羞，在庶俗有费出不经之嗟。

六四：安节，亨。

此爻是大臣能顺其君，而辅治之功成矣。故叶者，则君以自治，而不忘乎宪章之法；事君以自显，而不忘乎效顺之节。名位于是乎永保，福祉于是乎永绥。不叶者，亦平生安稳而无倾覆之患。在妇人能任承夫子以克家。岁运逢之：在仕或上承天宠，下抚八方，节制承直承务，女子或为安人节妇；在士有遵王章之喜，而名可成；在庶俗奉公承上，而福可获。

九五：甘节，吉。往有尚。

此爻是能安节之善而两有，以嘉其占者也。故叶者，制度数，议德行，推之无不准，动之无不化，事功显立于当时，名誉昭垂于千古。不叶者，不争不竞，不奢不华，乐道安贫，谨身节用。岁运逢之：在仕则迁擢，其“节”字“中”字、“居”字，为节制、起居、大中之类；未仕者有上达之美；在庶俗谋望遂意。

上六：苦节，贞凶，悔亡。

此爻是节之大甚，而自招尤者也。故叶者，恭俭自持，廉洁自守。省费以示天下之朴，崇简以节天下之流。虽若拂乎人情物理之宜，亦不至伤财害民之嗟。不叶者，鄙吝之徒，纵有先业，不知变通，人情寡合，悔尤难逭。岁运逢之：在仕有过执之尤，在士有过疑之嗟，在庶俗有失度之愆，求名望利皆无益也。老者不利寿。

中孚

《象》曰：泽上有风，中孚。君子以议狱缓死。

艮宫四世卦，属八月。纳甲是丁巳、丁卯、丁丑、辛未、辛巳、辛卯。如生于八月及纳甲者，功名富贵人也。

初九：虞吉，有他不燕。

此爻是著以从正之善，因示以贞一之道者也。故叶者，柔顺而中，精诚而明。启沃得其人，而道德昭崇高之美；辅翼有其助，而事功极丰隆之盛。不叶者，动静无当，趋向不一，谋望多不协于思，惟身世不得于宴安。岁运逢之：在仕有荐拔之美，在士有汲引之佳，在庶俗则贵人提举而谋克遂。但喜中有忧，甚至人财破损。凡在士庶之类，欲有为者，宜操守以图其成，不可宴安以视其败。

九二：鸣鹤在阴，其子和之。我有好爵，吾与尔靡之。

此爻是两拟其同德相孚之象者也。故叶者，志同于上下之交，心契于明良之会，不惟建明尽善以彰其美于前，且接武有人而传其盛于后。不叶者，德行可尊，文章可法，贵人提携，贤子承袭，清高一世，灾害不生。岁运逢之：在仕者进职，未仕者愿遂，在庶俗则获利，益生子或寿命，无往不利也。惟老者有疾，在阴之兆也。

六三：得敌，或鼓或罢，或泣或歌。

此爻是不能有所主者也。故叶者，内无贤父兄，外无贤师友，以致德业无成，执守不定。虽处富贵之地，亦或鼓而起，或罢而止，或泣而怨，或乐而歌。不叶者，诚信少，诈伪多，成败进退，鳏寡孤独。岁运逢之：在仕则同僚不睦，或先进职，或后退位；在士庶或喜中有忧，或悲中生乐，求名谋利，得失相仍。

六四：月几望，马匹亡，无咎。

此爻是大臣履盛忘私以事君，斯无负于责者也。故叶者，散其私党，宾于王庭，秉精白以承休，笃忠贞以效命。势不招而自集，而望隆于百僚之尊；权不张而自大，而宠冠于群工之表。不叶者，徒有机谋而志难遂，纵有员成之时，复有缺损之日。或婚姻有伤，或父亲有损。岁运逢之：在仕有高迁之荣，在士有步月之庆，在庶人有上人提拔之休。谓之“马匹亡”者，有失配偶或丧马匹之忧。

九五：有孚挛如，无咎。

此爻是君臣以相信，而无所失者也。故叶者，至诚盛德，治邦而民斯从，感物而物斯应，涉险则险斯平，动天则天斯助。享大福，立大功，富贵特其余事。不叶者，亦有德之人，上者敬信，下者服从，享用丰足，寿算优长。岁运逢之：在仕则君臣一心，而宠任加；在士则进取成名；在庶俗则人情和合，而百谋克遂，无往不利。

上九：翰音登于天，贞凶。

此爻是信非所信，不能变则反误于信者也。故叶者，科甲发于青年，名位极其崇高，但多执一无变，难于长久。不叶者，家本微而骤兴，势本弱而乍强，执拗不通，灾害难免，惟身居洞天，足达天台，清虚乐天之吉利也。岁运逢之：在仕有近天颜之喜，在士有名登天府之兆，在常人则争高抑强而困迫无路，在商贾物或招损。数凶者，寿不长年。

䷽ 小过

《象》曰：山上有雷，小过。君子以行过乎恭，丧过乎哀，用过乎俭。

兑宫四世卦，属二月。纳甲是丙辰、丙午、丙申、庚午、庚申、庚戌。如生于二月及纳甲者，功名富贵人也。

初六：飞鸟以凶。

此爻是宜下之义，而自招孽者也。故叶者，功名发于科甲，官位极于台阁，上丞天宠，下系民望。但多志骄意满，自孽难活。不叶者，恃势傲物，招尤启衅，破家殒命，追悔莫及。岁运逢之：在仕则有骤进取祸之尤，在士则有一飞冲天之兆，在庶俗则有好招损之危。

六二：过其祖，遇其妣，不及其君。遇其臣，无咎。

此爻是尽人臣之分，而与其可以寡过者也。故叶者，文章智略蕴于己，而有超众盖世之誉；守正安分以事君，而无犯分越礼之愆。不叶者，谦恭自持，谨厚是守。遇知己而谋望克遂，绳祖武而家声益振。岁运逢之，在仕则克尽己职，而高迁如愿；在士则见遇主司，而进取有成；在庶俗则贵人汲引，而凡谋克遂，或得阴人之利。数凶者，有妣号之兆，多伤母也。

九三：弗过防之，从或戕之，凶。

此爻是失防阴之道，而阴祸之必至者也。故叶者，祸未至而先为之备，害未生而先为之防，刚德足以服人，明哲足以保身。不叶者，自恃刚强，多招妒忌，祸害迭生，身家难保。岁运逢之：在仕防阴邪之害，在士防停降之虞，在庶俗防阴祸邪群之伤。

九四：无咎，弗过遇之，往厉必戒，勿用永贞。

此爻是过乎恭不致于骄傲，以招尤者也。故叶者，位高而处之以卑，功高而居之以让，上不亢于君，下不骄于民，随时变通，福禄深厚。不叶者，亦不失谨厚之士，平易安静，无荣无辱。岁运逢之：在仕安常守职而无虞，在士多于际遇而利于小试，在庶俗安贫守分而无损弊之嗟。

六五：密云不雨，自我西郊，公弋取彼在穴。

此爻是乖乎宜下之道，而无成功者也。故叶者，才大而阻于机会，志

河洛理数卷之二下

高而限于时势，虽不能大有所为，亦可以图其小就。不叶者，骄亢自恣，人情乖戾，僻处幽居，志愿莫遂。岁运逢之：在仕有告休之危，士之在岩谷者有见取于王公之兆，常人不利于远谋而守旧为佳，惟老者病者皆不宜也。

上六：弗遇过之，飞鸟离之，凶。是谓灾眚。

此爻是过之已亢，而招祸者也。故叶者，骄盈自恣，而不胜其矜口夸人之念；高亢自持，而不胜其恃势傲物之私。功名虽得于志愿，而福泽终难于己有。不叶者，恃强妄作，贪高图远，灾害并至，身家难保。岁运逢之，在仕有过刚则折之嗟，在士有飞腾之兆，在庶俗有越分致孽之尤，甚则变旅上爻，有服制之忧。

䷾ 既济

《象》曰：水在火上，既济。君子以思患而豫防之。

坎宫三世卦，属正月。纳甲是己卯、己丑、己亥、戊申、戊戌、戊子。如生于正月及纳甲者，功名富贵人也。

初九：曳其轮，濡其尾，无咎

此爻是两拟其谨始之象，而因善其占者也。故叶者，制治于未乱，而邦家可以享无疆之休；固存于未忘，而社稷可以获无虞之庆。功业伟茂，爵位崇高。不叶者，心明志巧，进退无定，机会多迟，名利无实。岁运逢之：有职未受，有位未登，营为进取，欲动未动，将济不济，谨戒俟时，安保无虞。

六二：妇丧其茀，勿逐，七日得。

此爻是其有德而不见用之象，而因示以守重之道者也。故叶者，德蕴于己，足以为黼黻皇猷之治；道积厥躬，足以为旋张治具之本。始虽难行其道而志愿未遂，终必会逢其适而功名晚成。不叶者，识见有定，执守有常，早岁郁抑艰难，老年衣食丰足。岁运逢之：在仕有先逆后顺之美，在士有先失后得之佳，在庶俗有先难后易之休。数凶者，丧亡之兆。

九三：高宗伐鬼方，三年克之，小人勿用。

此爻是拟以行师之象，而示以任将之道者也。故叶者，才猷虽蓄于有素，功效则难于速成，大则为将帅之职，小则为督捕之任。不叶者，率意妄为，欺公罔上，不用则怨生，用之则骄盈，好争喜颂，力疲财匮。岁运逢之：在仕有差遣征伐之举，在士进取有久而后克之嗟，在庶俗有结怨争讼之损。

六四：繻有衣袽，终日戒。

此爻是大臣思患而预防之，可以得保治之道者也。故叶者，图危于安，而惊天动地之谋既无所不用其极；制乱于治，而戒谨恐惧之念无所不致其全。富贵可保于无虞，福泽可享于悠久。不叶者，亦不失为谨厚之士，多疑多虑，防虞杜怨，衣食充足。岁运逢之：在仕有预防之计，而爵禄稳固；在士养之有素，而进取无辱；在庶俗有活计有备用，而无倾覆之危。行舟者隙漏之惊。

九五：东邻杀牛，不如西邻之禴祭，实受其福。

此爻是人君处时之过，不如人臣得时于下者也。故叶者，周思远虑，而事不敢以轻动；持盈守成，而法不敢以轻变。既济之业可保于无虞，大有之福可享于无疆。不叶者，多务华靡而少诚实，终无益于世教，损物害人，身家难全。惟山林幽客，可受其福。岁运逢之：在仕必居宗庙祭祀之职，而有过时招尤之失，未仕者有从事失时之厄。在庶俗谋远则成虚，谋近则有实。谋望者不利东方，而利于西也。

上六：濡其首，厉。

此爻是才足以济世，拟其象而危其占者也。故叶者，安而不忘危，治而不忘乱，天命永固，人心永怀，而既济之业不致于终乱。不叶者，志高意满，恃才妄作，天厌人怨，丧亡无日。岁运逢之：在仕有过高则折之厉，在士有沉溺难进之危，在庶俗有小人濡梁之患。行舟者防溺水之患。

䷿ 未济

《象》曰：火在水上，未济。君子以慎辨物居方。

离宫三世卦，属七月。纳甲是戊寅、戊辰、戊午、己酉、己未、己巳。生于七月及纳甲者，功名富贵人也。

初六：濡其尾，吝。

此爻是无才无德无时，而难以有济者也。故叶者，虽有经济之才，难逢机会之美，守己安分，荣辱不加。不叶者，身微运弱，妄动轻举，或学小成有头无尾，心不知足，危殆难免。岁运逢之：在仕路险阻不能前进，或士进选，或得末榜。常人经营，终不称意。涉水行舟，谨防濡溺。

九二：曳其轮，贞吉。

此爻是能守臣道之正，而深与之者也。故叶者，宅之以中顺之心，持之以谨畏之念，上焉见信于君而宠渥不衰，下焉见信于民而名成不毁。不叶者，亦不失为谨厚之士，和以处众，与物无忤，中以行正，而处事不偏，财禄衣食，丰足不欠。岁运逢之：在仕克难厥职，而得宠任之专；在士有上往不前之咎；在庶俗则安常守分，而谋望遂，不可妄行取困。

六三：未济，征凶。利涉大川。

此爻是才弱不足以有为，惟因人可以济事者也。故叶者，多拙于守己而力不能为，而所以经济其世者，有弗克负荷之愆。然乐与从人，则人为我格，而所以鼓舞其利者，有倡和成能之美。不叶者，柔奸阴险，寸步难行，可与同患难，不可与同安乐。岁运逢之：在仕则己德不足，而有因人成事之美；在士则有尚往不胜之吝，在庶俗则有摧抑之患，在商旅则涉川历险而利可获，登山陆走者不宜。

九四：贞吉悔亡，震用伐鬼方，三年有赏于大国。

此爻是勉其从正之效，而必象其成功之难者也。故叶者，变化气质之偏，求合中和之正，发科甲虽迟，受恩光则大。不叶者，亦是能迁善改过之人，得贵人提举之力，谋遂志行，无往不臧。岁运逢之：在武职或有阃外之寄，而专征伐；在文职则位极人臣功高天下，而受恩锡之重封诰之荣。士子进取有魁元之兆。常人获利，必得好人提举。数凶者，有鬼录之惨。

六五：贞吉，无悔。君子之光，有孚，吉。

此爻是大君得资之佐，而因与其成德之美者也。故叶者，求贤理政而赞化出治之有赖，文章事业涣赫在当时，而为休休断断之大臣。不叶者，亦正大高明之君子，大业隆富有之盛，景福有昌炽之美。岁运逢之：在仕必有超选之荣，在士必文光之喜，在庶欲则谋为光显，而金帛有积蓄之休。

上九：有孚于饮酒，无咎。濡其首，有孚，失是。

此爻是能善顺乎天命，而因戒其当尽人事也。故叶者，有拯溺亨屯之才，当乱极复治之日，上有以凝天休，下有以一民心，事功著于当时，名誉隆于昭代。不叶者，纵欲而不知节，悖义而不知反，覆坠之易，成立之难。岁运逢之：在仕必超迁，而有祭酒、知府、节度使之职；士人进取必居首选；在庶俗有出险为夷之佳；在耆老有乡饮燕享之举。数凶者，有溺水之厄，纵酒之祸。

六十四卦诗诀

夫六十四卦有解矣，兹又附之以诗者何也？盖易变动不拘，不可为典要者也。苟执卦爻之辞，而不知变通以趋时，几何而不为诬易也哉？是以此诗之作，皆先正不得已之意，中间各寓机括，如“龙蛇兴变，一阴始升”等语，各有所指，非孟浪无根之谈也。学者诚能引而伸之，触类而长之，又何患乎数之不明不行也哉？凡欲知切要者，只玩点处便可意会。

䷀ 乾卦总诀三首

其一　运覆无穷立建功，乾分四德万方同。
龙飞变化九天去，男子升腾定位隆。

其二阳　佳谋密用且潜藏，逆理枉图必见伤。
直待龙蛇兴变日，从前名利始亨昌。

其三阴　望桂蟾宫远，求珠海水深。终须名利足，只恐不坚心。

乾卦初爻诀二首

其一　阳气方生昧未明，潜藏勿用破幽荣。
离明一照四方火，进位高攀便出群。

其二　玉韫石，珠藏渊。羽翼一旦上青天，名利须知有异缘。

乾卦二爻诀三首

其一　得意宜逢贵，如龙已出渊。利名终有望，十五月团圆。

其二　已出尘泥迹，声名动四方。风云将际会，千载遇明良。

其三　龙见田中立，身心同贵人。利名应可见，进退有科名。

乾卦三爻诀二首

其一　步履行无阻，先忧后必昌。飞龙形不见，西北是其乡。

其二　忧且不成忧，忧里笑盈眸。声名相久遇，目下暂淹留。

乾卦四爻诀二首

其一　欲行怀珠，片帆千里。玉藏远山，徘徊未已。

其二　天布彤云色，花繁落影多。霏霏斜日照，帆便泛汉波。

乾卦五爻诀三首

其一　隐姓埋名实待时，飞龙天上大人辉。
正当守位动无咎，终保声名四海知。

其二　上下皆同德，风云际遇时。如天施雨露，万物尽光辉。

其三　日边音信至，佳会在风云。青紫人相引，时和到处春。

乾卦六爻诀三首

其一　知进当知退，居安必虑危。心中无过咎，虽悔必堪追。

其二　安静宜无咎，思来便有灾。前途飞走外，忧事更防来。

其三　心戚戚，口啾啾。一番思虑一番忧，宜欲休时便好休。

☷ 坤卦总诀三首

其一　水面生鱼蛋，杨花满路傍。佳人双美玉，得地始辉光。

其二　厚德载万物，承天则顺昌。马行疆地远，坤厚有辉光。

其三　今朝明朝，今日明日，到了欢欣，不成忧戚。

坤卦初爻诀二首

其一　阴气方浓始履霜，待时亨动见阳刚。
云中一力扶持起，水畔行人在北方。

其二　事每因驯致，凝成戒履霜。善应有余福，不善有余殃。

坤卦二爻诀二首

其一　万丈波涛无点乱，一天风雨更幽闲。
客行已在经纶内，名利何劳自作难。

其二　敬义存中正，前程事事通。自然无不利，不习已成功。

坤卦三爻诀二首

其一　待命含章终必吉，强谋前进未亨昌。
兔衔刀到黄金上，万里鹏程羽翼忙。

其二　　始则难，终则易。相合相从，天时地利。

其三　　含章虽有喜，进退且需时。丹诏从天下，风云际会时。

坤卦四爻诀三首

其一　　路不通，门闭塞。谨提防，月云黑。

其二　　守慎宜无咎，包藏似括囊。震雷轰发后，利涉总安康。

其三　　事机宜谨慎，无是亦无非。守静宜恬退，深虞陷祸机。

坤卦五爻诀二首

其一　　世道垂衣治，安身文史中。不须操武略，名利在西东。

其二　　安居中守分，能顺以承天。至美利元吉，西南喜庆全。

坤卦六爻诀三首

其一　　镜破钗分，月缺花残。行来休往，事始安然。

其二　　刚柔两战伤，其血须玄黄。龙马生悔吝，极终已悔亡。

其三　　有名无实效，谋事更迟迟。讼病多刑克，施为总未宜。

䷂ 屯卦总诀二首

其一阴　　逢屯好展经纶手，遇敌方知政治通。
进步悔生多不足，危前守后有春风。

其二阳　　施设不须多，提携出网罗。一登平稳地，从此少风波。

屯卦初爻诀二首

其一　　不当进步且盘桓，一得民心含此章。
驻马问人溪上事，水中还有万人观。

其二　　守不失，求不成。近谋远遂，贵客通津。

屯卦二爻诀三首

其一　　屯难繇来已十年，一朝反本便更迁。
婚姻不利谋斯卜，有个佳音在水边。

其二　　事迟志速，尚且反覆。等闲家间，花残果熟。

其三　　迍邅方不利，欲进阻前程。凡事宜求缓，婚姻久乃成。

屯卦三爻诀二首

其一　逐鹿还失鹿，求名未得名。林中有佳信，去后尚荣荣。

其二　无虞而即鹿，妄动必无功。君子能先见，毋令往反穷。

屯卦四爻诀

乘马班如进，求婚媾吉贞。得人相济助，何事不光亨。

屯卦五爻诀二首

其一　门前小事吉，心下大谋凶。一片山前处，防生反覆蒙。

其二　西向宜求望，秋冬渐出屯。不须更犹豫，尽可自经纶。

屯卦六爻诀二首

其一　持刀井畔立，井畔舞佳人。出马四足病，防生泣血声。

其二　居屯谋尽用，忧惧不惶宁。要问前程路，还同风里灯。

䷃ 蒙卦总诀三首

其一　有疑须要决，一决勿重为。鸡唱天明后，回头喜又施。

其二阳　隔江惊晓不成危，木尽烟消总作灰。
阳气复来先报喜，雪寒观笑赏江梅。

其三阴　进退意沉吟，心疑事未成。欲逢名与利，直待一阳生。

蒙卦初爻诀三首

其一　门户起干戈，亲姻两不和。朱衣临日月，始觉笑呵呵。

其二　惊忧成损总堪悲，匹马东西未见归。
马啸有风宜坐守，不防冬去不防危。

其三　蒙昧须当发，惟宜在小惩。即惩应暂舍，不尔后侵凌。

蒙卦二爻诀二首

其一　花谢枝头果实多，好音来矣莫蹉跎。
含容纳妇宜家吉，不比初谋悔吝过。

其二　片月渐圆明，花残子又青。半途不了事，此举一回新。

蒙卦三爻诀二首

其一　聘女无攸利，花开又值秋。严霜将降土，退步不堪求。

其二　切忌花间酒，莫贪无义金。失身无所利，暗室枉欺心。

蒙卦四爻诀二首

其一　久困犹嫌未济来，江边水阔有河开。
文书有口不当说，当得从心果不谐。

其二　穷困方蒙昧，中心吝可忧。须求诚实者，方可免贻羞。

蒙卦五爻诀二首

其一　君象吉童蒙，身安应在东。大川涉无咎，海际得帆风。

其二　乘病马，上危坡。防失跌，莫蹉跎。

蒙卦六爻诀二首

其一　率师战万里，威武冠群英。借问成功日，须还四八寻。

其二　彼且方蒙昧，何须用意攻。但当宜谨密，自固免遭凶。

䷄ 需卦总诀三首

其一　胡僧引路未相通，始见丰姿便应龙。
闻说垂杨苍翠候，骑龙御马到仙宫。

其二　得信方通棹急流，前途先塞后途忧。
候人执箭杨边立，此去亨衢得志秋。

其三　有道须逢泰，先防一女灾。思乡人未到，愁亦虑伤怀。

需卦初爻诀三首

其一　见险虽难退，暂休且喜安。离明听北角，天外见飞鸾。

其二　过尽前滩与后滩，前滩纵险不为难。
一朝若得清风便，相送扁舟过远山。

其三　需须宜且待，欲速反为灾。守静方无咎，安常福自来。

需卦二爻诀二首

其一　欲进不防危，安居必虑之。桃开际禄会，花发不违时。

其二　险难将相及，刚中且待时。浮言虽小害，终是吉无疑。

需卦三爻诀三首

其一　户要牢关，物宜谨守。休往休来，终为长久。

其二　有阻亦有节，先忧见后昌。水边难退步，进步不相伤。

其三　用刚求速进，寇盗自先招。谨慎终无败，灾消祸亦消。

需卦四爻诀二首

其一　进不隐，退便休。宜守宜顺，可望可求。

其二　君子终升小人阻，提防征战主离苦。
前头自有吉人迎，信在白羊成一楚。

需卦五爻诀三首

其一　所需今已得，有欲尽从心。宴饮耽和乐，居亨吉庆临。

其二　凤阁鸾台去有家，亨衢进退莫咨嗟。
桃溪咫尺青云路，便见东风可散花。

其三　久历撑波艇，乘风得到瀛。太平身职起，目下有来音。

需卦六爻诀三首

其一　人立危桥下，舟行起怒涛。兢兢未登地，思虑转煎熬。

其二　期会三人至，成荣自敬之。得全名利日，恩泽四方施。

其三　先是身悲险，那逢意外忧。待客宜敬顺，终吉免他求。

讼卦总诀三首

其一阳　黄犬嗷嗷两度危，金猪初唤见亨期。
若逢午鼠前途去，一向安荣事事宜。

其二阴　言防口舌易成功，不说须归两大中。
赖有高人相喜合，终须人语不为凶。

其三　举步往荆棘，见凶须要防。若逢天占口，荣顺不须伤。

讼卦初爻诀二首

其一　嘹亮征鸿独出群，高飞羽翼未离分。
正宜奋翅行前进，好个声音处处闻。

其二　处事宜中正，当知不可长。但当明辩说，终是获休祥。

讼卦二爻诀三首

其一　目下皆仇怨，时闻理义明。且宜先退让，方可免灾危。

其二　不进须当退，方无否塞忧。贵人相佐下，王事出奇留。

其三　事不足，防反覆。月落寒江，一荣一辱。

讼卦三爻诀三首

其一　积德相随便可期，庭前枯木凤来栖。
好将短事成长事，莫听傍言说是非。

其二　运方兴，笑语频。降玉女，在河边。

其三　守旧安居正，虽危获吉亨。狂谋图进用，枉费觉无功。

讼卦四爻诀三首

其一　遇时方未利，词辨未能宁。改变从贞吉，应须不失情。

其二　名惧亲君位，安贞吉有余。得人相赠处，择地有安居。

其三　风吹云散月华明，枯木开花满户庭。
旧恨新欢且休问，须知从此复安荣。

讼卦五爻诀三首

其一　心中从正道，听讼得其平。公讼如逢此，公庭理必伸。

其二　元吉无迍事所宜，君尊临下有功归。
策鞭可取木边子，便见平生不负亏。

其三　檐前鹊噪喜翩翩，忧虑潜消理自然。
一人进兮一人退，末稍却有好姻缘。

讼卦六爻诀二首

其一　有锡不须欢，时当隐遁安。困来宜择避，枯木奈严寒。

其二　口啾啾，人事尚须忧。心戚戚，恍惚两三头。

䷆ 师卦总诀三首

其一阳　众力推排处，无心遂有权。虽然烦与冗，利禄胜当年。

其二　手操持大节，劈划丈夫心。众力扶邦正，廷绅即有升。

其三阴　凶事终成吉，功名未便亨。且图安乐处，莫恋百花生。

师卦初爻诀三首

其一 出律方无咎，提防破克功。一轮明月蚀，自觉否臧凶。

其二 心郁郁，事匆匆，荣而未有功。
危桥立尽休回首，此去青云路可通。

其三 凡百事当谋，善始可善终。师道宜和众，犹忧失律凶。

师卦二爻诀二首

其一 朱能堪服众，方遇贵人持。别有非常道，乘龙到玉墀。

其二 锡命从天降，承之宠泽贞。师权当健德，佳信发天津。

师卦三爻诀三首

其一 六三爻不定，虽吉也成凶。若也能专一，终当立大功。

其二 进退皆无位，舆尸出众凶。马奔坤地远，天道又疑东。

其三 青毡终复旧，枝上果生风。莫为一时利，重为此象凶。

师卦四爻诀二首

其一 择地堪居左，师行左次贞。牛行西北地，触目自光辉。

其二 进行退，退行进。进退好随机，眼前人不信。

师卦五爻诀二首

其一 禽作田禾叛入邦，皆当系缚执思伤。
一朝天锡佳音至，功业阶勋冠万邦。

其二 恩成怨，怨成恩。和合两相番，灾咎恐外生。

师卦六爻诀二首

其一 君子当思吉，爻辞厉小人。邦保民可保，邦固自咸宁。

其二 吉士时逢泰，承家日渐丰。小人当此象，得宠反成凶。

䷇ 比卦总诀四首

其一 建国安邦比牧侯，和民畜众乐忘忧。
群鸿列阵飞霄汉，彩风移时万里游。

其二阳 林木春将近，芳菲景物新。花开易居宿，一箭中红心。

其三阴 口舌终须有，金樽恐有伤。污泥难出没，持援在忠良。

其四　有利先居比，安贞在草头。名利两可展，他吉进来秋。

比卦初爻诀二首

其一　比贵相亲辅，虽常尽信诚。所为元有素，他吉亦相成。

其二　一人去，一人来。

清风明月两疑猜，获得金鳞下钓台。

比卦二爻诀三首

其一　己身无过失，家宅亦安宁。所得惟中正，安然自吉亨。

其二　遇险方成福，逢凶皆可升。佳珍良匠琢，得宝在逡巡。

其三　老蚌产珠，石中怀玉。海稳波平，云中人鹿。

比卦三爻诀三首

其一　蹇难先谋避，行舟风雨多。片帆撑逆浪，去计苦蹉跎。

其二　无端风雨欺春去，落尽枝头桃李花。

枕畔有人歌且笑，教君心绪乱如麻。

其三　比贵相亲附，皆非可信人。提防为鬼贼，侵害反伤身。

比卦四爻诀三首

其一　羊猴衔信至，人国利宾亨。外比贞无咎，移根本自荣。

其二　东风催促便登舟，歌笑徘徊古渡头。

云外佳音终有望，锦鳞钓得在金钩。

其三　所交宜谨择，贞正可无虞。亲附贤君子，优游吉自如。

比卦五爻诀二首

其一　一得其中一失期，当时何用苦伤悲。

地中雷震随时起，询问白羊归未迟。

其二　舍一人，就一人。明月上层楼，光辉万里秋。

比卦六爻诀三首

其一　有始无终实可嗟，田头方足未堪夸。

跨鹿无足失马放，黑云外人更脱靴。

其二　独行居北极，无援更无依。始善终方吉，终凶悔莫追。

其三　喜未稳，悲已遭。骤雨狂风号木古，人人尽道不坚牢。

䷈ 小畜卦总诀三首

其一　旱亢云生满太虚，禾苗枯槁实堪悲。
大人有意懿文德，细雨霏霏自有时。

其二　云散暮天晴，寒溪一带青。音书终有望，水畔见其真。

其三　欲过重山去，家乡事颇危。横舟对明月，凄惨有谁知？

小畜卦初爻诀三首

其一　一舟离岸复回来，浪急掀天去不谐。
堤畔草头人着力，园中花木尽争开。

其二　当守居正道，吉庆自然谐。遇忧多迍塞，仍防家口灾。

其三　驾去舟，离新岸。喜得来，愁得散。

小畜卦二爻诀三首

其一　同心方合志，牵复亦相成。守静安常道，前程自显荣。

其二　小过居贞吉，千山鹿远惊。云端佳信至，有约在彭城。

其三　金鳞入手，得还防走。若论周旋，闭言缄口。

小畜三卦爻诀三首

其一　睽离东西事可伤，夫妻反目不相当。
断桥走马悔中厉，尤恐前途吝莫量。

其二　前程多难阻，居家致内争。密云方掩翳，消散复光明。

其三　阴长又阳消，家门悔吝挠。夫妻犹反目，车辄未坚牢。

小畜卦四爻诀二首

其一　怀忠居位辅明君，天边远信鹿来迎。
离明马走西南去，枯木逢春得再荣。

其二　独立嗟无援，惊忧恐致伤。但从诚实念，灾咎自消亡。

小畜卦五爻诀三首

其一　上下相孚信，乌能通有无。他时逢患难，众力亦相扶。

其二　石韫玉，铁成金。翔凤隐隐入云程，不须疑虑独劳心。

其三　有势安和鹿马新，水中有集足移根。

小舟千里方回岸，重口官人助禄名。

小畜卦六爻诀三首

其一　阴盛阳刚亦可伤，堪嗟立业一时亡。
江边女子号啼泣，虽得荣华坠洛阳。

其二　拟欲迁时未可迁，提防喜处惹勾连。
前途若遇贵人引，变化鱼龙在大渊。

其三　密云今已雨，上下渐亨通。凡事难成就，迟疑未可行。

履卦总诀三首

其一　上下之可居，居山家必迁。去处无忧患，楚地既周旋。

其二　见立未安身，传斯用破心。几回惊险处，方得遇知音。

其三　逢山倾作险，遇水亦防忧。得遂乡关日，方知二尾牛。

履卦初爻诀三首

其一　素来繇正道，务实去浮嚣。独守行常理，他人莫动摇。

其二　努力求谋事已通，天边守旧亦难冲。
孤飞鸿雁湘江远，见个佳人书一封。

其三　不远不近，似难似易。等闲入手，云中笑指。

履卦二爻诀三首

其一　几番风雨送行舟，空惹离人一转愁。
便使掀天擎地手，不同虾蟹逐波流。

其二　幽人能独守，喜庆自来临。常切提防志，他人暗地侵。

其三　月落事未完，物见人不见。好借一番风，奇哉逢快便。

履卦三爻诀三首

其一　视履皆非正，乘危必见伤。有为皆小利，切戒用刚强。

其二　有足不能行，有目眇能观。虎尾一惊防，危处自退避。

其三　桃李谢春风，西来又复东。家中无意绪，船在浪波中。

履卦四爻诀二首

其一　孚信心方惧，鹿行当近君。马飞更改吉，愬愬道居身。

其二　前忧后，后忧前。彼此意流连，人圆月也圆。

履卦五爻诀三首

其一　位尊施德薄，刚乘则防刑。睽掷孤飞雁，衔芦过远山。

其二　狂风吹起黑云敛，日低人心遮不得。
时间多事暂相关，到老依然无刑克。

其三　戒意无凝滞，前程速着鞭。登山并涉险，莫放马蹄闲。

履卦六爻诀三首

其一　处事须中正，终当无后灾。周旋皆中体，万福自骈来。

其二　万国周旋靡不安，上宫有庆喜严寒。
四方幸有安家处，好向深波下钓竿。

其三　古镜重磨扫旧尘，梅花先报陇头春。
天边贵客齐相接，推出长霄碧玉轮。

䷊ 泰卦总诀三首

其一　否泰循环太过通，喜知生育得时丰。
固基保守前程吉，千里张帆得便风。

其二　来时盛暑去时春，历尽经年险与迍。
此去亨衢终不远，推轮终待陇西人。

其三　龙剑久埋光射斗，大鹏初展翼垂天。
龙蛇一举终无碍，始觉从兹不滞淹。

泰卦初爻诀三首

其一　三阳方始泰，君子道通时。同类皆升进，前程事事宜。

其二　职居臣位禄非一，外进良朋好结交。
功业一朝期有地，秋回方觉起英豪。

其三　东边事，西边成。风扫月华明，高楼弄笛声。

泰卦二爻诀三首

其一　中道无悔吝，安静也防虞。垂钓江头鲤，山前起两扉。

其二　拟泛孤舟出翠微，花边钓处白鱼肥。
就中无限烟波景，钓罢金鳞满载归。

其三　　用刚能果断，荒秽尽包容。遐迩无遗爱，无私道得中。

泰卦三爻诀三首

其一　　和不和，同不同。番去覆两已成空，进退须防终有功。

其二　　进步忽生疑，居安有福基。月圆云散后，万里见光辉。

其三　　往而须必复，安处用防危。居正存诚信，灾消福自随。

泰卦四爻诀三首

其一　　失实谩高飞，宾鸿去未归。山前一子立，只是好前施。

其二　　小人将害正，以类自相从。君子宜深戒，须防或致凶。

其三　　心不足，事不足。一面之东又向西，透彻重关亦有时。

泰卦五爻诀二首

其一　　进女皆居正，居尊元吉亨。高人携木至，十八子惊春。

其二　　添一人，得一宝。事周员，门外讨。

泰卦六爻诀三首

其一　　逢乱命不行，终久数复否。行师外可忧，蓄众内防毁。

其二　　悲似喜，喜似悲。蹙破远山眉，门前事惹疑。

其三　　泰极将成否，人心不顺从。未宜有施用，虽正亦惟凶。

否卦总诀三首

其一　　居禄不荣禄，谋高位未高。自酬君子志，一进挺英豪。

其二　　去路纵如千里远，冲天难得一回飞。
　　　　彩云秋后真堪羡，酌酒高歌对落晖。

其三　　天时未至且韬光，逐禄求名事可伤。
　　　　但得良晨光欲发，此时着力又何妨。

否卦初爻诀三首

其一　　守静而株退不宜，济时否泰两来期。
　　　　鹿行前进本无咎，鼠带文书可预知。

其二　　相引更相牵，阴阳喜自然。施为无利禄，愁事转团圆。

其三　　前途方否塞，同众且安常。静守无非吉，狂图便致灾。

否卦二爻诀三首

其一　否塞临时利小人，大人处正也无屯。
孤鸿飞去云霄外，顿觉前程不乱群。

其二　居下为身计，为当曲奉承。大人坚自守，虽否亦亨通。

其三　时下乱意绪，可求不可图。蓦地清风白，一场欢笑娱。

否卦三爻诀三首

其一　否居尊位自包羞，阴气将降理可求。
直待马行千里远，临期正应在三秋。

其二　人情方未顺，动作可疑猜。休信谗邪语，提防祸有胎。

其三　无踪亦无迹，远近终难觅。平地起风波，悲怨返成泣。

否卦四爻诀二首

其一　把命持权日，威名大振通。用者无咎吉，君子幸时逢。

其二　穷达皆天命，何须更怨尤。得时行正道，福祉及朋俦。

否卦五爻诀三首

其一　危世居尊利大人，小舟远岸反生惊。
晋明守固保无咎，猴与蛇行非可轻。

其二　太盛方休否，安中每致危。人当先事虑，防患未然时。

其三　身不安，心不安。两两意相看。忧来事却难。

否卦上爻诀三首

其一　蹇后道还通，否过终成泰。一遇木边人，百事成吉大。

其二　浊波无处有清流，新喜应来破旧愁。
从此自然临大造，更无一事挂心头。

其三　事当穷则变，既变乃能通。否极应还泰，千门喜事重。

同人卦总诀三首

其一　久否终能济，当于笑后招。大川无不利，进步上青霄。

其二阳　玉兔衔刀借力时，此时平地上天梯。
不惭虚誉流传事，方得成名不失期。

其三阴　谁家女子倒戈矛，利禄须知向此求。

到得岭头须快乐，更防忻喜却成忧。

同人卦初爻诀三首

其一　十里同人会遇时，断金仁义孰能为。
承时迎风九霄去，月畔人来喜笑嘻。

其二　中心无系吝，内外自和同。怨咎皆消释，千门喜气隆。

其三　心和同，事和同。门外好施功，交加事有终。

同人卦二爻诀三首

其一　宗系同人吝，山前有二峰。青松四时秀，西日又升东。

其二　本是同家党，人人各系私。未能同一志，羞吝自相疑。

其三　爱一人，恶一人。憎爱处，吝难分。

同人卦三爻诀三首

其一　伏兵林内久，三岁不能兴。守吉无他望，妄行不免惊。

其二　意谆谆，心戚戚。要平安，防出入。

其三　前路多荆棘，图谋欲进升。但宜当自用，不可信他人。

同人卦四爻诀三首

其一　乘势攻人短，将来自致凶。何如谦退守，吉庆日相逢。

其二　克攻多见败，退隐内无凶。家有阳光照，江边一事通。

其三　浅水起波澜，平地生荆棘。言语虚参商，犹恐无端的。

同人卦五爻诀三首

其一　执直行正道，他人未顺从。必须资众力，相遇乃成功。

其二　阴阳相隔绝，后笑克师征。二五吉相遇，离宫有贵人。

其三　悲一番，笑一番。相战又相战，其中事却欢。

同人卦上爻诀三首

其一　人情多阻隔，内外不同忧。离方行得志，终须无悔尤。

其二　一水绕一水，一山旋一山。水穿尽山处，名利不为难。

其三　求合事和同，功名未足夸。堪嗟志悲悴，他却亦荣华。

䷍ 大有卦总诀三首

其一　善扬天降福，大有福之余。火照乾天上，秋深获一珠。
其二　欲进又徘徊，心危事不危。贵人相指引，名利得荣归。
其三　汩没困埃尘，逢羊事事新。要求真与实，木口是恩人。

大有卦初爻诀三首

其一　逊退敛无咎，进谋忌有忧。吴风吹火起，千里泛归舟。
其二　心事谩愁烦，休言用处难。难中行得了，得了亦周旋。
其三　富贵易骄盈，当存敬畏心。艰难常在念，灾患永无侵。

大有卦二爻诀三首

其一　宽厚事成多，高明意自过。往亨佳女吉，进步不蹉跎。
其二　大有方始盛，人宜大有为。如车乘重载，不至有倾危。
其三　一重水，一重山。壶中别有天，风波到底然。

大有卦三爻诀三首

其一　偏宜君子道，求利与求名。贵客相提奖，前程自显荣。
其二　小用必防险，王亨大事宜。牛归加禄重，岭表鹿衔旗。
其三　南山一片石，石中藏真玉。莫问是和非，得者非常福。

大有卦四爻诀三首

其一　彭盛尚谦退，道身计莫通。猴边金信至，阻棹得帆风。
其二　遇险不为忧，风波不足惧。若遇草头人，指出青云路。
其三　日过中必昃，物过盛还衰。明知能先见，谨之植福基。

大有卦五爻诀三首

其一　整肃威如吉，交孚内外和。只因良辅弼，随处喜星多。
其二　一雁白云边，孤舟野水天。佳音来日下，金玉等闲增。
其三　上下交相际，中心在信孚。柔当刚以济，不怒亦威如。

大有卦上爻诀三首

其一　满极能招损，谦谦不自居。上天申眷祐，吉庆得相扶。

其二　志气凌霄奋发时,自天之祐吉无疑。
山前有个人相引,报道佳音庆也宜。

其三　奇、奇、奇,地利合天时。灯花传信后,动静总相宜。

䷎ 谦卦总诀三首

其一　山之高大在地中,谦退有终益爻详。
先后喜得居尊上,利禄涉川在他乡。

其二　众理事牵连,忧疑莫向前。若逢明镜照,挠括任虚传。

其三　运蹇时乖莫强谋,得安身处且优游。
若逢天上人开日,便当生涯决意求。

谦卦初爻诀三首

其一　常吉真君子,谦谦自处卑。大川虽至险,利涉亦无危。

其二　有禄不居尊,乘车马横奔。积金盈币帛,进退得无屯。

其三　进取名利归,前程进步来。水边上下鹤,触目有光辉。

谦卦二爻诀三首

其一　柔顺行谦道,纯诚贵内充。有言皆正顺,吉庆自相逢。

其二　久滞理名不可升,鸣谦名利又驰声。
猴人贞吉皆亨利,好去求名莫问莺。

其二　事可托,喜信传。寂寞莫忧煎,人与事俱圆。

谦卦三爻诀三首

其一　万民钦服禄尤高,男子英雄志气豪。
好把九牛垂大饵,即期可获巨川鳌。

其二　有功而不伐,君子保成功。以此行谦道,何人不听从。

其三　劳心复劳心,劳心终有成。清风能借力,忻笑见前程。

谦卦四爻诀二首

其一　㧑谦无不济,手足得良朋。雷在山下发,扁舟顺水行。

其二　平地风云会,其间事易成。目前虽未稳,久后自敷荣。

谦卦五爻诀三首

其一　以谦而接下，心服众皆归。或恐谦柔过，尤当济以威。

其二　霖雨藏身久待时，位高禄厚利谋随。
前程有信通南北，可报升腾万里期。

其三　曲直事难除，黑暗明千里。还同顷刻间，变态风云里。

谦卦上爻诀三首

其一　圆月云中翳还缺，山前风顺朦胧彻。
行师征国捷佳祥，千夜青天光皎洁。

其二　风云际会出云端，一望天高宇宙春。
万里风帆应不远，幽人从此出尘埃。

其三　行极今已极，众所共闻知。未得行其志，秉刚克己私。

䷏ 豫卦总诀三首

其一　蛰藏宇宙待阳和，一奋春雷变化多。
花果园林皆茂盛，建侯逢旅月迁高。

其二阳　任稳心休息，安身务见机。门前防暴客，早备不须疑。

其三　一卷文书事未完，番来覆去致淹然。
木逐贵客如开眼，方得从兹事再全。

豫卦初爻诀三首

其一　多言成口过，凶祸必相临。得宠还思辱，尤防暴客侵。

其二　轰雷震地远，鸣豫震初凶。穷至生凄惨，怀忧井路中。

其三　梦中人，潭里月。有影无形，圆中防缺。

豫卦二爻诀二首

其一　守正坚如石，图谋遇贵人。吉生天上口，明月又西升。

其二　凿石得玉，淘沙见金。眼前日下，奚用劳心。

豫卦三爻诀三首

其一　求望无所遂，须当亟改图。莫怀犹豫志，无悔亦无尤。

其二　大事不须视，渐贞尚悔亡。金风吹木叶，走马在东方。

其三　闻不闻，见不见。只缘好事也多愁，更防暗中人放箭。

豫卦四爻诀三首

其一　际遇明良是盍簪，不妨重整旧冠缨。
正四六有佳音转，万里朋抟达去程。

其二　文字重重喜，声名渐渐高。推诚结知己，提携出草蒿。

其三　利名成就罢忧煎，万里春风道坦然。
得意便垂三尺钓，长江获得锦鳞鲜。

豫卦五爻诀三首

其一　君位居贞疾，人臣职反刚。秉权堪倚仗，惟恐动中伤。

其二　独钓向碧潭，中途兴已阑。水寒鱼不饵，小艇竟空还。

其三　宴安耽逸豫，酖毒已中藏。懦弱不能振，因循幸未亡。

豫卦上爻诀二首

其一　动晦久而静，奔驰始见安。犬嗷居此地，悲起反为欢。

其二　日月蔽朦胧，光辉不司通。几多江海客，进退未成功。

䷐ 随卦总诀三首

其一　阳出阴居德，随利顺居贞。傲霜松柏秀，耐久岁寒心。

其二　时节多亨奋，迁延未遇间。桃黄三月发，不在杏花天。

其三　反目相看事意乖，名场利路两难谐。
东堂女子须防谤，一见羊蛇定恼怀。

随卦初爻诀三首

其一　门内妻言信不私，出门功业有前施。
进步一获山前鹿，芳草亨衢利可知。

其二　事势将更易，惟当正可从。出门交正事，无失有成功。

其三　欲渡江心阔，波深未息流。前程风浪静，始可钓鳌头。

随卦二爻诀三首

其一　系小还失大，从公却害私。事久难两得，择善可随从。

其二　阴盛阳潜遁，提防失丈夫。四方鸡唱晓，忧虑释然无。

其三　一事已成空，作事还宜退。若遇口边人，心下堪凭委。

随卦三爻诀二首

其一　易小终成大，随家改故新。马羊奔是处，利涉大川行。

其二　舍一人，就一人。谋望有喜，贵人相亲。

随卦四爻诀三首

其一　千里长途转辏舆，有人未得见者须。
音来便遇木边贵，晦滞重明得一车。

其二　所求皆有得，居正亦为凶。守道存诚信，惟明可有功。

其三　鱼上钓，丝纶弱。收拾难，力再着。

随卦五爻诀三首

其一　爵禄飞来吉有孚，震惊百里笑声呼。
月边自有人推毂，喜气临门不可拘。

其二　五居中正位，上下尽孚诚。舍己能从善，斯为大吉亨。

其三　收拾丝纶罢钓竿，青山绿水更幽闲。
江清得意归来早，舟溜金陵指顾间。

随卦上爻诀三首

其一　君子防危后必兴，小人勿怨事多迍。
随时月落防忧讼，若进终凶日又昏。

其二　拘系复加维，人心固结时。诚能专享祀，端可恪神祇。

其三　一事去，两头牵。恍惚有忧煎，心坚事未坚。

蛊卦总诀三首

其一阳　锡带事虽美，须防三褫中。宠荣难可恃，且忌辱来重。

其二　弃旧从新别创家，先忧后乐振民邦。
始施恩泽掌权柄，绯紫增荣志自赊。

其三阴　宝月有亏盈，长河浊又清。纵然逢大事，端坐不须惊。

蛊卦初爻诀三首

其一　欲成好事必先危，成败多生进退疑。
蛇与猪来皆喜遂，好求方便上云梯。

其二　极弊宜修整，前人旧有规。意承须改变，损益亦随时。

其三　　可以委，可以记。迟迟事，无差错。

蛊卦二爻诀三首

其一　　以刚行内事，执一竟难成。贵得中常道，惟当顺以承。

其二　　母道不可贞，谓性难存正。从顺事宜成，后道密且谨。

其三　　暗去不明来，忧心事未谐。终须成一笑，眼内莫疑猜。

蛊卦三爻诀三首

其一　　玉石望蒙昧，那堪小悔多。终来无大咎，先忌哭声过。

其二　　父差母蛊往东西，腊肉餐餐不可期。

困卧高堂忧小处，直须遇有出灾危。

其三　　久弊应难革，须防损失多。见机知进退，终是保安和。

蛊卦四爻诀二首

其一　　有路步难去，中途鄙吝忧。蛇行并马走，运绽值深秋。

其二　　路远多险阻，居安得自宜。休将万事足，从此亦随时。

蛊卦五爻诀三首

其一　　克家去干蛊，田业更重增。用誉成先志，为能善继承。

其二　　有德临尊位，阳和德在春。猴吠骑白鹿，名誉到天津。

其三　　一月出层云，长江彻底清。湛然无点翳，谋望等闲成。

蛊卦上爻诀三首

其一　　弃职休官便可归，王侯不事可无为。

蛊忧进取深防吝，巨浪扁舟去不回。

其二　　奔趋人世事，其苦竟难谐。不事王侯贵，何如隐去来。

其三　　深渊鱼可钓，幽林禽可获。只用长久心，不用生疑惑。

䷒ 临卦总诀三首

其一　　阴御阳微晋地凶，临民保正事无穷。

断桥一马须防失，外事纷纷忧我衷。

其二阳　平生欲奏五弦琴，流水高山未遇音。

一旦乘槎到蓬岛，始知金阙万重深。

其三阴　安行罹网地，轻举入天罗。谨节能知止，身安保太和。

临卦初爻诀三首

其一　一逢临辅扶持起，有个佳音在兑乡。

谁向老来为伴侣，一枝梅蕊雪霜傍。

其二　积小成功路渐通，好将舟楫顺西风。

腰间宝剑横牛斗，求利求名有始终。

其三　义气方相授，繇来心感心。所行须正大，吉庆自来临。

临卦二爻诀三首

其一　本自咸临吉，惟忧未称心。喜中须不足，乐处忽悲生。

其二　利顺今临命，居中反复中。一阳生长后，帆便借东风。

其三　和合事，笑谈成。喜信在半程，平步踏青云。

临卦三爻诀三首

其一　夜雨纷纷实有伤，既伤众理接非常。

改修其道归真主，远汉云间见太阳。

其二　立志多巧佞，临事未如心。忧里能迁善，灾消祸不侵。

其三　龙争一珠，有得有失。所望在亨通，何须空费力。

临卦四爻诀二首

其一　正位居臣职，门中二女逢。急承云中鹿，水涸应三冬。

其二　事团圆，物周全。一往一来，平步升天。

临卦五爻诀二首

其一　知大能临下，柔高可胜刚。太阳光彩处，神拥照东方。

其二　月重圆，花再发。谋望成，音信达。

临卦上爻诀三首

其一　临吉敦无咎，春风桃李多。一枝花在手，去棹急如梭。

其二　朦胧秋月照朱扃，意外谁知喜意生。

自有贵人相接引，不须巧语似流莺。

其三　常存忠义德，贵客暗相扶。强暴无侵害，自然灾咎无。

䷓ 观卦总诀三首

其一　上观民教下辩民，乐以忘忧物外天。
西北有音来报禄，中天明月又重圆。

其二　弓满定穿杨，登楼侑一觞。酉中还失足，于我又何妨？

其三　安身利处行，观风察俗情。秋来闻拮括，见虎不须惊。

观卦初爻诀三首

其一　君子当时举，重山更悔多。见欢忌悲哭，愁起奈如何！

其二　野鬼张弓射主人，暗中一箭胆魂惊。
忽然红日浮沧海，照破虚空事不成。

其三　观望求为益，终须无悔尤。未能多识见，君子反贻羞。

观卦二爻诀兰首

其一　妇守柳花喜回春。佳人执箭在侯门。
云梯欲上未能上。危险方知眼底分。

其二　卦体俱柔顺，惟宜利女贞。达人当大显，窥视岂刚明？

其三　明中人，暗中人。明暗两关心，花残子又成。

观卦三爻诀三首

其一　进退不妨，去往不决。审实而行，知难而退。

其二　亲友来相庆，金珠复倍常。歌声遍阡陌，风快有归帆。

其三　双燕衔书舞，指日一齐来。寂寞淹留客，从兹下钓台。

观卦四爻诀三首

其一　久藏霖雨淹丝纶，几度花开不改春。
云内文书成国器，欲观变化在逡巡。

其二　仕逢多显达，得志在亨衢。所用应多吉，门庭庆有余。

其三　事正要记，心正可约。眼底心中，无差无错。

观卦五爻诀三首

其一　观民先审己，己正以治人。上下皆相化，斯为大吉亨。

其二　君位刚居吉，名成利亦通。如鱼游远水，山外有清风。

其三　云叆叇，月朦胧。一雁在云中，残花谢晚风。

观卦上爻诀三首

其一　高眼垂青处，幽居必见贞。一封书锦字，千里去帆轻。

其二　君子能观省，修身克尽诚。不观心自化，心志始安平。

其三　去就疑迟，进退不定。到了依然，许多争竞。

䷔ 噬嗑卦总诀二首

其一　用狱法当明，谋为好进程。老椿生茂叶，蛇走一边荣。

其二　自是嫦娥宫里人，桂花分得一枝春。
化工不负辛勤业，蓝绶归来喜气新。

噬嗑卦初爻诀三首

其一　举步多艰阻，功名路未通。玉逢良匠琢，花发待春风。

其二　人倚楼，意多忧。淡然退步，事始坚牢。

其三　防失于未兆，千里勿迟延。小失不知改，因循致大愆。

噬嗑卦二爻诀三首

其一　内外相牵引，门中暗昧生。切须宜谨戒，方可保安宁。

其二　雨过佳人正折桃，花残冷落大劬劳。
日前别有一春景，望断佳音渐渐高。

其三　进亦难兮退亦难，登车上马亦盘桓。
他时若得风云便，稳泛扁舟恣往还。

噬嗑卦三爻诀二首

其一　峻岭车行去甚难，崎岖千里谩空还。
先防小吝忧心悔，后已迍邅在即间。

其二　有事暗中闻，疑虑浑无实。转眼黑云收，拥蔽扶桑日。

噬嗑卦四爻诀三首

其一　刑狱事难明，先防群小人。若无坚实德，安得事和平。

其二　弓开矢方射，一箭中孤鸿。触目天边手，鸡鸣福自隆。

其三　始虽难，终容易。箭入云中，吉无不利。

噬嗑卦五爻诀三首

其一 逞逞夜逐阳兔走，遂克先难后易身。

金地获成生德泽，回头满地掷金珠。

其二 守正除奸佞，他人自服辜。常怀危惧志，怨咎自然无。

其三 珠在掌，空劳攘。人事和同，自然稳当。

噬嗑卦上爻诀三首

其一 灭耳何繇致，多因耳不聪。不能依劝戒，更有灭贞凶。

其二 遇凶不哭，愁来却笑。巨浪轻舟，前途可到。

其三 枕边忧，门里闹。意结勾连，心神颠倒。

贲卦总诀三首

其一 文字生光日象昭，薰风吹动海门潮。

可将巨浪通天表，咫尺如梭达九霄。

其二 禄从天上降，喜至不须求。昔日忧愁事，逢牛始见周。

其三 行舟无险阻，舟泛自通津。雨露从天降，求谋事渐新。

贲卦初爻诀三首

其一 乘车不用镇徒行，千里驰驱道未平。

林内虎声惊复啸，几回忧事更纷纷。

其二 去伪存诚实，徒行却乘车。不须增饰贲，俭简是良图。

其三 可求未可求，可信未可信。波影见重光，退步不成进。

贲卦二爻诀三首

其一 攀龙原有分，独运竟难成。遇鼠逢牛日，因人为发明。

其二 暗室复明辉，阳明实气时。云雷方散后，万里一星飞。

其三 好借东风力，轻船稳到家。大人来接引，明月寄芦花。

贲卦三爻诀三首

其一 坎宫须大吉，离地不堪行。江畔文书至，天边秋月升。

其二 一物可守，一事带口。水落月圆，自然长久。

其三 门庭多吉庆，润色更增光。直待龙逢虎。金兰自有香。

贲卦四爻诀三首

其一　中心虽欲速，行奈却迁延。守正无仇患，居安福自天。

其二　翰马多清洁，孤鸿难远留。衔芦江上雁，东上岸边游。

其三　曲中还有直，心里须成戚。云散月重明，千里风帆急。

贲卦五爻诀三首

其一　福禄从天降，门中喜气新。去奢从俭约，终保大元亨。

其二　内包戋戋帛，丘园志士心。吉中无咎克，东南有佳音。

其三　旧事淹留过，而今已变通。草头人笑后，宜始不宜终。

贲卦上爻诀三首

其一　务本归诚实，何须更饰非。春风依旧到，花发去年枝。

其二　素质内无采，天星照远空。一朝乘骑气，霄汉片时冲。

其三　明月团圆，颜色欣然。风云相会，和合万年。

䷖ 剥卦总诀二首

其一　厚下且安宅，先防不测灾。动中主悔吝，忧戚总难开。

其二　剥至事虽伤，阴人恐在床。朝云无定处，得雨始无妨。

剥卦初爻诀三首

其一　床足顿云剥，于人先所安。既无真正道，于祸可胜言。

其二　凶象灭床足，其中蔑贞凶。断桥人莫过，其中犬吠同。

其三　上接下不稳，上安下不获。绞绕更相缠，平地风波妒。

剥卦二爻诀三首

其一　乘势陷他人，须防损自身。若能长守正，仅可免灾迍。

其二　床剥转侵残，谋安未见安。晚江桃李绽，惊直雪霜寒。

其三　事相干，人相牵。去往尚悠然，一关复一关。

剥卦三爻诀二首

其一　九九未能前，淹留进莫先。西南交一友，同棹过蓬川。

其二　上下分，忧愁失。千嶂云，一轮月。

剥卦四爻诀二首

其一　困梦何时解，重春喜可来。山摧因阻地，移竹就园栽。

其二　枕畔不堪闻。渺茫如暗日。风雨急然来，移身别处立。

剥卦五爻诀三首

其一　遇时方不利，迁善可有终。引类同升进，将来获宠荣。

其二　失贯群鱼在水边，佳人相遇汲清泉。

尘埃年见不能奋，便趁行人赴楚园。

其三　圆又缺，缺又圆。低低密密要周旋，问之来时始有缘。

剥卦上爻诀三首

其一　君子存天理，生生道不穷。小人多昧此，难免剥芦凶。

其二　君德覆群阴，爻辞君子贞。一朝丹诏至，期待一时迎。

其三　意迟迟，心怀疑。交加犹豫，贵客相持。

䷗ 复卦总诀二首

其一　五马西行进难阻，更宜守旧亲相辅。

万里鹏程化查宴，五个佳人江上舞。

其二　一生名利总成虚，临久名疆有进时。

门户鼎来真可恼，不堪回首梦魂孤。

复卦初爻诀二首

其一　阳长修身吉，重山耸翠青。马行东北去，遇鼠计方昌。

其二　垂钓向沧浪，金鳞看入手。行客过重山，目下当回首。

复卦二爻诀二首

其一　仁者善亲邻，前江一鲤存。获来临泗水，变化在逡巡。

其二　悲后笑嘻嘻，中行道最宜。所求终有望，且莫皱双眉。

复卦三爻诀三首

其一　屡失应屡获，多败亦多成。择善宜坚守，何有怨咎生。

其二　局促未开时，云中一鸟飞。他谋皆晦吝，守旧乃方知。

其三　一关复一关，进退两头难。虑望难久远，心事不曾安。

复卦四爻诀二首

其一　囊实好谋归，归来喜又随。莫蹉中道发，笑后又成悲。

其二　放钓又收来，分明绝尘埃。巨鳌随手得，休用苦疑猜。

复卦五爻诀三首

其一　列阵飞鸣排九霄，乘骑千里不辞劳，

移根接下天边木，皓首成家在楚桥。

其二　乱者复治，往者复还。凶者复吉，危者复安。

其三　五湖波浪静，明月照扁舟。稳把钓下饵，鲸鳌钓几头。

复卦上爻诀二首

其一　进退徘徊无定据，欲暮春风吹柳絮。

半途行客又离忧，枕畔佳人无意绪。

其二　机迷终不复，难以免灾危。所向皆非利，要终不可行。

䷘ 无妄卦总诀二首

其一　震雷一震好乘时，威令施张茂盛宜。

匪正悔生宜改正，有人相引上云梯。

其二　入仕本从科甲出，奋身不在禹门中。

筑岩钓渭非常士，须信英雄立大功。

无妄卦初爻诀二首

其一　坐中千里至，暂伴便前行。虎兔林中走，长途山上青。

其二　事相扶，在迷途。反覆终可图，风波一点无。

无妄卦二爻诀三首

其一　本无期望志，所得出无心。有往皆有利，相将遇好人。

其二　不耕不获有吉利，不菑不畬往无成。

鸡鸣获菑方应候，一番利帛外方来。

其三　休妄想，且诚心。须防平地起荆棘，万里青山万里程。

无妄卦三爻诀二首

其一　一得还一失，逢刚勿自先。系牛牛不定，进步有升迁。

其二　　旧喜惹新愁，事事多争兢。也虑暗中人，风波尤未定。

无妄卦四爻诀二首

其一　　德广位尤谦，亲君臣道尽。静守方无虞，即有佳音报。

其二　　琢器成环器未完，上天未定志尤坚。
虽然不是中秋月，亦有神光射九天。

无妄卦五爻诀

疾过无用药，未来事不忧。一更西北转，帆便逐行舟。

无妄卦上爻诀

妄动提防不必求，随谋守旧始成宜。
水边一朵月中桂，花开正值岁寒时。

☶☰ 大畜卦总诀

瞥然一棹去如梭，万里风波得意过。
十倍钓鳌终有得，蓬瀛此去路无多。

大畜卦初爻诀二首

其一　　疾病方生处，天边雁侣孤。空中斜日坠，帆便恨平湖。

其二　　蜗角刀头利，关心事不同。暗云风卷尽，明月又当空。

大畜卦二爻诀二首

其一　　推车登高路，半道舆脱辐。天上一星飞，佳人水边哭。

其二　　镜面破当中，行人过断桥。事须宜谨慎，深恐不坚牢。

大畜卦三爻诀二首

其一　　乘骑求谋进不贞，傲霜松柏四时青。
云中相送仍相赠，龙虎成名禄再荣。

其二　　千里过了几重关，只有一关何虑难。
等待金风疏落叶，江波随处下长竿。

大畜卦四爻诀二首

其一　跨牛行地远，金菊暗伤情。江畔人行处，前程去有因。

其二　鹊噪高枝上，人行古渡头。半途不可到，日暮转生愁。

大畜卦五爻诀二首

其一　德大功勋重，常居辅佐臣。于中还正坎，继躁克师贞。

其二　浪静波平好下钓，何须疑虑两三头。
事和天上一轮月，云散月明天正秋。

大畜卦上爻诀二首

其一　天衢一道总亨通，深浅根基漫费工。
一个妇人携锦袱，龙牙虎爪伏场中。

其二　事有喜，物有光。始终好商量，壶中日月长。

䷚ 颐卦总诀

丹桂飘香日，功名事不迟。人行千里外，触景正芳菲。

颐卦初爻诀二首

其一　舍东以就西，重山可立基。江边人过处，一女遇寒啼。

其二　红紫无颜色，飘零一叶风。邻鸡惊晓梦，心事转成空。

颐卦二爻诀二首

其一　龙走拥东去，羊行带水归。一堆金未见，双果坠花枝。

其二　秉烛正东西，漏舟行险水。缝使达平津，尤恐波浪起。

颐卦三爻诀二首

其一　主旧拂颐凶，十年宜勿用。化翅九霄飞，雷振威权重。

其二　事宜休，理多错。日坠云中，诚恐多剥。

颐卦四爻诀二首

其一　虎视耽耽吉可舒，山前上紧度须臾。
前程自有泰来处，急浪惊涛反自和。

其二　一事防颠坠，无非仍有是。求望自然成，先难而后易。

颐卦五爻诀二首

其一　动躁事生忧，强谋事不周。大川坠难涉，龠户待名求。

其二　退则安，进不可。上下相从，明珠一颗。

颐卦上爻诀二首

其一　久持忠节不成功，一旦逢君塞外雄。
巨舟平浪垂钓去，六鳌拥出大波中。

其二　迢迢临水复临山，路出西南涉险难。
若得东风相借力，几多名利得非难。

䷛ 大过卦总诀二首

其一　独立高楼阴失色，有期不到两成非。
园林别种仙桃果，但遇良朋振羽衣。

其二　心有余，力不足。倚仗春风，一歌一曲。

大过卦初爻诀

先微当后发，首尾破还全。西北歌声动，成荣在北泉。

大过卦二爻诀二首

其一　得妻户内利何多？日照高堂职近戈。
猪走犬来皆曰早，小船经历几风波。

其二　满目好风光，红花又更香。蟠桃三结子，一子熟非常。

大过卦三爻诀二首

其一　有妇终无事，逢难宜急走。欲免哭声随，切忌西方西。

其二　荆棘生平地，风波起四方。幽窗人懊恼，无语对斜阳。

大过卦四爻诀二首

其一　峻巅崎岖马阻行，如今平地好安亨。
几多名利人同至，西方亨衢坦坦平。

其二　心事有迟速，逢龙是变乡。月光明映户，便有好商量。

大过卦五爻诀二首

其一　枯杨生华未可夸，得逢可丑事咨嗟。

却宜静处平生节，且息思为进欲奢。

其二　一事两意，一人两心。新花枯树，须待新春。

大过卦上爻诀二首

其一　羊背披衣裳，文书匣内藏。不须多望想，春雨溅斜阳。

其二　水边忧，山下愁。要平安，休往游。

䷜ 坎卦总诀

坎险元当便习通，保邦保国自相容。

半天立阵寒鸦鹊，一雁从空彻上穹。

坎卦初爻诀二首

其一　海底珠难觅，堪防坎窞凶。失中扶木起，独立待春风。

其二　不慎将来恨，贪观落叶红。栽培无限力，春尽一场空。

坎卦二爻诀二首

其一　险难伤无援，求安得小亨。水边平地立，悔吝陆吴亭。

其二　几回梦里说东江，波平浪静下钓难。

云外利名终有望，主人目下未开颜。

坎卦三爻诀二首

其一　舟行防水厄，车破不堪行。且守坎中险，防危勿用惊。

其二　不可近，不可亲。雨中花易落，浪里月重明。

坎卦四爻诀二首

其一　瓦缶樽醪实自羞，无咎终安得遇侯。

君上有亲臣下睦，信来孚取不须求。

其二　莫谓事迟留，休言不到头。长竿看入手，一钓上金钩。

坎卦五爻诀二首

其一　盈满还不溢，溢满咎当无。千里片帆速，何妨泛巨舻。

其二　　喜鹊噪檐楹，惊回梦不成。虽然无事至，也虑是非行。

坎卦上爻诀二首

其一　　三辰不得实堪忧，果实应须正值秋。
直待独行东北去，极中离处便时休。

其二　　疑、疑、疑，一番笑罢复生悲。
落花满地无人扫，独立秋风蹙黛眉。

☲ 离卦总诀

久厌高林雨，方施一旦明。太阳当下照，万国继升平。

离卦初爻诀二首

其一　　勤俭终无咎，逢明必敬之。天书鸾递至，触景有光辉。

其二　　风动水生波，关心事若何。错然履无咎，依旧笑呵呵。

离卦二爻诀二首

其一　　中道明元吉，光辉四野同。水中人送宝，鹏翅好飞冲。

其二　　事已定，心何忧。明月上层楼，云中客点头。

离卦三爻诀二首

其一　　日中须有昃，盛满意防亏。大耋嗟凶吝，风波小艇危。

其二　　月沉西，人断魂。悲忻未足，易缺难成。

离卦四爻诀二首

其一　　一人无足立，有足却无头。千里来追至，防生五七体。

其二　　遇不遇，逢不逢。日沉海底，人在梦中。

离卦五爻诀二首

其一　　注尽江边水，还惊一水灾。女人挥一笠，回首又花开。

其二　　泛泛维舟尚未定，一头牵往一头牵。
前途贵客来相举，又见新颜破旧颜。

离卦六爻诀二首

其一 诛戮邦中利出征，一番获丑在王庭。
风衔一信归杨畔，得个佳音四海荣。

其二 自有青云路，须当着力求。佳人宜更早，行路泛孤舟。
（以上 上经三十卦）

䷞ 咸卦总诀二首

其一 一得西南女，门庭日渐荣。园林桃李发，门外二山青。

其二 相感本无心，须知夙契深。此时宜娶妇，遇喜见黄金。

咸卦初爻诀二首

其一 进用不须疑，何劳苦自迷。小贞终大吉，咸感又相随。

其二 意在闲山事有涯，野人暗地自徘徊。
天边雁足传书信，一点眉端愁自开。

咸卦二爻诀二首

其一 船在危滩上，人行道已迷。月低潮又落，骤雨又狂风。

其二 不宜轻进动，躁妄反为凶。守静宜安分，居然吉庆隆。

咸卦三爻诀二首

其一 休道事无成，其中进退多。桂轮圆又缺，光彩要揩磨。

其二 不宜专自用，执志在随人。所占几事吝，大抵利婚姻。

咸卦四爻诀三首

其一 千里车行远，忧疑已悔迟。鹤衔天书至，户牖几光辉。

其二 一动一静，一出一入。秋月春花，事须费力。

其三 人情初交日，咸志在于勤。贞正宜坚守，忠诚久不渝。

咸卦五爻诀三首

其一 满目开花未见花，金边一女遇方佳。
利名只见逢麋鹿，一去亨衢照落霞。

其二 事了物未了，人圆物未圆。要知端的信，月影上琅玕。

其三 进退无拘束，中心不涉私。虽然无所感，无是亦无非。

咸卦上爻诀三首

其一　感舌虽无咎，居安又另迁。经纶水上断，缺月又重圆。

其二　有似无，无似有。每劳心，闲费口。

其三　多言本招辱，图事竟难明。尊上相邀阻，都缘无实成。

䷟ 恒卦总诀二首

其一　君子居安不必迁，前途无滞复周全。
日边一鹿持书至，遐迩声名四海传。

其二　凤引雏飞入九霄，岂辞云路出逍遥。
翔翔得遇西风便，从此升腾总不劳。

恒卦初爻诀二首

其一　居浅欲求深，身卑位作尊。往成还不利，危处却迎深。

其二　势利相交际，犹临万丈渊。求深凶更甚，退避可安然。

恒卦二爻诀二首

其一　悔吝消亡日，东行北者灾。急涛求巽顺，倾刻笑颜开。

其二　人存中正德，守己自然安。久久行其道，终身悔吝亡。

恒卦三爻诀三首

其一　不为恒德久，贞吝复何如？霜重花枝瘦，成荣也不迟。

其二　不长久，错商量。交加缠，休要忙。

其三　就北原无益，依南却未安。居贞为久计，尽可利盘恒。

恒卦四爻诀三首

其一　藏器待时时未通，徒劳功业慢嗟吁。
守旧更当宜整顿，夕阳西坠日方舒。

其二　井底探明月，风前拂羽毛。工夫何太拙，只恐未坚牢。

其三　田猎皆无获，求谋尽未通。极劳身计尽，虽久亦无功。

恒卦五爻诀二首

其一　妇道宜贞一，惟能善顺从。丈夫当果决，从妇反为凶。

其二　慢传言妇吉，得女更宜贞。试问前程事，阴消望夜晴。

恒卦上爻诀三首

其一　机动多不稳，更改振无凶。缺月明西北，孤鸿振羽冲。

其二　生意不和同，骤雨更狂风。
东风何事不相惜，吹落残花满地红。

其三　处恒宜静守，振作大无功。躁动频更变，将来反致凶。

遁卦总诀二首

其一　莫叹常迍蹇，久兹事渐通。欲知成就处，须在马牛中。

其二　危厄不须防，灾消福渐昌。所为迟则发，阴小却须防。

遁卦初爻诀三首

其一　避遁林中吉，须当自谓通。求谋忌吝咎，守静喜离冲。

其二　遁者宜恬退，阴阳迭盛衰。晦藏能静守，自可免灾迍。

其三　路险更途穷，飞腾入水中。退藏宜自守，进用大无功。

遁卦二爻诀三首

其一　穷达皆前定，前程未易论。若能坚固守，吉庆可胜言。

其二　中位职中执，先谋心匪摇。当时能固志，不动吉安繇。

其三　兀兀尘埃久待时，幽深静处有谁知？
运逢青紫人相引，财利声名始可期。

遁卦三爻诀三首

其一　疾遁须防吝，非阴小事坚。壮心谋大计，岐路要音传。

其二　进退两艰难，都缘用意悭。旧亲多四散，月在暗云间。

其三　阴私相牵丝，速去莫迟迟。低恐生忧患，因遁或致非。

遁卦四爻诀三首

其一　舍小高谋不可筹，临危不觉总堪忧。
离明骑马报音信，渐进前程爵禄优。

其二　君子存刚德，为能绝己私。小人牵所爱，陷辱致身危。

其三　一得一失，欲先欲后。路通大道，心自安逸。

遁卦五爻诀三首

其一　　正值宜嘉遁，迢迢去路长。宝中金玉出，贞吉庆无伤。

其二　　时止与时行，佳祥日日臻。谋事得良策，前进坦然平。

其三　　灯破几残花，池莲绽异葩。一门和气合，喜信到天涯。

遁卦上爻诀三首

其一　　肥遁无不利，初非反复心。悔言成感动，回首二三番。

其二　　上九无淹滞，飘飘物外人。绰然有余裕，何事不比亨。

其三　　一番桃李一番春，欲识阳春气象新。

休下水边为活计，利人心下快人心。

䷡ 大壮卦总诀三首

其一　　堂上持权轻酌重，因人借力事方成。

虎前龙后宜求望，头角峥嵘自此亨。

其二五阳　　守志休谋望有灾，当逢天水好和谐。

立身正大无虚险，自守林中一果开。

其三五阴　　财利须防失，忻情恐见悲。常人终喜悦，挠后叙绸缪。

大壮卦初爻诀三首

其一　　用壮而行事，应难保始终。进谋须招祸，守正可无凶。

其二　　居下每陵上，征凶且忌虞。清河人济遇，鼠叫利时舒。

其三　　江阔复无船，惊涛怒拍天。月斜云影淡，音信复难传。

大壮卦二爻诀三首

其一　　履中居得位，退守自谦光。守己行中正，斯为大吉昌。

其二　　谦谦居正位，贞吉自无凶。木女东边笑，千里耸出峰。

其三　　梨花开，正是春。若言心下事，宜得一番新。

大壮卦三爻诀三首

其一　　君子如行壮，深虞戒过刚。触籓能进退，虽正可无伤。

其二　　一遇网罗人不利，角羸何忌各生忧。

始逢阴极峰峦秀，得进良田万倾畴。

其三　　平地里，起风烟。时来未能守，高处觅姻缘。

大壮卦四爻诀二首

其一 一封书上写鹏程，千里东风不用惊。
正好度时又失脚，洪涛万倾任君行。

其二 久静宜思动，灾消福自随。自然无阻隔，万里快亨衢。

大壮卦五爻诀二首

其一 正宜静守，妄动兴灾。名利通达，花柳争开。

其二 一牛二尾，一月初坠。长道崎岖。风波鼎沸。

大壮卦上爻诀二首

其一 忧患消亡一马飞，木边有庆不须疑。
枝头双缀垂春蕊，曾对仙人拥日挥。

其二 不了戊眉寿，肘下事交加。云浓不碍月，雨骤不妨花。

䷢ 晋卦总诀三首

其一 二姓合新婚，资财满目前。从今百事泰，两处保团圆。

其二 建侯安万国，锡命日三来。利禄荣千百，佳音远地来。

其三 云蔽月当空，牛前鼠后逢。张弓方欲挽，一箭定成功。

晋卦初爻诀三首

其一 进身许国名当重，退步宜防悔吝摧。
四水有鱼孚自信，寒江花影再相随。

其二 大宜图进用，小阻亦何妨。功成无躁进，终虽保吉昌。

其三 须着力，莫蹉跎。长竿持向蟾蜍窟，宜向云端钓北鳌。

晋卦二爻诀三首

其一 日从云外复光辉，枯木生花再盛开。
莫笑旧时淹恨事，须知从此脱尘埃。

其二 进谋须有患，守正可无屯。自迩来多福，推诚以事亲。

其三 一悲复一喜，介福远临延。受介于王母，春风桃李妍。

晋卦三爻诀三首

其一 欲进前程路，幽阴渐向明。众人俱信服，百事尽光亨。

其二　庶人众久心，内外悔俱亡。皎月再明时，多成遂其志。
其三　两日意和同，轻帆遇顺风。道途人得意，歌笑急流中。

晋卦四爻诀二首

其一　念念多忧失，谋营又害身。持孤一女子，鼠叫厉方贞。
其二　见才不见才，见喜不见喜。去处在他人，自身不由己。

晋卦五爻诀三首

其一　有德居高位，何人不听从！前程无不利，吉庆自雍容。
其二　一失还一得，吉无不利之。柔能居正位，门户转光辉。
其三　万里涉江上，风波尽日闲。已通钩上饵，何必虑波澜。

晋卦上爻诀二首

其一　禄位虽临险，名高自振然。师贞千里外，巨浪送归船。
其二　成未成，合未合。云遮月暗，风吹叶落。

䷣ 明夷卦总诀三首

其一　因甚艰难无不成，明宜莅众晦时明。
无伤尤有迍邅志，进步亨衢指日升。
其二　惊重损失两重灾，谨密须防暗内来。
虎尾蛇头如度得，身安尤自恐伤才。
其三　人入地中伏，明夷事必伤。阳人须保卫，疾病恐难量。

明夷卦初爻诀二首

其一　垂翼遥飞去，皆因避远行。一途涯际室，又是满青春。
其二　一足踏两船，一镜照两边。团圆专费力，费力又团圆。

明夷卦二爻诀三首

其一　所伤尤未甚，速可救禳之。得时春光至，灾消福禄垂。
其二　在股忌夷伤，浓云翳太阳。乘骑千里去，忧重恐分张。
其三　若问行藏事，行藏意可求。暗云风卷尽，明月满层楼。

明夷卦三爻诀三首

其一　向明为得地，大利有施为。凡事须当缓，轻恐致灾危。

其二　一奔南北狩，多少事悲伤。得遇海南客，成名过北塘。

其三　虚名虚举久沉沉，禄马当来未见真。
一片彩云秋后至，旧时风物一时新。

明夷卦四爻诀三首

其一　恐见伤心事不宜，月明两畔暗云飞。
门庭一女怀悲怨，成器荣身果子疑。

其二　阴贵相遭遇，忧危已脱身。更宜图进用，名利得从心。

其三　箭射檐前鹊，巢深子不伤。一件恶烦恼，翻成大吉祥。

明夷卦五爻诀三首

其一　遇时方暗昧，当且晦其明。自守当贞正，终能保吉亨。

其二　一登尊禄位，不可望凌高。恐有夷伤日，垂钩阻饵鳌。

其三　重关深锁闭，谨要小提防。若不知谨戒，因遁成大殃。

明夷卦上爻诀二首

其一　远诏自天来，争地事反覆。人地不明时，佳人水边哭。

其二　莫道事难为，美中事不宜。东风轻借力，吹了又芳菲。

䷤ 家人卦总诀三首

其一　未乱先须谨，逢凶不见灾。立首东兔壮，好事又将来。

其二　良金美玉内含英，陶琢须凭巧匠成。
大器年来方见用，渭川贤士秉台衡。

其三　家道年来盛，阴功在祖宗。沛恩泽一子，两子又樊龙。

家人卦初爻诀二首

其一　正家元有道，所贵在提防。成法宜先定，当于未变闻。

其二　桃李照门庭，溪山绕屋青。天风疑不断，风送逐时荣。

家人卦二爻诀三首

其一　食禄皆从女上逢，飘香玉桂逐西风。

牛行别有生成路，远汉云间月正中。

其二　一镜破，照两人。凶中吉，合同心。

其三　处中能正顺，家道自然成。所作皆如意，图谋尽称情。

家人卦三爻诀二首

其一　残花落地何曾悔，蜡烛影红再有图。

治家不妨生悔吝，猪行犬吠悔应无。

其二　家人怨，妇女嘻。几事吉，少留迟。

家人卦四爻诀二首

其一　有禄方成福，成名却是稽。有人未引处，水畔立金鸡。

其二　珠玉走盘中，日用足阜丰。休言望未遂，此去一时通。

家人卦五爻诀三首

其一　中正居尊位，六相爱六亲。自然家道顺，勿恤亦安欣。

其二　位尊皆有喜，勿恤总成昌。士走东西地，抬头见太阳。

其三　相爱相助，和气盈前。名成利就，不用忧煎。

家人卦上爻诀二首

其一　名重威权重，先危后见昌。万山松柏秀，走马履坚霜。

其二　心下事攸然，周全尚未全。遇龙终有庆，人月又团圆。

䷥ 睽卦总诀二首

其一　刘郎别后路滔滔，鸿雁来传有信牢。

欲问故园当日事，东风依旧绽红桃。

其二　睽背生离事可伤，孤鸿空外谩高翔。

一因酒食生荆棘，扶上危桥恐见伤。

睽卦初爻诀三首

其一　走马西南地，近音东北忧。先忧后无咎，顺水一孤舟。

其二　两尾牛，一口鼠，相挠同遇，得彼失此。

其三　悔吝虽无有，时乖道遇穷。恶人将害己，终是不为凶。

睽卦二爻诀二首

其一　陷久人逢救，孤舟又剡舟。此回宜自悔，莫待又归秋。

其二　舍一处，就一处，事要委曲无不成，眼底时间两分明。

睽卦三爻诀三首

其一　曳舆峻岭多艰阻，一树桃花逢夜雨。
再把睽离成萃聚，也忧芳蕊当春暮。

其二　大灾防不测，上下更交攻。离合皆常理，无初却有终。

其三　鼎沸起狂波，孤舟奈若何。巧中成拙事，人事转奔波。

睽卦四爻诀三首

其一　独立虽无援，相逢有故知。自怀忧惧志，亦可免灾危。

其二　修道一遇时，家信云中至。好问水边人，音信从新利。

其三　心不足，意不足，为云为雨何番覆？一去一来方成福。

睽卦五爻诀二首

其一　可惜成功未得名，山前有禄遇艰辛。
睽亡或见有成败，此往方成无祸侵。

其二　忧闷俱消散，先难后合时。所行无不利，吉庆自相随。

睽卦上爻诀三首

其一　诡计无为有，中心自欲迟。忽然疑虑决，会合免睽违。

其二　遇雨发旱苗，张弓箭又收。忽然疑虑决，后有好音由。

其三　恐惧正忧惊，虚空霹雳声。须臾风雨过，圆月出层云。

䷦ 蹇卦总诀三首

其一　一对鸳鸯水上浮，芰荷风暖日方西。
山前山后故人会，始觉从兹路不迷。

其二　蹇利西南吉，须防东北屯。德修名自显，云内一佳人。

其三　蹇躁有谁知，逢羊始昃时。螭头方见立，终到凤凰池。

蹇卦初爻诀三首

其一　往蹇重重庆，疑忧不用忧。利名两遂志，花卉又经秋。

其二　岸畔水深船易落，径荒苔险路难行。

蛇行自有通津路，目下幽窗日未明。

其三　人方防险难，戒勿强施为。美誉将来振，何如且待时。

蹇卦二爻诀三首

其一　蹇中远遇蹇，臣子尽忠谋。虽不成功业，终当无悔尤。

其二　匪躬多蹇蹇，鸿雁折趋迁。策马西南去，先愁后喜忻。

其三　未动且安心，心安是坦平。静中心地大，喜色上眉棱。

蹇卦三爻诀三首

其一　进而逢遇险，蹇难见多端。内喜宜遄反，方能保所安。

其二　舟漏虽难济，危颠去莫前。往来多险阻，猴遇禄安然。

其三　事虑淹留，人不彻头。往来闭蹇，要见无繇。

蹇卦四爻诀三首

其一　与人干患难，其志不同谋。大抵当诚实，方能济难尤。

其二　海溟轻艇跃，事急且回头。万里方能进，守终名日忧。

其三　欲上青云路未通，几番思虑转成空。

水边音信重回重，财利声名有始终。

蹇卦五爻诀二首

其一　普地同来敬，西来更有期。命将双日至，好植帅师旗。

其二　道路足忻叶，风波一点无。时间心绪乱，全仗贵人扶。

蹇卦上爻诀三首

其一　一见东风日自昏，西风始有月辉莹。

蟾中丹桂须远折，倒缀仙桃向禁庭。

其二　前进方迍邅，惟当顺听从。贵人相协助，转祸可为功。

其三　江阔水茫茫，执钩鱼未收。休言难捉摸，终久见因繇。

䷧ 解卦总诀二首

其一　一径西南别是家，秋风吹谢满园花。
经纶又钓长江畔，若获佳鱼忧自赊。

其二　本是龙门客，年来始跨鲸。瀛州留不住，金殿缀公卿。

解卦初爻诀二首

其一　万物从春发，一书遥送来。旧愁将远尽，新喜始方回。

其二　黑云笼月桂，欲攀攀不得。终后见团圆，时不定嗟恻。

解卦二爻诀二首

其一　获狐遂得矢，贞吉往优游。一箭射直远，佳人在水头。

其二　万水波涛静，一天风月清。利名无阻障，行客出重关。

解卦三爻诀三首

其一　小人当负荷，乘马反为忧。自我招戎寇，虽贞亦致羞。

其二　喜极怨还生，虽忧不足行。二三逢九数，水畔舞人乘。

其三　指实无实，两三劳役。到了还休，无繇端的。

解卦四爻诀三首

其一　万里风波泛小舟，相将达岸赴蓬人。
之人宜涉亲携手，触目繁华处处鲜。

其二　解散群邪党，朋来正直人。信诚相应接，灾散福来臻。

其三　泛泛一孤舟，飘然何处游。若逢人与虎，名利一时休。

解卦五爻诀三首

其一　信自西至，佳音有禄来。解中终得吉，进用莫疑猜。

其二　牛解借刀，衣剥借力。雾卷云收，一轮红日。

其三　险难今消散，云开见日明。自然无阻隔，何事不光亨。

解卦上爻诀二首

其一　藏器于身久，高墉可获禽。七年逢五数，荣利总成名。

其二　一箭青云路，营求指望成。许多闲口嘴，反作笑嘻声。

䷨ 损卦总诀三首

其一　望断浮云事转虚，相逢陌上意皆殊。

当时许我平生事，及到终时不似初。

其二　旱沼鱼逢雨，云龙际会中。有孚元吉在，明月五更钟。

其三　月下欢忻事，番成梦一场。散云初散处，日暮始光亨。

损卦初爻诀三首

其一　益人须损己，事济更宜休。斟酌行中道，须防过后羞。

其二　损己速益上，终迎一吉来。凤凰飞两处，到了得和谐。

其三　喜、喜、喜，还不美。夺得蛟龙项下珠，忽然失却还如水。

损卦二爻诀三首

其一　勿益元无损，交请成妄求。居贞元有吉，躁进反成忧。

其二　一关又一关，长道远难还。看尽白云影，心闲事未闲。

其三　悔吝不宜前，洪涛泛上船。中秋今夜月，独蚀不盅员。

损卦三爻诀三首

其一　三雁高飞一雁伤，重山骑马得良朋。

佳人舞水宜先恐，平井横刀此必强。

其二　心未平，事未圆。疑虑少，始亨通。

其三　致志当专一，过三则有疑。中心有定见，切戒妄依随。

损卦四爻诀三首

其一　心事喜团圆，分明岂偶然。借他良匠手，凿出宝光鲜。

其二　畔疾已成思，遇之终非吝。天上一人逢，或在天风姤。

其三　心未平，事未圆。疑虑久，始通亨。

损卦五爻诀二首

其一　先损后当益，良朋克元吉。询问雪中花，相将迎暖日。

其二　凿石见玉，拨土见珠。眼前目下，何用踌躇。

损卦上爻诀三首

其一　惠而无所之，酌损得其宜。人乐来归己，安然福禄随。

其二　二岭一堆玉，双飞四朵花。好书天上至，别立外人家。

其三　有月不沾云，何须暗与明。若逢龙与虎，忻喜见前程。

䷩ 益卦总诀三首

其一　贵人暗相助，行藏且待时。莫爱花开早，须知结实迟。

其二　益损之三爻，见善则改迁。林鹿自春来，成荣多感慨。

其三　平地起雷声，云开月渐明。小人宜有恨，终又不相刑。

益卦初爻诀三首

其一　乘时宜进用，大作可施为。得志亨衢上，功成自有期。

其二　大事可成荣，有益为无咎。云内执鞭人，富在三秋后。

其三　风急上云高，鹏程六翮秋。尺书天外至，名姓上鳌头。

益卦二爻诀三首

其一　不求元自益，龟策弗能违。根本岩禋祀，精神在此时。

其二　得损还有益，获宝可荣归。千里片帆远，其中三雁飞。

其三　欲动还稳，可羡可求。水滨活计，名利得宜。

益卦三爻诀三首

其一　薰心忧事亦防危，有吉来言不必传。
一片石中逢巧匠，龙行佳报在身边。

其二　济人于患难，孚信以中行。举动皆由命，应无灾咎生。

其三　动还静，静还动。意非真，如春梦。

益卦四爻诀二首

其一　桂子十分香，琼瑶映玉堂。一朝乘快便，枝折看翱翔。

其二　得中行正道，益下以为功。到处无相碍。何人不听从。

益卦五爻诀三首

其一　持竿江上钩鳌鱼，获却金鳞一颗珠。
青霄一箭宜推毂，名利双全禄自殊。

其二　　诚信施仁惠，何须问吉凶。德心休且逸，天道亦相从。

其三　　子结花成蕊，花开枯木枝。屋头春意闹，双喜笑嘻嘻。

益卦上爻诀三首

其一　　求益不知止，人情恐恶盈。立心无定止，外变忽然生。

其二　　遇益终无益，问津何处觅。旱海莫行船，何劳多费力。

其三　　当进逢凶，当退亡危。水边木上，花残月亏。

䷪ 夬卦总诀二首

其一　　主讼多丰足，施恩及下宜。大人宜相见，有励不成危。

其二　　绿柳堤畔贵人来，半是忧疑半是猜。

好把旧谋重改变，莫教空去却空回。

夬卦初爻诀二首

其一　　欲决未决，欲行未行。为吝尚多咎，忧患气盈门。

其二　　暗中明，明中暗。去就两无功，莫下饵鱼线。

夬卦二爻诀三首

其一　　惕若无忧惧，号呼须自防。卒然防祸患，终可免祸殃。

其二　　浪内萍无定，山前木有凋。穿窬生悔吝，无望鹤冲霄。

其三　　勿信暗中忧，到老展眉头。孤舟烟火静，只怨向中流。

夬卦三爻诀三首

其一　　情虑生私爱，除之决不疑。时间虽愠怒，终可免忧疑。

其二　　伏虎前来去莫狂，足生一疾去东方。

独行遇雨期无咎，满日花开道路傍。

其三　　人在舟中，幸得入海。到底无言，一时惊骇。

夬卦四爻诀二首

其一　　牵生反次且，如何云生泽。悔吝有道贞，四九无咎责。

其二　　意踌躇，心恍惚。一朝云倦舒，清风和明月。

夬卦五爻诀三首

其一　处正攻邪佞，谁人敢抗衡。用刚无大过，贵在得中行。

其二　大君为立德，夬决在中行。无咎乐日至，天然庆及庭。

其三　难、难、难，忽然平地起波澜。
易、易、易，谈笑成功终有遂。

夬卦上爻诀二首

其一　女泣江边水，冥行终有凶。一逢西北去，弃鹿却寻功。

其二　千里其徘徊，休倾别后杯。暮天人影散，迟日照松梅。

䷫ 姤卦总诀二首

其一　婴女方多不足忧，巨涛归去一孤舟。
马行托始直无咎，后命将施恐未周。

其二　天边缺月又重圆，原上枯枝色更鲜。
不识桃园归去路，谁知今日遇神仙。

姤卦初爻诀三首

其一　小人将道长，杜绝在防微。静正方为吉，攸行终致非。

其二　谣言羸壮豕，居卑却上尊。见凶宜莫进，佳信复临门。

其三　动静莫急，急路莫登。道途危且阻，来往绝行人。

姤卦二爻诀二首

其一　莫信光也月，宜知不利宝。正身无夺犯，喜气向江滨。

其二　人方相会遇，其志在于专。取舍由诸己，终为无咎愆。

姤卦三爻诀二首

其一　当行不可行，要行防小厉。怯过无大咎，小艇怕连系。

其二　前进足次且，求安失所居。须危无大咎，妄动有灾危。

姤卦四爻诀三首

其一　民远君臣俱失居，庖厨何必再缘鱼。
一朝风起防蛇大，遗却当年所得珠。

其二　居上当亲下，人心易散离。事机从此失，万事尽皆隳。

其三　物失八体，虑在两头。云烟相隔，心事淹留。

姤卦五爻诀三首

其一　中正居尊命有施，地基生杞自当时。
果然守正相逢遇，猴兔牛蛇再有辉。

其二　以尊而接下，附己以招延。为蕴忠臣德，休祥降即天。

其三　鸡成凤，鱼化龙。大器欲成就，功名路必通。

姤卦上爻诀二首

其一　志谋进非遇，情深岂不悲。有期何姤角，时利夺疑基。

其二　见不见，也须防。背面遇不遇，到底无凭据。

䷬ 萃卦总诀二首

其一　大人一见喜匆匆，万里云程好奋冲。
缺月又圆云翳散，自然门户得春风。

其二　阴合阳来事未期，造船经济水边危。
落花结实庭前果，西北将行事有疑。

萃卦初爻诀二首

其一　离明当道达，生涯未足通。牛行防水厉，迷此自无宗。

其二　一心成两心，一事成两事。成就也艰难，抚气亦抚志。

萃卦二爻诀三首

其一　萃大光亨耀里间，利名有路笑声徐。
有孚千里威名慕，二犬方同一旦除。

其二　人才多吉庆，守正位居中。薄菲将诚意，神明亦可通。

其三　笑颜生不泣，内外生悲哭。云散月光辉，转祸方成福。

萃卦三爻诀三首

其一　上下皆相应，中心自叹嗟。求人无小吝，无咎亦无佳。

其二　父母有通日，性狂涉大川。佳音天外至，门外有声传。

其三　细雨满桃腮，离情莫恨猜。东风须着意，花落又重开。

萃卦四爻诀三首

其一 韬光藏晦已多年，秋月当空喜见圆。
待等鸡鸣天日晓，一封名字四方传。

其二 上下皆相会，斯为大吉亨。必须当正道，方或免无屯。

其三 参商言语，风波鼎沸。事久名扬，时间不利。

萃卦五爻诀二首

其一 嗟如春着梦，无咎又生灾。星下牛居处，鸡鸣巳未成。

其二 月已圆，花再发。事休休，无合杀。

萃卦上爻诀二首

其一 笑处起悲声，园中过却新。涕洟无大咎，天外一飞龙。

其二 笑中多灾滞，所为先有忌。
路险风波事更疑，要得如心须借势。

䷭ 升卦总诀二首

其一 积大先须小，求升好在卑。园中双李绽，明月满天辉。

其二 攸往利东南，清天日正长。命荣灾自去，名利得成双。

升卦初爻诀二首

其一 欲问前程路，求谋大吉昌。佳人候秋至，六合喜声扬。

其二 明月为钓，清风作线。举网江波，锦鳞易见。

升卦二爻诀二首

其一 东风吹着树稍莺，幽谷高迁出上林。
晴霁闲云皆卷尽，秋江轮月十分明。

其二 处事无虚诞，常存诚敬心。非惟灾可免，随有喜来临。

升卦三爻诀三首

其一 舟离古道月离云，人出重关问远途。
好向月前求去处，何须思虑两三头。

其二 上下相交接，前程事事宜。自然无阻滞，亨利更何疑。

其三 守北多屯蹇，征南怕犬当。云端人着力，乘马始升昌。

升卦四爻诀三首

其一　建国当门大吉亨，金人忧患不须更。
　　　将来别立安家计，禁在雷轰信始兴。

其二　顺下廉亲上，谦恭德有容。所为无过吝，吉庆每相从。

其三　曲须直，顺不逆。改旧从新，鹊传消息。

升卦五爻诀二首

其一　尊位委柔顺，平刚居得钦。一荣前道雨，两次后园春。

其二　佳人入门间，欣欣见笑颜。一旦飞腾去，凌云上九天。

升卦上爻诀二首

其一　上六冥升利，须还不息贞。知音来报信，又见坠流云。

其二　阴云不起，故日重辉。心中思虑，事久无危。

䷮ 困卦总诀三首

其一　一得防一失，一悲复一喜。惟困吾水泽，其中果木宜。

其二　因嗟涸辙困金鳞，未是西效破密云。
　　　得遇江河升斗水，直须寅地见光辉。

其三　天刑终不改，金木恐牵缠。鼠蠹虽无害，灾危在目前。

困卦初爻诀三首

其一　困于木，人入幽谷，守三岁，方见哭。

其二　前途未便退觅边，休事宜高此意宽。
　　　此意此心君未见，云间孤雁信难传。

其三　久困嗟沉滞，前途难又难。幽景宜固守，始可渐图安。

困卦二爻诀二首

其一　一杯酒上带愁来，祀享何须善用猜。
　　　大抵凶中未为利，风波万里一帆开。

其二　暂时遭困厄，贵禄得将来。天道相交感，征行必致灾。

困卦三爻诀二首

其一　既困于石，据于蒺藜。妻犹不见，不详可知。

其二　居困常谦下，乘刚更强为。至家难保守，名辱更身危。

困卦四爻诀二首

其一　人方防困厄，犹豫未能周。处正虽终吉，时间小吝羞。

其二　处位不当，安得济物。果决而行，救灾拯溺。

困卦五爻诀二首

其一　用刚当致弱，求益反多亏。同德相资助，斯为受福基。

其二　上劓而下刖，何当困益深。若能恭祭祀，福庆日然臻。

困卦上爻诀二首

其一　前路虽难进，安居事未成。穷当思变动，动则百而亨。

其二　葛藟非宜困，君当识变迁。莫贪鞶带锡，有悔福无边。

䷯ 井卦总诀二首

其一　井居无善地，冬岭秀孤松。林内生金栗，其中一缀荷。

其二　九仞居成后，千山岁不劳。要逢忻乐地，先必见咷号。

井卦初爻诀三首

其一　下流居众恶，旧习绝成功。时舍人皆弃，修藏免致凶。

其二　井泉浮混浊，山峰叠翠多。一成还一退，轻艇泛风波。

其三　月在云中，昏蒙道路。云散月明，且宜退步。

井卦二爻诀二首

其一　安静虽平仞，空中雁影秋。花开逢骤雨，水畔女颜愁。

其二　居贞无应援，困辱更何求。井以清为贵，人常戒妄求。

井卦三爻诀二首

其一　有求皆济急，时可大施为。一旦逢知己，期为受福基。

其二　春色到枝头，纷芬映玉楼。行藏犹可待，红紫笑谈收。

井卦四爻诀二首

其一　开屋重修整，看看巧匠逢。青松四时秀，不畏雪霜风。

其二　　人留物，物留人。人留事挂心，分付水边人。

井卦五爻诀三首

其一　　能存清俭德，天必降休祥。人自成诸己，施为万事昌。

其二　　寒泉洌可食，晓月又升东。分泒东流去，山前耸翠峰。

其三　　始有终，终有始。美中甘，甘中美。

井卦上爻诀三首

其一　　博施无悭吝，中心贯信诚。有常休厌倦，元吉大亨通。

其二　　屋外东风急，山前峰又青。烟横迍已解，井静水华清。

其三　　可储可蓄，尺土寸珠。停停稳稳，前去良图。

䷰ 革卦总诀三首

其一　　久乱须当振，谋安一阜无。治明无暗晦，满目自鲜妍。

其二　　本是迍邅下，虽忧不足疑。取新宜去旧，方得两相宜。

其三　　革故仍还新，施为利变更。东南为稳当，西北是深坑。

革卦初爻诀三首

其一　　乘牛一向乘前去，跨马何须问后津。

　　　　逢着水边人有力，此时名利一番新。

其二　　坚心宜固守，小利有施为。切莫轻更改，安身自致危。

其三　　意违事不违，事宽心不宽。欲知端的信，犹隔两重关。

革卦二爻诀三首

其一　　革故逢秋已地好，看他来处待蛇行。

　　　　白马行防有阻挡，孤鸿飞去自无遭。

其二　　改革宜从缓，非宜遽变更。前程无阻隔，吉庆保元亨。

其三　　暖日当庭树色新，望中家信事难传。

　　　　舟行或达应非晚，从此欣欣四光荣。

革卦三爻诀三首

其一　　躁进轻更革，攸行反致凶。当怀危惧志，正顺以从公。

其二　　一成复一废，一静忌仍迁。万事征逢远，言乎恐不全。

其三　　黑白滔光，往来不通，云倦未分明，云开方见月。

革卦四爻诀三首

其一　　利害纷纷际，施为更变时。事宜先有断，闲语总成非。

其二　　改革无危险，安中家吉康。云端逢月处，冬岭秀孤松。

其三　　革故始知期，更新事更宜。东风传信息，春色上花枝。

革卦五爻诀三首

其一　　鱼龙变化莫蹉跎，顷刻之间奋志过。
　　　　传与时人一蹉怨，天生资质冀风流。

其二　　幸遇文明世，方当虎变时。所行无不利，何必问蓍龟。

其三　　豹变南山别有期，主人目下尚狐疑。
　　　　雁音嘹亮黄花落，尽是光明变俊仪。

革卦上爻诀三首

其一　　君子更新日，他人亦面从。但宜居正吉，征治反为凶。

其二　　革终须豹变，墙内一更高。群雁东西失，孤鸿自笑翱。

其三　　只可后，不可前。楼上月，缺未圆。

鼎卦总诀二首

其一　　取新革故鼎初生，王器须知长子荣。
　　　　三足若全须大用，他年调鼎一时新。

其二　　调羹须用鼎，三足特时安。一举鹏程翅，何妨彻广寒。

鼎卦初爻诀二首

其一　　鼎颠倾出否，因败己成功。得妾以其子，还如颠趾同。

其二　　少女出门庭，青史出四经。莫愁颠倒虑，花谢子还成。

鼎卦二爻诀三首

其一　　久困待时时未起，鼎中有疾二三止。
　　　　缺月明时便更催，急处到头停未已。

其二　　去处徘徊未称心，须防忻喜还成嗔。
　　　　相仇相疾非真实，顷刻逢花不称情。

其三　我仇当远去，不可令相欺。自守能中正，终当吉庆临。

鼎卦三爻诀二首

其一　有物不能食，有马不能骑。悔吝终防有，其中月露兮。

其二　风雨阻长途，行人防有阻。客归还未归，未许还未许。

鼎卦四爻诀三首

其一　不堪胜重任，覆悚反招凶。力小图谋大，将来不克终。

其二　去旧欲自新，革故阻防病。其渥刑匪凶，四八落瘴厉。

其三　鼎折足，车脱辐。有二人，重整犊。

鼎卦五爻诀二首

其一　鼎新中有实，调羹获全功。幸遇文明世，明良千载逢。

其二　和气蔼门庭，乘风万物荣。化工施妙手，花卉一时新。

鼎卦上爻诀三首

其一　堪求堪避不须疑，桂子飘香荣地归。
一去网罗人夺利，追蛇逐兔到天辉。

其二　贵客自相亲，功名刺相成。扶摇抟九万，稳步上青云。

其三　温温君子德，居上见宜民。大展经纶手，皇家鼎鼐臣。

䷲ 震卦总诀二首

其一　月桂飘香七里闻，云中人至矢窍弯。
半空鹏翼未为易，更有清高渐渐闲。

其二　紫府门阑特地开，恩波逐一向阳来。
乘猪跨鼠当无日，从此亨光缀上台。

震卦初爻诀三首

其一　独步山陵多见阻，雁字成行阵阵伤。
亦有路凶防恶犬，到头断处亦须防。

其二　虩虩方震惧，周旋要谨防。笑言还自适，灾祸变为详。

其三　霹雳暗中闻，知音不见形。交加犹未信，口口称人心。

震卦二爻诀三首

其一　震动方惊惧，逢财恐有亡。升高宜远避，事遇复如常。

其二　沧海波涛涌，轻舟未保存。神人轻助力，好好进求名。

其三　无踪亦无迹，猛省中难觅。平地起风波，似笑还成泣。

震卦三爻诀二首

其一　行人不久住，久住不行人。
红轮西没月东出，好看云山改更行。

其二　展轮千里去，举步正难辛。二鼠大东忧，中年事必成。

震卦四爻诀二首

其一　去处皆无厉，居迁总未宜。长空明月上，顺水片帆归。

其二　白玉隐尘泥，黄金埋粪土。久久目光辉，也安人相举。

震卦五爻诀二首

其一　处世惊危志，心飞若火刀。佳人试言事，有约在坤爻。

其二　心若千围甑，底事明如镜。进退有猜疑，风波犹未定。

震卦上爻诀三首

其一　风打清江若遇艟，孤舟捉网浪波冲。
私情招望安居处，须待为人好借风。

其二　灾忧将及己，前进却为难。修省虽无咎，姻缘亦有言。

其三　烟雨日蒙蒙，江边路未通。道途人未达，凭仗借东风。

艮卦总诀二首

其一　征行趋北又趋东，于禄求财事事通。
去就朝天终有路，不惟成始又成终。

其二　宜取山中鹿，休推水上车。行也终须吉，声位庆时佳。

艮卦初爻诀二首

其一　非理宜循理，安居不用迁。已久书到屋，佳信自来传。

其二　一往攸攸，两志未周。有终有始，只恐迟留。

艮卦二爻诀三首

其一　从正于其损益中，宜居中道终成吉。
良心不放少年人，别有生涯到头出。

其二　躁进轻施用，时间未快心。阳春回暖律，东北遇知音。

其三　人进退，事交加。浑如春梦，有似梅花。

艮卦三爻诀三首

其一　乱事心熏烁，事后不见人。守忧心利主，天禄位来迎。

其二　深潭月，明镜影。一场空，报于信。

其三　忧在萧墙内，将来必见伤。预防于未见，可变祸为详。

艮卦四爻诀二首

其一　身居臣位亨，正靖自无咎。在外获嘉祥，名利都成就。

其二　所为无悔吝，惟是反诸身。若遇猪鸡贵，春来喜事新。

艮卦五爻诀

言皆中正理，悔吝自然亡。莫叹成功晚，春来福禄昌。

艮卦上爻诀

敦厚真君子，淹留未济间。忽逢通大运，爵禄喜高迁。

䷴ 渐卦总诀二首

其一　已达平安地，前途好进程。绿杨芳草地，风快马蹄轻。

其二　几度江边钓，游鱼未上钩。潇湘一片景，将久快心头。

渐卦初爻诀二首

其一　养志在林泉，休听谗佞言。如云浮白日，君子道弥昌。

其二　心危事不危，路险人不险。云散月重圆，水落舟泊岸。

渐卦二爻诀二首

其一　盘桓不容进，一进彻青云。自有天书诏，何忧不禄身。

其二　阆苑一时春，庭前花柳新。鹊声传好语，草木亦忻忻。

渐卦三爻诀二首

其一　征鸿二箭中，旅雁不曾归。水畔人悲泣，山前一子微。

其二　花结雨泥中，催残照夜风。幽窗休叹息。可在梦魂中。

渐卦四爻诀二首

其一　柔顺居贞立处迁，重山好处又团圆。
桃李枝头重掇蕊，利名成就菊花鲜。

其二　欲捉月中兔，须愁桃李梯。高人相接引，双喜照双眉。

渐卦五爻诀三首

其一　九五最高位，丘陵也见高。且须离犬吠，顺水一帆风。

其二　蟠桃一果结方成，乃是神仙多眷属。
刚健东风柳絮枝，人人笑里奴眉蹙。

其三　久否未通泰，前途渐坦夷。终须偕素愿，折取最高枝。

渐卦上爻诀三首

其一　人存清远志，脱迹离尘埃。万里人扶上，端为庙廊材。

其二　鸿渐云逵陆，蟠桃品结成。流芳当旧举，像吉女归贞。

其三　事足心不足，心安事不安。一场欢喜事，不久出重关。

䷵ 归妹卦总诀三首

其一　春花秋月两相思，好展眉头折桂枝。
一得九重息信及，须知车马庆回归。

其二　喜合闺门庆吉祥，因欢成恼也须防。
北堂女子宜防堇，水石消持又火殃。

其三　归妹成于始，香浮水岸中。桃李开一朵，只可待春风。

归妹初爻诀三首

其一　蛇行主不足，开屏未见明。待其羊走急，苑囿尽生春。

其二　天意两和同，浑如月里宫。有时云不藏，日久路头通。

归妹卦二爻诀三首

其一　触目重山翠，孤舟去莫疑。雪霜凝冷日，梅蕊绽南枝。

其二　有望门中外事多，惆怅阴人多遇合。
世间空招珠泪流，终久快畅人欢合。

其三　眇者虽能视，安能及远方。但宜幽静守，元变乃为常。

归妹卦三爻诀三首

其一　妄动非为吉，因而失所依。所行无不利，但可顺乎卑。

其二　巽女今归后，安家福有余。白衣人送喜，喜得一封书。

其三　旧事迟，新事骤。花开月圆，几多时候。

归妹卦四爻诀三首

其一　园林花发待新春，去棹多疑久却宜。
江上佳人一声叫，忽然门户有支持。

其二　既有贤明德，何忧进用迟？道同相遇合，必有待乎时。

其三　缺月渐重圆，枯枝色更鲜。一条坦夷路，翘首望苍天。

归妹卦五爻诀二首

其一　月缺圆方朗，逢人在太原。一随荣有过，久后遇青春。

其二　心存柔顺德，中正以谦行。如月方几望，惟当戒满盈。

归妹卦上爻诀三首

其一　满目花开未是时，重山劈破乃男儿。
丈夫元有冲霄志，岂不承时始可期。

其二　祖宗常祭祀，筐篚可无承。必也有诚敬，中心有战兢。

其三　渴穿井，饥画饼。谩劳心，利推秉。

丰卦总诀三首

其一　有约还如梦，无缘人阻程。若求亨泰处，须用见寅辰。

其二　利禄手中足，园花绽异葩。方开一枝秀，落日有红霞。

其三　进退意沉吟，心疑事未成。若逢龙虎日，百事得元亨。

丰卦初爻诀三首

其一　过尽风波三五里，波平浪静又无风。
从兹已达青云路，用舍行藏不废功。

其二　静动互相资，攸往无滞阻。群鸿度远空，云路直高峰。

其三　上下相交遇，和平福自来。相资成事业，求胜反为灾。

丰卦二爻诀二首

其一　蔀阴须欠明，往则有疑疾。佳音千里逢，牛象纵成吉。

其二　明暗未分，曲直未定。笑里藏刀，信而未信。

丰卦三爻诀三首

其一　强弱许纷纷，搬戏独掩门。脸眉人惆怅，灯火伴黄昏。

其二　日中辰见斗，先暗后须明。遇主西南地，门屏气象成。

其三　日中何见沬，明直反成昏。遇事无成用，如人折右肱。

丰卦四爻诀

近折路迢行不远，当时大事俱非常。

万里云腾去太迟，能行天下方无咎。

丰卦五爻诀二首

其一　明外佳音来，飞章俱有庆。名利一更迁，雁非终拆阵。

其二　云外一天书，门多长者车。肴添兰室味，纵步入蟾宫。

丰卦上爻诀三首

其一　当时丰盛世，退缩却为凶。大展经纶手，施为大有功。

其二　暗室当迁退，成云不可奢。三年多不足，悔吝忌前遮。

其三　花落未茂枝，歌来却似悲。夕阳催晚景，斜月上朱扉。

䷷ 旅卦总诀三首

其一　客旅迢迢绕，乘车万里过。用利不留复，人处喜声多。

其二五阳　旅巢倾覆更遭焚，谨事当无狱难迍。

若见出行千里去，须闻哭泣在私门。

其三五阴　羁人失所已多时，未见羊猴未见归。

柱石贵人头带斗，星回斗柄复光辉。

旅卦初爻诀二首

其一　杂地不堪行,灾生切迫身。光辉秋月夜,四望出阴云。

其二　如鹤混群鸿,冲天路渐迷。临岐当自择,须向稳中栖。

旅卦二爻诀二首

其一　旅中安次舍,得位正居中。僮仆勤心力,资财那有丰。

其二　旅遇一迁鼎,以获僮仆贞。马行平坦地,触目好青山。

旅卦三爻诀三首

其一　迍旅焚其次,俄然灾咎侵。资财多丧失,僮仆亦离心。

其二　无端风雨催春去,落尽枝头桃李花。
枕畔有人歌自叹,那堪心事乱如麻。

其三　进逢灾次舍,丧其僮仆凶。孤鸿天外泪,中箭亦难冲。

旅卦四爻诀三首

其一　外事虽元吉,犹防后患侵。自身多暗昧,百事未如心。

其二　可止宜可止,违行不可行。从头得金斧,犹自悔中藏。

其三　落花正逢春,人行在半程。事成及可就,萦绊二三心。

旅卦五爻诀二首

其一　雉走开弓一矢亡,终然物命受岩章。
禄从天降应千里,先适安身到地昌。

其二　改旧从新事再图,须知浑尔废工夫。
云霄有意来相照,平步扶摇上太虚。

旅卦上爻诀二首

其一　屋下牛多病,林中鸟失巢。笑悲双月至,小过不须高。

其二　憔悴无休歇,闲中听杜鹃。一轮山店月,千古暗魂消。

巽卦总诀三首

其一　山头顾我无青眼,水畔相亲始有依。
物小在初终大获,到头遇主得荣归。

其二　忧极乐还来,春阳一旦回。满园桃李大,丹桂一枝开。

其三五阴　秘策勿轻传，经成众里权。一朝风雨顺，功业至掀天。

巽卦初爻诀二首

其一　进退忽生疑，由来利武威。荣身岂小蓄，车前三山岐。

其二　进退莫猜疑，疑猜事莫谐。影端形自直，一举花纤埃。

巽卦二爻诀三首

其一　心不未安宁，居尊莫厌卑。尽诚求恳得，吉庆保无危。

其二　嘹亮宾鸿一只飞，来家移向竹林西。
渐中自有禄星至，隋带重明滚地辉。

其三　知者见先机，其中路不迷。日前为合意，曾免是和非。

巽卦三爻诀三首

其一　先险防在前，顺巽刚中吝。万里泛巨舟，东北声名震。

其二　足趑趄，口嗫嚅。无限意，竟成虚。

其三　志穷非得已，颦蹙自忧烦。一到龙蛇日，因人事始全。

巽卦四爻诀三首

其一　禀令谏强暴，将相奏凯还。好风今借便，功业便掀天。

其二　遇如水中善，田获三品功。一阴始升后，雁侣各西东。

其三　江海雨悠悠，烟波下钓钩。六鳌连得获，歌笑向中流。

巽卦五爻诀三首

其一　图前当虑后，揆度复叮咛。举事虽先阻，终须获吉亨。

其二　常人安贞吉，危疑尽悔亡。两庚申命令，权柄自然昌。

其三　鹊声如报喜，燕语自传情。百舌无人解，虽贞自苦贞。

巽卦上爻诀二首

其一　井浊不可食，丧斧失贞凶。园内花千朵，愁惊午夜风。

其二　过谦卑已甚，不断失于刚。待至龙逢虎，依前再吉昌。

䷹ 兑卦总诀三首

其一　得用在西方，讲习自悦怿。桃李遇春风，化龙千里疾。

其二五阳　悦怿事当先，行人暂息肩。暂无劳苦挠，争得事迍邅。

其三　利怿秋天盛，恩沾在此时。名成兼利就，口舌不须疑。

兑卦初爻诀三首

其一　去就无牵制，何须谀佞为。上交和且悦，吉庆更何疑。

其二　和兑之和，利名奔波。一遇木君，遂意琢磨。

其三　两两和同，一举成功。休疑休虑，风虎云龙。

兑卦二爻诀二首

其一　友朋同讲习，所责在孚诚。信实无私意，应当悔吝轻。

其二　玉出昆山上，舟离古渡头。行藏俱有望，用舍不须忧。

兑卦三爻诀二首

其一　一决城崩倒，来修未见功。钓纶涉危岭，山兑有艰辛。

其二　思虑许多般，心难事亦难。路危舟未稳，休往复休还。

兑卦四爻诀三首

其一　利害相交际，纷纷尚未宁。介然能守正，吉庆自来临。

其二　介疾亦当避，客来时未宁。吹嘘千里信，感动四方心。

其三　易非易，难非难。

只恐年来少歌笑，笑歌须听两三番。

兑卦五爻诀三首

其一　一堆草里蛙鸣鼓，三犬巢边夜吠家。

剥厉有时终解散，一轮明月照丹霞。

其二　小人轻信用，君子反相疏。自己防侵害，尤当戒不虞。

其三　莺语燕呢喃，花开满院间。北窗春梦觉，无语欲消魂。

兑卦上诀爻二首

其一　秋月与春花，光辉景物佳。只缘时未到，心事乱如麻。

其二　　兑添言是说，口舌戒凯觎。有月还为脱，同心悦有余。

䷺ 涣卦总诀三首

其一　　莫将好事只如闲，切恐因循事不安。
不戒履霜驯致后，坚冰散释势尤难。

其二　　双凤翔翱入九霄，长江泛艇渡危桥。
重防得处亦防失，山外青山可四绕。

其三　　梦入天台路，登山事可期。异香春色好，重发旧花枝。

涣卦初爻诀二首

其一　　有信传家去，南征事想行。名利达通子，孚鱼有黄金。

其二　　云静日当中，祥光到处通。道途逢快便，千里快哉风。

涣卦二爻诀三首

其一　　水行不利陆安贞，浅涉家人执折寻。
雾起云非风雨急，片航归去恐伤心。

其二　　危获安，理御气。不须忧，终遂志。

其三　　时方当涣散，当有所依承。俯就知心事，危中事可凭。

涣卦三诀二首

其一　　柔顺克其功，倾波远迩通。神人助其力，楚地却有终。

其二　　望鹿隔重山，高深渐可攀。举头天上看，明月出人间。

涣卦四爻诀二首

其一　　宾主两同心，同心事可成。江风吹好梦，跨鹤上青云。

其二　　大人利见，大川利涉。元吉前程，光大可决。

涣卦五爻诀三首

其一　　居尊施号令，在下若风从。险难随冰释，泰然和气融。

其二　　不归一，劳心力。贵人傍，宜助力。

其三　　一与童蒙告再三，王居无咎笑声喧。
好音送至云霄路，万里鹏程展翅天。

涣卦上诀爻二首

其一　去血斯无咎,安居大可忧。桃花方结实,去计怕经秋。

其二　远之不伤,近之不律。相反相违,笑颜如泣。

节卦总诀三首

其一　一鸿天下孤飞翼,花有明香月有斜。
满园桃李无结实,一枝惊缀入秋葩。

其二五阳　前途险阻不堪行,顺处安身道乃亨。
守节操心无过虑,须知乐处恐交争。

其三五阴　欢乐中生祸,骄淫罔克终。节贪并谨事,守静却无凶。

节卦初爻诀三首

其一　户庭不出姓名香,久滞林中未见伤。
如待四方重照日,直持节往西北方。

其二　深居宜简出,可免祸来侵。有贵知通塞,时行则可行。

其三　真假莫辩,曲直莫分。动则宜止,静则宜奔。

节卦二爻诀三首

其一　门庭不出祸尤生,夜雨淋漓草木寒。
兔走泥堆远近逐,水边女立倚栏杆。

其二　时进须当进,迟疑却反凶。前途逢贵援,节止自相通。

其三　休眷恋,奔前程。终闹乱,失门庭。

节卦三爻诀二首

其一　先嗟后笑,败屋重修。有个木君,扶时在秋。

其二　笑里要提防,歌声不久长。机谋须是谨,方可免灾殃。

节卦四爻诀三首

其一　立身从俭约,财禄自丰盈。安节常能守,施为尽吉昌。

其二　守节应君求,前程遇鹿宜。上安贞姤事,贞侯应佳期。

其三　用则行,舍则藏。一鹿出重关,佳音咫尺间。

节卦五爻诀二首

其一　安居君位尤奇特，东海相逢月半缺。
前途若遇大威权，夜雨消疏红叶落。

其二　喜鹊噪孤枝，何愁是与非。灯花传信后，稳步上云梯。

节卦上爻诀三首

其一　物当穷则变，事极贵能通。苦节常贞守，因循反致凶。

其二　乐极须悲，贞凶可忌。一日悔亡，鼠行牛地。

其三　事不美，休怀疑。人在车上，船行水底。

䷼ 中孚卦总诀三首

其一　信及豚鱼吉，羊奔报喜音。猴来乘龙喜，平步踏青云。

其二五阳　鹤鸣和子本诚心，千里相传自有音。
所望须诚图必遂，两重喜事在秋深。

其三五阴　预备到头能谨备，有危终见保无危。
一心常作有亡计，富贵安荣事不亏。

中孚卦初爻诀三首

其一　万卉芳菲未是丰，雷声一震四方同。
利名咫尺堪求进，回首青山叠叠峰。

其二　人能专一志，吉庆萃门阑。设若有他意，终须不燕安。

其三　一点着阳春，枯枝点点荣。志专万事合，切忌两三心。

中孚卦二爻诀三首

其一　千载风云会，明良际遇时。忠诚贯金石，君爵亦羁縻。

其二　孚道内外和，安居何处有。羊走欢不顾，猴来莫贞守。

其三　皎皎上层楼，团圆月挂钩。银蟾千里共，光彩满清秋。

中孚卦三爻诀三首

其一　进退无得失，悲观亦不同。谁能知耽毒，生向燕安中。

其二　积小可成大，逢危似不危。云中人举手，平步上天梯。

其三　多阻多忧，或悲或喜。摇动猖狂，得止且止。

中孚卦四爻诀三首

其一　德业终成日，声名迥出群。风云相际遇，一举入青云。

其二　居卑未宜迟，时行道则行。功名成太晚，花怕五更风。

其三　翠减红妆醉倚栏，惆怅望归求异缘。

好向目前频叹息，只见莺啼不见人。

中孚卦五爻诀二首

其一　重山青耸翠，翔凤独栖梧。询得飞腾变，荣身得巨鳌。

其二　倾一杯，展双眉。地利合天时，从此快施为。

中孚卦上爻诀二首

其一　宜进不宜妄，旧事一改迁。长江千里掉，好下钩鱼竿。

其二　落叶又重新，庭前几度春。若成丹九转，莫作白头人。

䷽ 小过卦总诀二首

其一　子午年中喜，逢猪先立根。鹿从天上至，二象满门阑。

其二　小船千里顺，帆挂一江风。巨艇水深涉，飞鸟不可同。

小过卦初爻诀三首

其一　飞鸟高飞畏网罗，留鱼旱沼苦何多。

女生江畔休嗟叹，桃柳枝头风雨过。

其二　飞虫能致孽，或恐有非灾。为事宜求下，凶消吉自来。

其三　物不牢，人断桥。重整理，慢心高。

小过卦二爻诀二首

其一　去就意淹留，乐来不用忧。只恐无一定，江海意悠悠。

其二　凡人于小事，不可过其常。守正行中道，自然无旧殃。

小过卦三爻诀三首

其一　倾危逢处众皆惊，涉水操舟不可行。

凶象或成贞忌却，云中一箭雁哀鸿。

其二　小人方道长，当预过于防。自己先为正，深虞乃我伤。

其三　深户安牢扃，提防暗里人。行行须远虑，只恐不坚盟。

小过卦四爻诀三首

其一 遇主勿治正，求遇其遇群。欲往危必防，伤却少年心。

其二 参商事，须沉滞。要周全，须借势。

其三 九四元无咎，乘刚得吝时。真宜贞固守，必也在随时。

小过卦五爻诀三首

其一 阴阳反复总堪悲，反日梧桐凤不栖。
异种蟠桃千岁缀，落花不俟日沉西。

其二 空、空、空，空里得成功。蟠桃千岁熟，不怕五更风。

其三 所作皆屯滞，又皆来顺从。密云何不雨？终是未成功。

小过卦上爻诀二首

其一 方寸乱如麻，行人未到家。尊友哀人切，空夜雨飞花。

其二 以阴居过极，飞鸟致凶灾。若能自谦抑，家门福庆来。

䷾ 既济卦总诀三首

其一 治安方自乱，通泰忌生屯。小利贞西北，花新日又明。

其二五阳 仙舟已到绿阳堤，险难今经已别离。
福去祸来终不错，不须回首预前期。

其三五阴 莫待禄高荣，须思祸与凶。预防兼早备，方可保初终。

既济卦初爻诀三首

其一 时方云既济，遽进却非宜。思虑惟能谨，灾消吉自随。

其二 鹿逐云中出，人从日下归。新欢生脸下，不用皱双眉。

其三 推车濡尾，无咎可忧。千里人行，既济孤舟。

既济卦二爻诀三首

其一 时虽云可济，欲速即难成。真固宜长守，时行则可行。

其二 虚雷无雨过，有雨不沾衣。到头成一笑，目下未开眉。

其三 月出云遮晦，双飞失伴迷。七辰头上得，门户自生光。

既济卦三爻诀二首

其一 有禄自天来，伐鬼三年灾。追求在斗地，一进一退财。

其二　入而易，出而难。淹淹利再三，交加意不堪。

既济卦四爻诀三首

其一　事虽云既济，尤虑吉成凶。戒谨勤终日，方能保始终。

其二　有功无禄位，有禄无印权。好戒退一步，附势去分欢。

其三　落花满地乱交加，一点中心事若麻。
若得高人相引后，春风桃李又开花。

既济卦五爻诀三首

其一　积德施功有子孙，杀牛祭祀及西邻。
利名两字成员日，回首山前万物新。

其二　礼薄将诚意，施为贵适宜。自然蒙福佑，凡事在先施。

其三　拟欲求东却往西，精神用尽事迍迍。
到底可求并可望，秋风黄菊绽东蓠。

既济卦上爻诀三首

其一　更改事相宜，闲言有是非。切须防暗箭，独见早思维。

其二　小舟防滞患，秋木忌凋残。踏遍千人市，兵戈一顷间。

其三　心事望团圆，心坚事未全。一枝枯木上，花落又还鲜。

䷿ 未济卦总诀三首

其一　乘龙防有失，濡尾有淹留。若得高人力，殊无戚与忧。

其二　一牛二尾事难全，财禄须防两不完。
过了破田方有气，若逢寅卯是根源。

其三　蛰虫泥脱得春回，谁谓春天不见雷。
忽听轰雷惊百里，化龙飞起一都魁。

未济卦初爻诀三首

其一　孤渡汹汹起，濡尾真有凶。前途休进步，坐上待春风。

其二　桑榆催晚景，缺月恐难圆。若遇刀圭客，方知有异缘。

未济卦二爻诀二首

其一　展轮千里去，平坦俱无阻。一见水边人，勿击午时鼓。

其二　　险难危疑际，经纶拯救时。居中行正道，凶散吉相随。

未济卦三爻诀二首

其一　　挂帆风得便，不觉舟顺速。守旧有征凶，后笑还先哭。

其二　　千里片帆轻，波平浪不惊。舟行无阻滞，还处即通津。

未济卦四爻诀三首

其一　　得志行其道，方离险难中。事因迟乃济，乃可保初终。

其二　　亲君掌大权，伐鬼三年克。有赏于大国，别种仙桃核。

其三　　目下事悠然，周全尚未全。久远还不望，人与月团圆。

未济卦五爻诀二首

其一　　虚心求助己，柔可济乎刚。信实无虚誉，斯为君子光。

其二　　芰荷香里沐恩阶，桂魄圆时恩爱来。

从此成名山岳重，光风玉节位三台。

未济卦上爻诀二首

其一　　中心安义命，自然保泰和。耽酒不知节，时哉可奈何？

其二　　勿饮卯时酒，濡其首可昏。有孚因失是，自我致灾殃。

（以上　下经三十四卦）

流年卦

䷀ 乾卦

初	阳不 阴必	变	乾 姤	初	小畜 巽	四	巽 小畜	初	渐 家人	二	观 益	三	否 无妄	四	晋 噬嗑	五	豫 震	上	震 豫	初
二	阳不 阴必	变	乾 同人	二	大有 离	五	离 大有	二	噬嗑 睽	三	颐 损	四	益 中孚	五	屯 节	上	比 坎	初	坎 比	二
三	阳不 阴必	变	乾 履	三	夬 兑	上	兑 夬	三	节 需	四	临 泰	五	损 大畜	上	家人 噬嗑	初	剥 艮	二	艮 剥	三
四	阳不 阴必	变	乾 小畜	四	姤 巽	初	巽 姤	四	蛊 鼎	五	升 恒	上	泰 大壮	初	明夷 丰	二	复 震	三	震 复	四
五	阳不 阴必	变	乾 大有	五	同人 离	二	离 同人	五	丰 革	上	小过 咸	初	恒 大过	二	解 困	三	师 坎	四	坎 师	五
上	阳不 阴必	变	乾 夬	上	履 兑	三	兑 履	上	困 讼	初	萃 否	二	咸 遁	三	蹇 渐	四	谦 艮	五	艮 谦	上

䷁ 坤卦

初六 复	初 临	二 泰	三 大壮	四 夬	五 乾	上
六二 师	二 升	三 恒	四 大过	五 姤	上 乾	初
六三 谦	三 小过	四 咸	五 遁	上 同人	初 乾	二
六四 豫	四 萃	五 否	上 无妄	初 履	二 乾	三
六五 比	五 观	上 益	初 中孚	二 小畜	三 乾	四
上六 剥	上 颐	初 损	二 大畜	三 大有	四 乾	五

䷂ 屯卦

初 阳不阴必 变 屯比 初 随萃 四 萃随 初 困兑 二 大过夬 三 井需 四 升泰 五 蛊大畜 上 大畜蛊 初

六二 节 二 需 三 夬 四 大壮 三 大有 上 鼎 初

六三 既济 三 革 四 丰 五 离 上 旅 初 鼎 二

六四 随 四 震 五 噬嗑 上 晋 初 未济 二 鼎 三

五 阳不阴必 变 屯复 五 节临 二 临节 五 损中孚 上 蒙涣 初 剥观 二 艮渐 三 旅遁 四 遁旅 五

上六 益 上 观 初 涣 二 巽 三 姤 四 鼎 五

䷃ 蒙卦

初六 损 初 颐 二 贲 三 离 四 同人 五 革 上

二 阳不阴必 变 蒙剥 二 涣观 五 观涣 二 渐巽 三 遁姤 四 旅鼎 五 小过恒 上 丰大壮 初 大壮丰 二

六三 蛊 三 鼎 四 姤 五 大过 上 夬 初 革 二

六四 未济 四 讼 五 困 上 兑 初 随 二 革 三

六五 涣 五 坎 上 节 初 屯 二 既济 三 革 四

上 阳不阴必 变 蒙师 上 蛊升 三 升蛊 上 泰大畜 初 明夷贲 二 复颐 三 震噬嗑 四 随无妄 五 无妄随 上

需卦

初	阳不/阴必	变	需/井	初	夬/大过	四	大过/夬	初	咸/革	二	萃/随	三	比/屯	四	坤/复	五	剥/颐	上	颐/剥	初
二	阳不/阴必	变	需/既济	二	泰/无妄	五	明夷/泰	二	复/临	三	震/归妹	四	随/屯	五	无妄/履	上	否/讼	初	讼/否	二
三	阳不/阴必	变	需/节	三	小畜/中孚	上	中孚/小畜	三	履/乾	四	睽/大有	五	归妹/大壮	上	解/恒	初	豫/小过	二	小过/豫	三
六四			夬	四	大壮	五	大有	上	鼎	初	旅	二	晋	三						
五	阳不/阴必	变	需/泰	五	既济/明夷	二	明夷/既济	五	贲/家人	上	艮/渐	初	蛊/巽	二	蒙/涣	三	未济/讼	四	讼/未济	五
上六			小畜	上	巽	初	渐	二	观	三	否	四	晋	五						

讼卦

初六			履	初	无妄	二	同人	三	家人	四	贲	五	明夷	上						
二	阳不/阴必	变	讼/否	二	未济/晋	四	晋/未济	二	旅/鼎	三	艮/蛊	四	渐/巽	五	蹇/井	上	既济/需	初	需/未济	二
六三			姤	三	巽	四	升	五	升	上	泰	初	明夷	二						
四	阳不/阴必	变	讼/涣	四	履/中孚	初	中孚/履	四	损/睽	五	临/归妹	上	师/解	初	坤/豫	二	谦/小过	三	小过/谦	四
五	阳不/阴必	变	讼/未济	五	否/晋	二	晋/否	五	豫/萃	上	震/随	初	归妹/兑	二	谦/夬	三	泰/需	四	需/泰	五
上	阳不/阴必	变	讼/困	上	姤/大过	三	大过/姤	上	夬/乾	初	革/同人	二	随/无妄	三	屯/益	四	复/颐	五	颐/复	上

师卦

初六　临　初 复　二 明夷　三 丰　四 革　五 同人　上

二 阳不/阴必 变 师/坤　二 坎/比　五 比/坎　二 蹇/井　三 咸/大过　四 小过/恒　五 旅/鼎　上 离/大有　初 大有/离　二

六三　升　三 恒　四 大过　五 姤　上 乾　初 同人　二

六四　解　四 困　五 讼　上 履　初 无妄　二 同人　三

六五　坎　五 涣　上 中孚　初 益　二 家人　三 同人　四

上六　蒙　上 损　初 颐　二 贲　三 离　四 同人　五

比卦

初六　屯　初 节　二 需　三 夬　四 大壮　五 大有　上

六二　坎　二 井　三 大过　四 恒　五 鼎　上 大有　二

六三　蹇　三 咸　四 小过　五 旅　上 离　初 大有　二

六四　萃　四 豫　五 晋　上 噬嗑　初 睽　二 大有　三

五 阳不/阳必 变 比/坤　五 坎/师　二 师/坎　五 蒙/涣　上 损　初 颐/益　二 贲/家人　三 离/同人　四 同人/离　五

上六　观　上 益　初 中孚　二 小畜　三 乾　四 大有　五

䷈ 小畜卦

初 阳不/阴必 变 小畜/巽 初 乾/姤 四 姤/乾 初 遁/同人 二 否/无妄 三 观/益 四 剥/颐 五 坤/复 上 复/坤 初

二 阳不/阴必 变 小畜/家人 二 大畜/贲 五 贲/大畜 二 颐/损 三 噬嗑/睽 四 无妄/履 五 随/兑 上 萃/困 初 困/萃 二

三 阳不/阴必 变 小畜/中孚 三 需/节 上 节/需 三 兑/夬 四 归妹/大壮 五 睽/大有 上 未济/鼎 初 晋/旅 二 旅/晋 三

六四 乾 四 大有 五 大壮 上 恒 初 小过 二 豫 三

五 阳不/阴必 变 小畜/大畜 五 家人/贲 二 贲/家人 五 明夷/既济 上 谦/蹇 初 升/井 二 师/坎 三 解/困 四 困/解 五

上 阳不/阴必 变 小畜/需 上 中孚/节 三 节/中孚 上 坎/涣 初 比/观 二 蹇/渐 三 咸/遁 四 小过/旅 五 旅/小过 上

䷉ 履卦

初 阳不/阴必 变 履/讼 初 中孚/涣 四 涣/中孚 初 观/益 二 渐/家人 三 遁/同人 四 旅/离 五 小过/丰 上 丰/小过 初

二 阳不/阴必 变 履/无妄 二 睽/噬嗑 五 噬嗑/睽 二 离/大有 三 贲/大畜 四 家人/小畜 五 既济/需 上 蹇/井 初 井/蹇 三

六三 乾 三 小畜 四 大畜 五 泰 上 升 初 谦 二

四 阳不/阴必 变 履/中孚 四 讼/涣 初 涣/讼 四 蒙/未济 五 师/解 上 临/归妹 初 复/震 二 明夷/丰 三 丰/明夷 四

五 阳不/阴必 变 履/睽 五 无妄/噬嗑 二 噬嗑/无妄 五 震/随 上 豫/咸 初 解/困 二 恒/大过 三 升/井 四 井/升 五

上 阳不/阴必 变 履/兑 上 乾/夬 三 夬/乾 上 大过/姤 初 家人/遁 二 萃/否 三 比/观 四 坤/剥 五 剥/坤 上

䷊ 泰卦

初	阳不/阴必	变	泰/升	初	大壮/恒	四	恒/大壮	初	小过/丰	二	豫/震	三	坤/复	四	比/屯	五	观/益	上	益/观	初	
二	阳不/阴必	变	泰/明夷	二	需/既济	五	既济/需	二	屯/节	三	随/兑	四	震/归妹	五	噬嗑/睽	上	晋/未济	初	未济/晋	二	
三	阳不/阴必	变	泰/临	三	大畜/损	上	损/大畜	三	睽/大有	四	履/乾	五	兑/夬	上	困/大过	初	萃/咸	二	咸/萃	三	

六四	大壮	四	夬	五	乾	上	姤	初	遁	二	否	三	
六五	需	五	小畜	上	巽	初	渐	二	观	三	否	四	
上六	大畜	上	升	初	艮	二	剥	三	晋	四	否	五	

䷋ 否卦

初六	无妄	初	履	二	乾	三	小畜	四	大畜	五	泰	上	
六二	讼	二	姤	三	巽	四	升	五	井	上	泰	初	
六三	遁	四	渐	五	艮	五	谦	上	明夷	初	泰	二	

四	阳不/阴必	变	否/观	四	无妄/益	初	益/无妄	四	颐/噬嗑	五	复/震	上	坤/豫	初	师/解	二	升/恒	三	恒/升	四	
五	阳不/阴必	变	否/晋	五	讼/未济	二	未济/讼	五	解/困	上	归妹/兑	初	震/随	二	丰/革	三	明夷/既济	四	既济/明夷	五	
上	阳不/阴必	变	否/萃	上	遁/咸	三	咸/遁	上	革/同人	初	夬/乾	二	兑/履	三	节/中孚	四	临/损	五	损/临	上	

䷌ 同人卦

初 阳不/阴必 变 同人/遁 初 家人/渐 四 渐/家人 初 巽/小畜 二 涣/中孚 三 讼/履 四 未济/睽 五 解/归妹 上 归妹/解 初

六二 乾 二 履 三 中孚 四 损 五 临 上 师 初

三 阳不/阴必 变 同人/无妄 三 革/随 上 随/革 三 屯/既济 四 复/明夷 五 颐/贲 上 剥/艮 初 蒙/蛊 二 蛊/蒙 三

四 阳不/阴必 变 同人/家人 四 遁/渐 初 渐/遁 四 艮/旅 五 谦/小过 上 明夷/丰 初 泰/大壮 二 临/归妹 三 归妹/临 四

五 阳不/阴必 变 同人/离 五 乾/大有 二 大有/乾 五 大壮/夬 上 恒/大过 初 小过/咸 二 豫/萃 三 坤/比 四 比/坤 五

上 阳不/阴必 变 同人/革 上 无妄/随 三 随/无妄 上 萃/否 初 困/讼 二 大过/姤 三 井/巽 四 升/蛊 五 蛊/升 上

䷍ 大有卦

初 阳不/阴必 变 大有/鼎 初 大畜/蛊 四 蛊/大畜 初 艮/贲 二 剥/颐 三 晋/噬嗑 四 否/无妄 五 萃/随 上 随/萃 初

二 阳不/阴必 变 大有/离 二 乾/同人 五 同人/乾 二 无妄/履 三 益/中孚 四 颐/损 五 复/临 上 坤/师 初 师/坤 二

三 阳不/阴必 变 大有/睽 三 大壮/归妹 上 归妹/大壮 三 临/泰 四 师/震 五 中孚/小畜 上 涣/巽 初 观/渐 二 渐/观 三

四 阳不/阴必 变 大有/大畜 四 鼎/蛊 初 蛊/鼎 四 巽/姤 五 井/大过 上 需/夬 初 既济/革 二 屯/随 三 随/屯 四

六五 乾 五 夬 上 大过 初 咸 二 萃 三 比 四

上 阳不/阴必 变 大有/大壮 上 睽/归妹 三 归妹/睽 上 解/未济 初 豫/晋 二 小过/旅 三 谦/艮 四 蹇/渐 五 渐/蹇 上

䷎ 谦卦

初六 明夷 初泰 二临 三归妹 四兑 五履 上

六二 升 二师 三解 四困 五讼 上履 初

三 阳不阴必 变 谦坤 三 艮剥 上 剥艮 三 晋旅 四 否遁 五 萃咸 上 随萃 初 兑夬 二 夬兑 三

六四 小过 四咸 五遁 上同人 初乾 二履 三

六五 蹇 五渐 上家人 初小畜 二中孚 三履 四

上六 艮 上贲 初大畜 二损 三睽 四履 五

䷏ 豫卦

初六 震 初归妹 二大壮 三泰 四需 五小畜 上

六二 解 二恒 三升 四井 五巽 上小畜 初

六三 小过 三谦 四蹇 五渐 上家人 初小畜 二

四 阳不阴必 变 豫坤 四 震复 初 复震 四 屯随 五 益无妄 上 观否 初 涣讼 二 巽姤 三 姤巽 四

六五 萃 五否 上无妄 初履 二乾 三小畜 四

上六 晋 上升 初睽 二大有 三大畜 四小畜 二

䷐ 随卦

初 阳不阴必 变 随萃 初 屯比 四 比屯 初 坎节 二 井需 三 大过夬 四 恒大壮 五 鼎大有 上 大有鼎 初

六二 兑 二 夬 三 需 四 泰 五 大畜 上 升 初

六三 革 三 既济 四 明夷 五 贲 上 艮 初

四 阳不阴必 变 随屯 四 萃比 初 比萃 四 坤豫 五 剥晋 上 颐噬嗑 初 损睽 二 大畜大有 三 大有大畜 四

五 阳不阴必 变 随震 五 兑归妹 二 归妹兑 五 睽履 上 未济讼 初 晋否 二 旅遁 三 艮渐 四 渐艮 五

上六 无妄 上 否 初 讼 二 姤 三 巽 四 升 五

䷑ 蛊卦

初六 大畜 初 蹇 二 颐 三 噬嗑 四 无妄 五 随 上

二 阳不阴必 变 蛊艮 二 巽渐 五 渐巽 二 观涣 三 否讼 四 晋未济 五 豫解 上 震归妹 初 归妹震 二

三 阳不阴必 变 无妄蒙 三 升师 上 师升 三 解恒 四 困大过 五 讼姤 上 履乾 初 无妄同人 二 同人无妄 三

六四 鼎 四 姤 五 大过 上 夬 初 革 二 随 三

六五 鼎 五 井 上 需 初 既济 二 屯 三 随 四

上 阳不阴必 变 蛊升 上 蒙师 三 师蒙 上 临损 初 复颐 二 明夷贲 三 丰离 四 革同人 五 同人革 上

临卦

初 阳不阴必 变 临师 初 归妹解 四 解归妹 初 豫震 二 小过丰 三 谦明夷 四 蹇既济 五 渐家人 上 家人渐 初

二 阳不阴必 变 临复 二 节屯 五 屯节 二 即济需 三 革夬 四 丰大壮 五 离大有 上 旅鼎 初 鼎旅 二

六三 泰 三 大壮 四 夬 五 乾 上 姤 初 遁 二

六四 归妹 四 屯 五 履 上 讼 初 否 二 遁 三

六五 节 五 中孚 上 涣 初 观 二 渐 三 遁 四

上六 损 上 蒙 初 剥 二 艮 三 旅 四 遁 五

观卦

初六 益 初 中孚 二 小畜 三 乾 四 大有 五 大壮 上

六二 涣 二 巽 三 姤 四 鼎 五 恒 上 大壮 初

六三 渐 三 兑 四 旅 五 小过 上 丰 初 大壮 二

六四 否 四 晋 五 豫 上 震 初 归妹 二 大壮 三

五 阳不阴必 变 观剥 五 涣蒙 二 蒙涣 五 师坎 上 临节 初 复屯 二 明夷既济 三 丰革 四 革丰 五

上 阳不阴必 变 观比 上 渐蹇 三 蹇渐 上 既济家人 初 需小畜 二 节中孚 三 兑履 四 归妹睽 五 睽归妹 上

噬嗑卦

初 阳不/阴必 变 噬嗑/晋 初 颐/剥 四 剥/颐 初 蒙/损 二 姤/大畜 三 鼎/大有 四 姤/乾 五 大过/夬 上 夬/大过 初

六二 睽 二 大有 三 大畜 四 小畜 五 需 上 井 初

六三 离 三 贲 四 家人 五 既济 上 蹇 初 井 二

四 阳不/阴必 变 噬嗑/颐 四 晋/剥 初 剥/晋 四 观/否 五 比/萃 上 屯/随 初 节/兑 二 需/夬 三 夬/需 四

六五 无妄 五 随 上 萃 初 困 二 大过 三 井 四

上 阳不/阴必 变 噬嗑/震 上 离/丰 三 丰/离 上 小过/旅 初 恒/鼎 二 解/未济 二 师/蒙 四 坎/涣 五 涣/坎 上

贲卦

初 阳不/阴必 变 贲/艮 初 离/旅 四 旅/离 初 鼎/大有 二 未济/睽 三 蒙/损 四 涣/中孚 五 坎/节 上 节/坎 初

六二 大畜 二 损 三 睽 四 履 五 兑 上 困 初

三 阳不/阴必 变 贲/颐 三 明夷/复 上 复/明夷 三 震/丰 四 随/革 五 无妄/同人 上 否/遁 初 讼/姤 二 姤/讼 三

六四 离 四 同人 五 革 上 咸 初 大过 二 困 三

六五 家人 五 既济 上 蹇 初 井 二 坎 三 困 四

上 阳不/阴必 变 贲/明夷 上 颐/复 二 复/颐 上 坤/剥 初 师/蒙 二 升/蛊 三 恒/鼎 四 大过/姤 五 姤/大过 上

䷖ 剥卦

初六		颐	初损	二大畜	三大有	四乾	五夬	上			
六二		蒙	二升	三鼎	四姤	五大过	上夬	初			
六三		艮	三旅	四遁	五咸	上革	初夬	二			
六四		晋	四否	五萃	上随	初兑	二夬	三			
六五		观	五比	上屯	初节	二需	三夬	四			
上 阳不 阴必	变	剥 坤	上 艮 谦	三 谦 艮	上 明夷 贲	初 泰 大畜	二 临 损	三 归妹 睽	四 兑 履	五 履 兑	上

䷗ 复卦

初 阳不 阴必	变	复 坤	初 震 豫	四 豫 震	初 解 归妹	二 恒 大壮	三 升 泰	四 井 需	五 巽 小畜	上 小畜 巽	初
六二		临	二泰	三大壮	四夬	五乾	上姤	初			
六三		明夷	三丰	四革	五同人	上遁	初姤	二			
六四		震	四随	五无妄	上否	初讼	二姤	三			
六五		屯	五益	上观	初涣	二巽	三姤	四			
上六		颐	上剥	初蒙	二升	三鼎	四姤	五			

无妄卦

初	阳不 阴必	变	无妄 否	初	益 观	四	观 益	初	涣 中孚	二	巽 小畜	三	姤 乾	四	鼎 大有	五	恒 大壮	上	大壮 恒	初
六二			履	二	乾	三	小畜	四	大畜	五	泰	上	升	初						
六三			同人	三	家人	四	贲	五	明夷	上	谦	初	升	二						
四	阳不 阴必	变	无妄 益	四	否 观	初	观 否	四	剥 晋	五	坤 豫	上	履 震	初	临 归妹	二	泰 大壮	三	大壮 泰	四
五	阳不 阴必	变	无妄 噬嗑	五	履 睽	二	睽 履	五	归妹 兑	上	解 困	初	豫 萃	二	小过 咸	三	谦 蹇	四	蹇 谦	五
上	阳不 阴必	变	无妄 随	上	同人 革	三	革 同人	上	革 同人	初	大过 姤	二	困 讼	三	坎 涣	四	师 蒙	五	蒙 师	上

大畜卦

初	阳不 阴必	变	大畜 蛊	初	大有 鼎	四	鼎 大有	初	旅 离	二	晋 噬嗑	三	剥 颐	四	观 益	五	比 屯	上	屯 比	初
二	阳不 阴必	变	大畜 贲	二	小畜 家人	五	家人 小畜	二	益 中孚	三	无妄 履	四	噬嗑 睽	五	震 归妹	上	豫 解	初	解 豫	二
三	阳不 阴必	变	大畜 损	三	泰 临	上	临 泰	三	归妹 比	四	兑 夬	五	履 乾	上	讼 姤	初	否 遁	二	遁 否	三
六四			大有	四	乾	五	夬	上	大过	初	咸	二	萃	三						
六五			小蓄	五	需	上	井	初	蹇	二	比	三	萃	四						
上	阳不 阴必	变	大畜 泰	上	损 临	三	临 损	上	师 蒙	初	坤 剥	二	谦 艮	三	小过 旅	四	咸 遁	五	遁 咸	上

颐卦

初 阳不 阴必 变 颐 剥 初 噬嗑 晋 四 晋 噬嗑 初 未济 睽 二 鼎 大有 三 蛊 大畜 四 巽 小畜 五 井 需 上 需 井 初

六二 损 二 大畜 三 大有 四 乾 五 夬 上 大过 初

六三 贲 三 离 四 同人 五 革 上 咸 初 大过 二

六四 噬嗑 四 无妄 五 随 上 萃 初 困 二 大过 三

六五 益 五 屯 上 比 初 坎 二 井 三 大过 四

上 阳不 阴必 变 颐 复 上 贲 明夷 三 明夷 贲 上 谦 艮 初 升 蛊 二 师 蒙 三 解 未济 四 困 讼 五 讼 困 上

大过卦

初六 夬 初 革 二 随 三 屯 四 复 五 颐 上

二 阳不 阴必 变 大过 咸 二 恒 小过 五 小过 恒 五 豫 解 三 坤 师 四 比 坎 五 观 涣 上 益 中孚 初 中孚 益 二

三 阳不 阴必 变 大过 困 三 姤 讼 上 讼 姤 三 涣 巽 四 蒙 蛊 五 师 升 上 临 泰 初 复 明夷 二 明夷 复 三

四 阳不 阴必 变 大过 井 四 夬 需 初 需 夬 四 泰 大壮 五 大畜 大有 上 蛊 鼎 初 艮 旅 二 剥 晋 三 晋 剥 四

五 阳不 阴必 变 大过 恒 五 咸 小过 二 小过 咸 五 旅 遁 上 离 同人 初 大有 乾 二 睽 履 三 损 中孚 四 中孚 损 五

上六 姤 上 乾 初 同人 二 无妄 三 益 四 颐 五

坎卦

初六 节 初屯 二既济 三革 四丰 五离 上

二 阳不/阴必 变 坎/比 二 师/坤 五 坤/师 二 谦/开 三 小过/恒 四 咸/大过 五 遁/姤 上 同人/乾 初 乾/同人 二

六三 井 三大过 四恒 五鼎 上大有 初离 二

六四 困 四解 五未济 上睽 初噬嗑 二离 三

五 阳不/阴必 变 坎/师 五 比/坤 二 坤/比 五 剥/观 上 颐/益 初 损/中孚 二 大畜/小畜 三 大有/乾 四 乾/大有 五

上六 涣 上中孚 初益 二家人 三同人 四离 五

离卦

初 阳不/阴必 变 离/旅 初 贲/艮 四 艮/贲 初 蛊/大畜 二 蒙/损 三 未济/睽 四 讼/履 五 困/兑 上 兑/困 初

六二 大有 二睽 三损 四中孚 五节 上坎 初

三 阳不/阴必 变 离/噬嗑 三 丰/震 上 震/丰 三 复/明夷 四 屯/既济 五 益/家人 上 观/渐 初 涣/巽 二 巽/涣 三

四 阳不/阴必 变 离/贲 四 旅/艮 初 艮/旅 四 渐/遁 五 蹇/咸 上 既济/革 初 需/夬 二 节/兑 三 兑/节 四

六五 同人 五革 上咸 初大过 二困 三坎 四

上 阳不/阴必 变 离/丰 上 噬嗑/震 三 震/噬嗑 上 豫/晋 初 解/未济 二 颐/鼎 三 升/蛊 四 巽/井 五 井/巽 上

咸卦

初六 革 初夬 二兑 三革 四临 五损 上

六二 大过 二困 三坎 四师 五蒙 上损 初

三 阳不/阴必 变 咸/萃 三 遁/否 上 否/遁 三 观/渐 四 剥/艮 五 坤/谦 上 复/明夷 初 临/泰 二 泰/临 三

四 阳不/阴必 变 咸/蹇 四 革/既济 初 既济/革 四 明夷/丰 五 贲/离 上 艮/旅 初 蛊/鼎 二 蒙/未济 三 未济/蒙 四

五 阳不/阴必 变 咸/小过 五 大过/恒 二 恒/大过 五 鼎/姤 上 大有/乾 初 离/同人 二 噬嗑/无妄 三 颐/益 四 益/颐 五

上六 遁 上同人 初乾 二履 三中孚 四损 五

恒卦

初六 大壮 初丰 二震 三复 四屯 五益 上

二 阳不/阴必 变 恒/小过 二 大过/咸 五 咸/大过 二 萃/困 三 比/坎 四 临/师 五 剥/蒙 上 颐/损 初 损/颐 地

三 阳不/阴必 变 恒/解 三 鼎/未济 上 未济/鼎 三 蒙/蛊 四 涣/巽 五 坎/井 上 井/需 初 屯/既济 二 既济/屯 三

四 阳不/阴必 变 恒/升 四 大壮/泰 初 泰/大壮 四 需/夬 五 小畜/乾 上 巽/姤 初 渐/遁 二 观/否 三 否/观 四

六五 小过 五姤 上乾 初同人 二无妄 三益 四

上六 鼎 上大有 初离 二噬嗑 三颐 四益 五

䷠ 遁卦

初六	同人	初 乾	二 履	三 中孚	四 损	五 临	上			
六二	姤	二 讼	三 涣	四 蒙	五 师	上 临	初			
三 阳不 阴必 变	遁 否	三 咸 萃	上 萃 咸	三 比 蹇	四 坤 谦	五 剥 艮	上 艮 贲	初 损 大畜	二 大畜 损	三
四 阳不 阴必 变	遁 渐	四 同人 家人	初 家人 同人	四 贲 颐	五 明夷 丰	上 谦 小过	初 升 恒	二 师 解	三 解 师	四
五 阳不 阴必 变	遁 旅	五 姤 鼎	二 鼎 姤	五 恒 大过	上 大壮 夬	初 丰 革	二 震 随	三 复 屯	四 屯 复	五
上 阳不 阴必 变	遁 咸	上 否 萃	三 萃 否	上 随 无妄	初 兑 履	二 夬 乾	三 需 小畜	四 泰 大畜	五 大畜 泰	上

䷡ 大壮卦

初 阳不 阴必 变	大壮 恒	初 泰 升	四 升 泰	初 谦 明夷	二 坤 复	三 豫 震	四 萃 随	五 否 无妄	上 无妄 否	初
二 阳不 阴必 变	大壮 丰	二 夬 革	五 革 夬	二 随 兑	三 屯 节	四 复 临	五 颐 损	上 剥 蒙	初 蒙 剥	二
三 阳不 阴必 变	大壮 归妹	三 大有 睽	上 睽 大有	三 损 大畜	四 中孚 小畜	五 节 需	上 坎 井	初 比 蹇	二 蹇 比	三
四 阳不 阴必 变	大壮 泰	四 恒 升	初 升 恒	四 井 大过	五 巽 姤	上 小畜 乾	初 家人 同人	二 益 无妄	三 无妄 益	四
六五	夬	五 乾	上 姤	初 遁	二 否	三 观	四			
上六	大有	上 鼎	初 旅	二 晋	三 剥	四 观	五			

晋卦

初六　噬嗑　初 睽　二 大有　三 大畜　四 小畜　五 需　上

六二　未济　二 鼎　三 蛊　四 巽　五 井　上 需　初

六三　旅　三 艮　四 渐　五 蹇　二 既济　初 需　二

四 阳不/阴必　变 晋/剥　四 噬嗑/颐　初 颐/噬嗑　四 益/无妄　五 屯/随　上 屯/萃　初 坎/困　二 井/大过　三 大过/井　四

六五　否　五 萃　上 随　初 兑　二 夬　三 需　四

上 阳不/阴必　变 晋/豫　上 旅/小过　三 小过/旅　上 丰/离　初 大壮/大有　二 归妹/睽　三 临/履　四 井/大过　五 节/丰　上

明夷卦

初 阳不/阴必　变 明夷/谦　初 丰/小过　四 小过/丰　初 恒/大壮　二 解/归妹　三 师/临　四 坎/节　五 涣/中孚　上 中孚/涣　初

六二　泰　二 临　三 归妹　四 兑　五 履　上 讼　初

三 阳不/阴必　变 明夷/复　三 贲/颐　上 颐/贲　三 噬嗑/离　四 无妄/同人　五 随/革　上 萃/咸　初 困/大过　二 大过/困　三

六四　丰　四 革　五 同人　上 遁　初 姤　二 讼　三

六五　既济　五 家人　上 渐　初 巽　二 涣　三 讼　四

上六　贲　上 艮　初 蛊　二 蒙　三 未济　四 讼　五

家人卦

初 阳不 阴必 变 家人 渐 初 同人 遁 四 遁 同人 初 姤 乾 二 讼 履 三 涣 中孚 四 蒙 贲 五 师 临 上 临 师 初

六二 小畜 二 中孚 三 履 四 睽 五 归妹 上 解 初

三 阳不 阴必 变 家人 益 三 既济 屯 上 屯 既济 三 随 革 四 需 丰 五 噬嗑 离 上 晋 旅 初 未济 鼎 二 鼎 未济 三

六四 同人 四 离 五 丰 上 小过 初 恒 二 解 三

五 阳不 阴必 变 家人 贲 五 小畜 大畜 二 大畜 小畜 五 泰 需 上 升 井 初 谦 蹇 二 坤 比 三 豫 萃 四 萃 豫 五

上 阳不 阴必 变 家人 既济 上 益 屯 三 屯 益 上 比 观 初 坎 涣 二 井 巽 三 大过 姤 四 恒 鼎 五 鼎 恒 上

睽卦

初 阳不 阴必 变 睽 未济 初 损 蒙 四 蒙 损 初 剥 颐 二 艮 贲 三 旅 离 四 遁 同人 五 咸 革 上 革 咸 初

二 阳不 阴必 变 睽 噬嗑 二 履 无妄 五 无妄 履 二 同人 乾 三 家人 小畜 四 贲 大畜 五 明夷 泰 上 谦 升 初 升 谦 二

六三 大有 三 大畜 四 小畜 五 需 上 井 初 蹇 二

四 阳不 阴必 变 睽 损 四 未济 蒙 初 蒙 未济 四 涣 讼 五 坎 困 上 节 兑 初 屯 随 二 既济 革 三 革 既济 四

六五 履 五 兑 上 困 初 萃 二 咸 三 蹇 四

上 阳不 阴必 变 睽 归妹 上 大有 大壮 三 大壮 大有 上 恒 鼎 初 小过 旅 二 豫 晋 三 坤 剥 四 比 观 五 观 比 上

蹇卦

初六 既济 初需 二节 三兑 四归妹 五睽 上

六二 井 二坎 三困 四解 五未济 上睽 初

三 阳不 阴必 变 蹇 比 三 渐 观 上 观 渐 三 否 遁 四 晋 旅 五 豫 小过 上 震 丰 初 归妹 大壮 二 大壮 归妹 三

六四 咸 四小过 五旅 上离 初大有 二睽 三

五 阳不 阴必 变 蹇 谦 五 井 升 二 升 井 五 蛊 巽 上 大畜 小畜 初 贲 家人 二 颐 益 三 噬嗑 无妄 四 无妄 噬嗑 五

上六 渐 上家人 初小畜 二中孚 三履 四睽 五

解卦

初六 归妹 初震 二丰 三明夷 四既济 五家人 上

二 阳不 阴必 变 解 豫 二 困 萃 五 萃 困 二 咸 大过 三 蹇 井 四 谦 升 五 艮 蛊 上 贲 大畜 初 大畜 贲 二

六三 恒 三升 四井 五巽 上小畜 初家人 二

四 阳不 阴必 变 解 师 四 归妹 临 初 临 归妹 四 节 兑 五 中孚 履 上 涣 师 初 观 否 二 渐 遁 三 遁 渐 四

六五 晋 五讼 上履 初无妄 二同人 三家人 四

上六 未济 上睽 初噬嗑 二离 三贲 四家人 五

损卦

初 阳不阴必 变 损蒙 初 睽未济 四 未济睽 初 晋噬嗑 二 旅离 三 艮贲 四 渐家人 五 蹇既济 上 既济蹇 初

二 阳不阴必 变 损颐 二 中孚益 五 益中孚 二 家人小畜 三 同人乾 四 离大有 五 丰大壮 上 小过恒 初 恒小过 二

六三 大畜 三 大有 四 乾 五 夬 上 大过 初 咸 二

六四 睽 四 履 五 兑 上 困 初 萃 二 咸 三

六五 中孚 五 节 上 坎 初 比 二 蹇 三 咸 四

上 阳不阴必 变 损临 上 大畜泰 五 泰大畜 上 升蛊 初 谦艮 二 坤剥 三 豫晋 四 萃否 五 否萃 上

益卦

初 阳不阴必 变 益观 初 无妄否 四 否无妄 初 讼履 二 姤乾 三 巽小畜 四 蛊大畜 五 升泰 上 泰升 初

六二 中孚 二 小畜 三 乾 四 大有 五 大过 上 恒 初

六三 家人 三 同人 四 离 五 丰 上 小过 初 恒 二

六四 无妄 四 噬嗑 五 震 上 豫 初 解 二 恒 三

五 阳不阴必 变 益颐 五 中孚损 二 损中孚 五 临节 上 师坎 初 坤屯 二 谦蹇 三 小过咸 四 咸小过 五

上 阳不阴必 变 益屯 上 家人既济 三 既济家人 上 蹇渐 初 井巽 二 坎涣 三 困讼 四 解未济 五 未济解 上

夬卦

初 阳不 阴必 变 夬 大过 初 需 井 四 井 需 初 蹇 既济 二 比 屯 三 萃 随 四 豫 震 五 晋 噬嗑 上 噬嗑 晋 初

二 阳不 阴必 变 夬 革 二 丰 大壮 五 大壮 丰 二 震 归妹 三 复 临 四 屯 节 五 益 中孚 上 观 涣 初 涣 观 二

三 阳不 阴必 变 夬 兑 三 乾 履 上 履 乾 三 中孚 小畜 四 损 大畜 五 师 剥 上 师 升 初 坤 谦 二 谦 坤 三

四 阳不 阴必 变 夬 需 四 大过 井 初 井 大过 四 升 恒 五 蛊 鼎 上 大畜 大有 初 贲 临 二 颐 噬嗑 三 噬嗑 颐 四

五 阳不 阴必 变 夬 壮 五 革 丰 二 丰 革 五 离 同人 上 旅 遁 初 鼎 姤 二 未济 讼 三 蒙 涣 四 涣 蒙 五

上六 乾 上 姤 初 遁 二 否 三 观 四 剥 五

姤卦

初六 乾 初 同人 二 无妄 三 益 四 颐 五 复 上

二 阳不 阴必 变 姤 遁 二 鼎 旅 五 旅 鼎 二 晋 未济 三 剥 蒙 四 观 涣 五 比 坎 上 屯 节 初 节 屯 二

三 阳不 阴必 变 姤 讼 三 大过 困 上 困 大过 三 坎 井 四 师 升 五 蒙 蛊 上 损 大畜 初 颐 贲 二 贲 颐 三

四 阳不 阴必 变 姤 巽 四 乾 小畜 初 小畜 乾 四 大畜 大有 五 泰 大壮 上 升 恒 初 谦 小过 二 坤 豫 三 豫 坤 四

五 阳不 阴必 变 姤 鼎 五 遁 旅 二 旅 遁 五 小过 咸 上 丰 革 初 大壮 夬 二 归妹 兑 三 临 节 四 节 临 五

上 阳不 阴必 变 姤 大过 上 讼 困 三 困 讼 上 兑 履 初 随 无妄 二 革 同人 三 既济 家人 四 明夷 贲 五 贲 明夷 上

萃卦

初六 随 初兑 二夬 三需 四泰 五大畜 上

六二 困 二大过 三井 四升 五井 上大畜 初

六三 咸 三蹇 四谦 五艮 上贲 初大畜 二

四 阳不/阴必 变 萃/比 四 随/屯 初 屯/随 四 复/震 五 颐/噬嗑 上 剥/颐 初 蒙/未济 二 蛊/鼎 三 鼎/蛊 四

五 阳不/阴必 变 萃/豫 五 困/解 二 解/困 五 未济/讼 上 睽/履 初 噬嗑/无妄 二 离/同人 三 贲/家人 四 家人/贲 五

上六 否 上无妄 初履 二乾 三小畜 四大畜 五

升卦

初六 泰 初明夷 二复 三震 四随 五无妄 上

二 阳不/阴必 变 升/谦 二 井/蹇 五 蹇/井 二 比/坎 三 萃/困 四 豫/解 五 晋/未济 上 噬嗑/睽 初 睽/噬嗑 二

三 阳不/阴必 变 升/颐 三 蛊/蒙 上 蒙/蛊 三 未济/鼎 四 讼/姤 五 困/大过 上 兑/夬 初 随/革 二 革/随 三

六四 恒 四大过 五姤 上乾 初同人 二无妄 三

六五 井 五巽 上小畜 初家人 二益 三无妄 四

上六 升 上大畜 初贲 二颐 三噬嗑 四无妄 五

困卦

初六 兑 初随 二革 三既济 四明夷 五贲 上

二 阳不 阴必 变 困 萃 二 解 豫 五 豫 解 二 小过 恒 三 谦 升 四 蹇 井 五 渐 巽 上 家人 小畜 初 小畜 家人 二

六三 大过 三井 四升 五蛊 上大畜 初贲 二

四 阳不 阴必 变 困 坎 四 兑 节 初 节 兑 四 临 归妹 五 损 睽 上 蒙 未济 初 剥 晋 二 艮 旅 三 旅 艮 四

五 阳不 阴必 变 困 解 五 萃 豫 二 豫 萃 五 晋 否 上 噬嗑 无妄 初 睽 履 二 大有 乾 三 大畜 小畜 四 小畜 大畜 五

上六 讼 上履 初无妄 二同人 三家人 四贲 上

井卦

初六 需 初既济 二屯 三随 四震 五噬嗑 上

二 阳不 阴必 变 井 蹇 二 升 谦 五 谦 升 二 坤 师 三 豫 解 四 萃 困 五 否 讼 上 无妄 履 初 履 无妄 二

三 阳不 阴必 变 井 坎 三 巽 涣 上 涣 巽 三 讼 姤 四 未济 升 五 解 恒 上 归妹 大壮 初 震 丰 二 丰 震 三

六四 大过 四恒 五鼎 上大有 初离 二噬嗑 三

五 阳不 阴必 变 井 升 五 蹇 谦 二 谦 蹇 五 艮 渐 上 贲 家人 初 大畜 小畜 地 损 中孚 三 睽 履 四 履 睽 五

上六 巽 上小畜 初家人 二益 三无妄 四噬嗑 五

䷰ 革卦

初 阳不阴必 变 革咸 初 既济蹇 四 蹇既济 初 升需 二 坎节 三 困兑 四 解归妹 五 未济睽 上 睽未济 初

六二 夬 二 兑 三 节 四 临 五 损 上 蒙 初

三 阳不阴必 变 革随 三 同人无妄 上 无妄同人 三 益家人 四 颐贲 五 复明夷 上 坤谦 初 师升 二 升师 三

四 阳不阴必 变 革既济 四 咸蹇 初 蹇咸 四 谦小过 五 艮旅 上 贲离 初 大畜大有 二 损睽 三 睽损 四

五 阳不阴必 变 革丰 五 夬大壮 二 大壮夬 五 大有乾 上 鼎姤 初 旅遁 二 晋否 三 剥观 四 观剥 五

上六 同人 上 遁 初 姤 二 讼 三 涣 四 蒙 五

䷱ 鼎卦

初六 大有 初 离 二 噬嗑 三 颐 四 益 五 屯 上

二 阳不阴必 变 鼎旅 二 姤遁 五 遁姤 二 否讼 三 观涣 四 剥蒙 五 坤师 上 复临 初 临复 二

三 阳不阴必 变 鼎未济 三 恒解 上 解恒 三 师升 四 坎井 五 涣巽 上 中孚小畜 初 益家人 二 家人益 三

四 阳不阴必 变 鼎蛊 四 大有大畜 初 大畜大有 四 小畜乾 五 需夬 上 井大过 初 蹇咸 二 比萃 三 萃比 四

六五 姤 五 大过 上 夬 初 革 二 随 三 屯 四

上 阳不阴必 变 鼎恒 上 未济解 三 解未济 上 归妹睽 初 震噬嗑 二 丰离 三 明夷贲 四 既济家人 五 家人既济 上

䷲ 震卦

初	阳不 阴必	变 震 豫	初 复 坤	四 坤 复	初 师 临	二 升 泰	三 恒 大壮	四 大过 夬	五 姤 乾	上 乾 姤	初
六二		归妹	二 大壮	三 泰	四 需	五 小畜	上 巽	初			
六三		丰	三 明夷	四 既济	五 家人	上 渐	初 巽	二			
四	阳不 阴必	变 震 复	四 豫 坤	初 坤 豫	四 比 萃	五 观 否	上 益 无妄	初 中孚 履	二 小畜 乾	三 乾 小畜	四
六五		随	五 无妄	上 否	初 讼	二 姤	三 巽	四			
上六		噬嗑	上 晋	初 未济	二 鼎	三 升	四 巽	五			

䷳ 艮卦

初六		贲	初 大畜	二 损	三 睽	四 履	五 兑	上			
六二		升	二 蒙	三 未济	四 讼	五 困	上 兑	初			
三	阳不 阴必	变 艮 剥	三 谦 坤	上 坤 谦	三 豫 小过	四 萃 咸	五 否 遁	上 无妄 同人	初 乾 履	二 履 乾	三
六四		旅	四 遁	五 咸	上 革	初 夬	二 兑	三			
六五		渐	五 蹇	上 既济	初 需	二 节	三 兑	四			
上	阳不 阴必	变 艮 谦	上 剥 坤	初 坤 剥	上 复 损	初 临 损	二 大有 大畜	三 大壮 大有	四 夬 乾	五 乾 夬	上

䷴ 渐卦

初六 家人 初 小畜 二 中孚 三 履 四 睽 五 归妹 上

六二 巽 二 涣 三 讼 四 未济 五 解 上 归妹 初

三 阳不/阴必 变 渐/观 三 蹇/比 上 比/蹇 三 萃/咸 四 豫/小过 五 晋/旅 上 噬嗑/离 初 睽/大有 二 大有/睽 三

六四 遁 四 旅 五 小过 上 丰 初 大壮 二 归妹 三

五 阳不/阴必 变 渐/艮 五 巽/蛊 二 蛊/巽 五 升/蹇 上 泰/需 初 明夷/既济 二 复/屯 三 震/随 四 随/震 五

上 阳不/阴必 变 渐/蹇 上 观/比 三 比/观 上 屯/益 初 节/中孚 二 需/小畜 三 夬/乾 四 大壮/大有 五 大有/大壮 上

䷵ 归妹卦

初 阳不/阴必 变 归妹/解 初 临/师 四 师/临 初 坤/复 二 谦/明夷 三 小过/丰 四 咸/革 五 遁/同人 上 同人/遁 初

二 阳不/阴必 变 归妹/震 二 兑/随 五 随/兑 二 革/夬 三 既济/震 四 明夷/泰 五 贲/大畜 上 艮/蛊 初 蛊/艮 二

六三 大壮 三 泰 四 需 五 小畜 上 巽 初 渐 二

四 阳不/阴必 变 归妹/临 四 解/师 初 师/解 四 坎/困 五 涣/讼 上 中孚/履 初 益/无妄 二 家人/同人 三 同人/家人 四

六五 兑 五 履 上 讼 初 否 二 遁 三 渐 四

上六 睽 上 未济 初 晋 二 旅 三 艮 四 渐 五

丰卦

初 阳不 阴必 变 丰 小过 初 明夷 谦 四 谦 明夷 初 升 泰 二 师 临 三 解 归妹 四 困 兑 五 讼 履 上 履 讼 初

六二 大壮 二 归妹 三 临 四 节 五 中孚 上 涣 初

三 阳不 阴必 变 丰 震 三 离 噬嗑 上 噬嗑 离 三 颐 贲 四 益 家人 五 屯 既济 上 比 蹇 初 坎 井 二 井 坎 三

四 阳不 阴必 变 丰 明夷 四 小过 谦 初 谦 小过 四 蹇 咸 五 渐 遁 二 家人 同人 初 小畜 乾 二 中孚 履 三 履 中孚 四

六五 革 五 同人 上 遁 初 姤 二 讼 三 涣 四

上六 离 上 旅 初 鼎 二 未济 三 蒙 四 涣 五

旅卦

初六 离 初 大有 二 睽 三 损 四 中孚 五 节 上

六二 鼎 二 未济 三 蒙 四 涣 五 坎 上 节 初

三 阳不 阴必 变 旅 晋 三 小过 豫 上 豫 小过 三 坤 谦 四 比 蹇 五 观 渐 上 益 家人 初 中孚 小畜 二 小畜 中孚 三

中 阳不 阴必 变 旅 艮 四 离 贲 初 贲 离 四 家人 同人 五 既济 革 上 蹇 咸 初 井 大过 二 坎 困 三 困 坎 四

六五 遁 五 咸 上 革 初 夬 二 兑 三 节 四

上 阳不 阴必 变 旅 小过 上 晋 豫 三 豫 晋 上 震 噬嗑 初 归妹 睽 二 大壮 蛊 三 泰 大畜 四 需 小畜 五 小畜 需 上

䷸ 巽卦

初六 小畜 初家人 二益 三无妄 四噬嗑 五震 上

二 阳不/阴必 变 巽/渐 二 蛊/艮 五 艮/蛊 二 剥/蒙 三 晋/未济 四 否/讼 五 萃/困 上 随/兑 初 兑/随 二

三 阳不/阴必 变 巽/涣 三 井/坎 上 坎/井 三 困/大过 四 解/恒 五 未济/鼎 上 井/大有 初 离/噬嗑 二 噬嗑/离 三

六四 姤 四鼎 五恒 上 蛊/大壮 初丰 二震 三

五 阳不/阴必 变 巽/蛊 五 渐/艮 地 艮/渐 五 谦/艮 上 明夷/既济 初 泰/需 二 临/节 三 归妹/兑 四 兑/归妹 五

上 阳不/阴必 变 巽/井 上 涣/坎 三 坎/涣 上 节/中孚 初 屯/益 二 既济/家人 三 革/同人 四 丰/离 五 离/丰 上

䷹ 兑卦

初 阳不/阴必 变 兑/困 初 节/坎 四 坎/节 初 比/屯 二 蹇/既济 三 咸/革 四 小过/丰 五 旅/离 上 离/旅 初

二 阳不/阴必 变 兑/随 二 归妹/震 五 震/归妹 二 丰/大壮 三 明夷/泰 四 既济/需 五 家人/小畜 上 渐/巽 初 巽/渐 二

六三 夬 三需 四泰 五大过 上蛊 初艮 二

四 阳不/阴必 变 兑/节 四 困/坎 初 坎/困 四 师/解 五 蒙/归妹 上 损/睽 初 颐/噬嗑 二 贲/离 三 离/贲 四

五 阳不/阴必 变 兑/归妹 五 随/震 二 震/随 五 噬嗑/无妄 上 晋/否 初 未济/讼 二 鼎/姤 三 蛊/巽 四 巽/蛊 五

上六 履 上讼 初否 二遁 三渐 四艮 五

䷺ 涣卦

初六 中孚 初 益 二 家人 三 同人 四 离 五 丰 上

二 阳不/阴必 变 涣/观 二 蒙/剥 五 剥/蒙 二 艮/蛊 三 旅/鼎 四 遁/姤 五 咸/大过 上 革/夬 初 夬/革 二

六三 巽 三 姤 四 鼎 五 恒 上 大壮 初 丰 二

六四 讼 四 未济 五 解 上 归妹 初 震 二 丰 三

五 阳不/阴必 变 涣/蒙 五 观/剥 二 剥/观 五 坤/比 上 复/屯 初 临/节 二 泰/需 三 大壮/夬 四 夬/大壮 五

上 阳不/阴必 变 涣/坎 上 巽/井 三 井/巽 上 需/小畜 初 既济/家人 二 屯/益 三 随/无妄 四 震/噬嗑 五 噬嗑/震 上

䷻ 节卦

初 阳不/阴必 变 节/坎 初 兑/困 四 困/兑 初 萃/随 二 咸/革 三 蹇/既济 四 谦/明夷 五 艮/贲 上 贲/艮 初

二 阳不/阴必 变 节/屯 二 临/复 五 复/临 二 井/泰 三 丰/大壮 四 革/夬 五 同人/乾 上 遁/姤 初 姤/遁 二

六三 需 三 夬 四 大壮 五 大有 上 鼎 初 旅 二

六四 兑 四 归妹 五 睽 上 未济 初 晋 二 旅 三

五 阳不/阴必 变 节/临 五 屯/复 二 复/屯 五 颐/井 上 剥/观 初 蒙/涣 二 大有/巽 三 鼎/姤 四 姤/鼎 五

上六 中孚 上 涣 初 观 二 渐 三 遁 四 旅 五

䷼ 中孚卦

初 阳不 阴必 变 中孚 涣 初 履 讼 四 讼 履 初 否 无妄 二 遁 同人 三 渐 家人 四 艮 贲 五 谦 明夷 上 明夷 谦 初

二 阳不 阴必 变 中孚 益 二 损 颐 五 颐 损 二 贲 大畜 三 离 大有 四 同人 乾 五 革 夬 上 咸 大过 初 大过 咸 二

六三 小畜 三 乾 四 大有 五 大壮 上 恒 初 小过 二

六四 履 四 睽 五 归妹 上 解 初 豫 二 小过 三

五 阳不 阴必 变 中孚 损 五 益 颐 二 颐 益 五 复 屯 上 坤 比 初 师 坎 二 升 井 三 恒 大过 四 大过 恒 五

上 阳不 阴必 变 中孚 节 上 小畜 需 三 需 小畜 上 井 巽 初 蹇 渐 二 比 观 三 革 否 四 豫 晋 五 晋 豫 上

䷽ 小过卦

初六 丰 初 大壮 二 归妹 三 临 四 节 五 中孚 上

六二 恒 二 解 三 师 四 坎 五 涣 上 中孚 初

三 阳不 阴必 变 小过 豫 三 旅 晋 上 晋 旅 三 井 艮 四 观 渐 五 比 蹇 上 屯 既济 初 节 需 二 需 节 三

四 阳不 阴必 变 小过 谦 四 丰 明夷 初 明夷 丰 四 既济 革 五 家人 同人 上 渐 遁 初 巽 姤 二 涣 讼 三 讼 涣 四

六五 咸 五 遁 上 同人 初 乾 二 履 三 中孚 四

上六 旅 上 离 初 大有 二 睽 三 损 四 中孚 五

䷾ 既济卦

初 阳不/阴必 变 既济/蹇 初 革/咸 四 咸/革 初 大过/夬 二 困/兑 三 坎/节 四 师/临 五 蒙/损 上 损/蒙 初

六二 需 二 节 三 兑 四 归妹 五 睽 上 未济 初

三 阳不/阴必 变 既济/屯 三 家人/益 上 益/家人 三 无妄/同人 四 噬嗑/离 五 震/丰 上 豫/小过 初 解/恒 二 恒/解 三

六四 革 四 丰 五 离 上 旅 初 鼎 二 未济 三

五 阳不/阴必 变 既济/明夷 五 需/泰 二 泰/需 五 大畜/小畜 上 蛊/巽 初 艮/渐 二 剥/观 三 晋/否 四 否/晋 五

上六 家人 上 渐 初 巽 二 涣 三 讼 四 未济 五

䷿ 未济卦

初六 睽 初 噬嗑 二 离 三 贲 四 家人 五 既济 上

二 阳不/阴必 变 未济/晋 二 讼/否 五 否/讼 二 遁/姤 三 渐/巽 四 艮/蛊 五 谦/升 上 明夷/泰 初 泰/明夷 二

六三 鼎 三 蛊 四 巽 五 井 上 需 初 既济 二

四 阳不/阴必 变 未济/蒙 四 睽/损 初 损/睽 四 中孚/履 五 节/兑 上 坎/困 初 比/萃 二 蹇/咸 三 咸/蹇 四

六五 讼 五 困 上 兑 初 随 二 革 三 既济 四

上 阳不/阴必 变 未济/解 上 鼎/恒 三 恒/鼎 上 大壮/大有 初 丰/离 二 震/噬嗑 三 复/颐 四 屯/益 五 益/屯 上

河洛理数卷之五

月卦

䷀ 乾卦

初九 正同人 八损　二 三无妄 十明夷　三 五益 十二豫　四 七颐 二离　五 九复 四随　上 十一坤 六观　初

九二 正履 八泰　三 三中孚 十解　四 五损 十二比　五 七临 二兑　上 九师 四涣　初 十一坤 六颐　二

九三 正小畜 八恒　四 三大畜 十蹇　五 五泰 十二剥　上 七升 二巽　初 九谦 四明夷　二 十一坤 六临　三

九四 正大有 八咸　五 三大壮 十晋　上 五恒 十二复　初 七小过 二离　二 九豫 四归妹　三 十一坤 六升　四

九五 正夬 八否　上 三大过 十屯　初 五咸 十二师　二 七萃 二兑　三 九比 四井　四 十一坤 六大过　五

上九 正姤 八益　初 三遁 十蒙　二 五否 十二谦　三 七观 二巽　四 九剥 四旅　五 十一坤 六萃　上

䷁ 坤卦

初六 正师 八咸　二 三升 十讼　三 五恒 十二小畜　四 七大过 二坎　五 九姤 四蛊　上 十一乾 六大壮　初

六二 正谦 八否　三 三小过 十家人　四 五咸 十二大有　五 七遁 二艮　上 九同人 四丰　初 十一乾 六大过　二

六三 正豫 八益　四 三萃 十睽　五 五否 十二夬　上 七无妄 二震　初 九履 四困　二 十一乾 六遁　三

六四 正比 八损　五 三观 十需　上 五益 十二姤　初 七中孚 二坎　二 九不畜 四渐　三 十一乾 六无妄　四

六五 正剥 八泰　上 三颐 十鼎　初 五损 十同人　二 七大畜 二艮　三 九大有 四噬嗑　四 十一乾 六中孚　五

上六 正复 八恒　初 三临 十萃　二 五泰 十二履　三 七大壮 二震　四 九夬 四节　五 十一乾 六大畜　上

䷂ 屯卦

初九 正节 八丰	二 二需 十睽	三 五夬 十二蛊	四 七大壮 二临	五 九大有 四小畜	上 十一鼎 六大过	初
六二 正既济 八噬嗑	三 三革 十艮	四 五丰 十二姤	五 七离 二家人	上 九旅 四咸	初 十一鼎 六大壮	二
六三 正随 八剥	四 三震 十讼	五 五噬嗑 十二恒	上 七晋 二萃	初 九未济 四归妹	二 十一鼎 六离	三
六四 正复 八涣	五 三颐 十升	上 五剥 十二大有	初 七蒙 二临	二 九蛊 四贲	三 十一鼎 六晋	四
九五 正益 八井	上 三观 十乾	初 五涣 十二旅	二 七巽 二家人	三 九姤 四否	四 十一鼎 六蒙	五
上六 正比 八夬	初 三坎 十小过	二 五井 十二未济	三 七大过 二萃	四 九恒 四师	五 十一鼎 六巽	上

䷃ 蒙卦

初六 正剥 八姤	二 三艮 十萃	三 五旅 十一既济	四 七遁 二观	五 九咸 四谦	上 十一革 六离	初
九二 正蛊 八困	三 三鼎 十需	四 五姤 十二丰	五 七大过 二升	上 九夬 四大有	初 十一革 六遁	二
六三 正未济 八节	四 三讼 十震	五 五困 十二同人	上 七兑 二睽	初 九随 四否	二 十一革 六大过	三
六四 正涣 八复	五 三坎 十家人	上 五节 十二咸	初 七屯 二观	二 九无妄 四井	三 十一革 六兑	四
六五 正师 八升	上 三临 十小过	初 五复 十二夬	二 七明夷 二升	三 九丰 四归妹	四 十一革 六屯	五
上九 正损 八睽	初 三颐 十乾	二 五贲 十二随	三 七离 二睽	四 九同人 四益	五 十一革 六明夷	上

需卦

初九 正既济 八归妹	二 三屯 十离	三 五随 十二剥	四 七震 二明夷	五 九噬嗑 四益	上 十一晋 六萃	初
九二 正节 八大有	三 三兑 十蒙	四 五归妹 十二否	五 七睽 二中孚	上 九未济 四困	安 十一晋 六震	二
九三 正夬 八蛊	四 三大壮 十遁	五 五大有 十二豫	上 七鼎 十一大过	初 九旅 四丰	二 十一晋 六睽	三
六四 正泰 八渐	五 三大畜 十坤	上 五蛊 十二噬嗑	初 七艮 二明夷	二 九剥 四损	三 十一晋 六渐	四
九五 正小畜 八比	上 三巽 十无妄	初 五离 十二未济	二 七观 二明夷	三 九否 四姤	四 十一晋 六艮	五
上六 正井 八随	初 三蹇 十解	二 五比 十二旅	三 七萃 二大过	四 九谦 四节	五 十一晋 六观	上

讼卦

初六 正否 八蛊	二 三遁 十坤	三 五渐 十二丰	四 七艮 二晋	五 九谦 四咸	上 十一明夷 六家人	初
九二 正姤 八师	三 三巽 十大壮	四 五蛊 十二既济	五 七升 二大过	上 九泰 四小畜	初 十一明夷 六艮	二
六三 正涣 八归妹	四 三蒙 十屯	五 五师 十二贲	上 七临 二中孚	初 九履 四剥	二 十一明夷 六升	三
九四 正未济 八随	五 三解 十离	上 五归妹 十二谦	初 七震 二晋	二 九丰 四恒	三 十一明夷 六临	四
九五 正困 八同人	上 三兑 十蹇	初 五随 十二泰	二 七萃 二大过	三 九既济 四节	四 十一明夷 六震	五
上九 正履 八渐	初 三无妄 十大畜	二 五同人 十二复	三 七家人 二中孚	四 九贲 四噬嗑	五 十一明夷 六革	上

䷆ 师卦

初六 正坤 八大过	二 三谦 十否	三 五小过 十二家人	四 七咸 二比	五 九遁 四艮	上 十一同人 六丰	初
九二 正升 八讼	三 三恒 十小畜	四 五大过 十二离	五 七姤 二蛊	上 九乾 四大壮	初 十一同人 六咸	二
九三 正解 八中孚	四 三困 十噬嗑	五 五讼 十二革	上 七履 二归妹	初 九无妄 四萃	二 十一同人 六姤	三
六四 正坎 八颐	五 三涣 十既济	上 五中孚 十二遁	初 七益 二比	二 九家人 四巽	三 十一同人 六履	四
六五 正蒙 八明夷	上 三损 十旅	初 五颐 十二乾	二 七贲 二蛊	三 九离 四睽	四 十一同人 六益	五
上六 正临 八小过	初 三复 十夬	二 五明夷 十二无妄	三 七丰 二归妹	四 九革 四屯	五 十一同人 六贲	上

䷇ 比卦

初六 正坎 八小过	二 三井 十未济	三 五大过 十二大畜	四 七恒 二师	五 九鼎 四巽	上 十一大有 六夬	初
六二 正蹇 八晋	三 三咸 十贲	遇 五小过 十二乾	五 七旅 二渐	上 九离 四革	初 十一大有 六恒	二
六三 正萃 八颐	四 三豫 十履	五 五晋 十二大壮	上 七噬嗑 二随	初 九睽 四解	二 十一大有 六旅	三
六四 正坤 八中孚	五 三剥 十泰	上 五颐 十二鼎	初 七损 二师	二 九大畜 四艮	三 十一大有 六噬嗑	四
九五 正观 八需	上 三益 十姤	初 五中孚 十二离	二 七小畜 二渐	三 九乾 四无妄	四 十一大有 六损	五
上六 正屯 八大过	初 三节 十丰	二 五需 十二睽	三 七夬 三随	四 九大壮 四临	五 十一大有 六小畜	上

䷈ 小畜卦

初九 正家人 八睽	二 三益 十丰	三 五无妄 十二乾	四 七噬嗑 二贲	五 九震 四屯	上 十一豫 六否	初
九二 正中孚 八大壮	三 三履 十师	四 五睽 十二萃	五 七归妹 二节	上 九解 四讼	初 十一豫 六噬嗑	二
九三 正乾 八升	四 三大有 十咸	五 五大壮 十二晋	上 七恒 二姤	初 九小过 四离	二 十一豫 六噬嗑	三
六四 正大畜 八蹇	五 三泰 十剥	上 五升 十二震	初 七谦 二贲	二 九坤 四临	三 十一豫 六恒	四
九五 正需 八观	上 三井 十随	初 五蹇 十二解	二 七比 二节	三 九萃 四大过	四 十一豫 六谦	五
上九 正巽 八无妄	初 三渐 十未济	二 五观 十二小过	三 七否 二姤	四 九晋 四艮	五 十一豫 六比	上

䷉ 履卦

初九 正无妄 八大畜	二 三同人 十复	三 五家人 十二小过	四 七贲 二噬嗑	五 九明夷 四革	上 十一谦 六渐	初
九二 正乾 八临	三 三小畜 十恒	四 五大畜 十二蹇	五 七泰 二夬	上 九升 四巽	初 十一谦 六贲	二
六三 正中孚 八解	四 二损 十比	五 五临 十二艮	上 七师 二涣	初 九坤 四颐	二 十一谦 六泰	三
九四 正睽 八萃	五 三归妹 十旅	上 五解 十二明夷	初 七豫 二噬嗑	二 九小过 四大壮	三 十一谦 六师	四
九五 正兑 八遁	上 三困 十既济	初 五萃 十二升	二 七咸 二夬	三 九蹇 四坎	四 十一谦 六豫	五
上九 正讼 八家人	初 三否 十蛊	二 五遁 十二坤	三 七渐 二涣	四 九艮 四晋	五 十一谦 六咸	上

泰卦

初九 正明夷 八兑	二 三复 十同人	三 五震 十二观	四 七随 二既济	五 九无妄 四颐	上 十一否 六豫	初
九二 正临 八乾	三 三归妹 十涣	四 五兑 十二晋	五 七履 二损	上 九讼 四解	初 十一否 六随	二
九三 正大壮 八巽	四 三夬 十旅	五 五乾 十二萃	上 七姤 二恒	初 九遁 四革	二 十一否 六履	三
九四 正需 八艮	五 三小畜 十比	上 五巽 十二无妄	初 七渐 二既济	二 九观 四中孚	三 十一否 六姤	四
六五 正大畜 八坤	上 三蛊 十噬嗑	初 五艮 十二讼	二 七剥 二损	三 九晋 四鼎	国 十一否 六渐	五
上六 正升 八震	初 三谦 十困	二 五坤 十二遁	三 七豫 二恒	四 九萃 四蹇	五 十一否 六剥	上

否卦

初六 正讼 八艮	二 三姤 十师	三 五巽 十二大壮	四 七蛊 二未济	五 九升 四大过	上 十一泰 六小畜	初
六二 正遁 八坤	三 三渐 十丰	四 五艮 十二需	五 七谦 二咸	上 九明夷 四家人	初 十一泰 六蛊	二
六三 正观 八震	四 三剥 十节	五 五坤 十二大畜	上 七复 二益	初 九临 四蒙	二 十一泰 六谦	三
九四 正晋 八兑	五 三豫 十大有	上 五震 十二升	初 七归妹 二未济	二 九大壮 四大过	三 十一泰 六复	四
九五 正萃 作乾	上 三随 十井	初 五兑 十二明夷	二 七夬 二咸	三 九需 四屯	四 十一泰 六归妹	五
上九 正无妄 八巽	初 三履 十贲	二 五乾 十二损	三 七小畜 二益	四 九大畜 四睽	五 十一泰 六夬	上

䷌ 同人卦

初九 正乾 八颐	二 三履 十泰	三 五中孚 十二解	四 七损 二大有	五 九临 四兑	上 十一师 六涣	初
六二 正无妄 八明夷	三 三溢 十豫	四 五颐 十二坎	五 七复 二随	上 九坤 四观	初 十一师 六损	二
九三 正家人 八小过	四 三贲 十井	五 五明夷 十二蒙	上 七谦 二渐	初 九升 四大畜	二 十一师 六复	三
九四 正离 八大过	五 三丰 十未济	上 五小过 十二临	初 七恒 二大有	二 九解 四震	三 十一师 六谦	四
九五 正革 八讼	上 三咸 十节	初 五大过 十二坤	二 七困 二随	三 九坎 四蹇	四 十一师 六恒	五
上九 正遁 八中孚	初 三姤 十剥	二 五讼 十二升	三 七涣 二渐	四 九蒙 四鼎	五 十一师 六困	上

䷍ 大有卦

初九 正离 八中孚	二 三噬嗑 十既济	三 五颐 十二萃	四 七益 二同人	五 九屯 四震	上 十一比 六剥	初
九二 正暌 八需	三 三损 十困	四 五中孚 十二坤	五 七节 二归妹	上 九坎 四蒙	初 十一比 六益	二
九三 正大畜 八小过	四 二小畜 十谦	五 五需 十二观	上 七井 二蛊	初 九蹇 四家人	二 十一比 六节	三
九四 正乾 八小过	五 三夬 十否	上 五大过 十二屯	初 七咸 二同人	二 九萃 四兑	三 十一比 六井	四
六五 正大壮 八晋	上 三恒 十复	初 五小过 十二坎	二 七豫 二归妹	三 九坤 四升	四 十一比 六咸	五
上九 正鼎 八颐	初 三旅 十涣	二 五晋 十二蹇	三 七剥 二噬嗑	四 九观 四遁	五 十一比 六豫	上

䷎ 谦卦

初六 正升 八萃	二 三师 十姤	三 五解 十中孚	四 七困 二井	五 九讼 四蒙	上 十一履 六归妹	初
六二 正坤 八遁	三 三豫 十益	四 五萃 十二睽	五 七否 二剥	上 九无妄 四需	初 十一履 六困	二
九三 正小过 八家人	四 三咸 十大有	五 五遁 十二兑	上 七同人 二丰	初 九贲 四大过	二 十一履 六否	三
六四 正蹇 八大畜	五 三渐 十节	上 五家人 十二讼	初 七小畜 二井	二 九中孚 四观	三 十一履 六同人	四
六五 正艮 八临	上 三贲 十未济	初 五大畜 十二无妄	二 七损 二剥	三 九睽 四离	四 十一履 六小畜	五
上六 正明夷 八解	初 三泰 十随	二 五临 十二乾	三 七归妹 二丰	四 九兑 四需	五 十一履 六损	上

䷏ 豫卦

初六 正解 八蹇	二 三恒 十涣	三 五升 十二乾	四 七井 二困	五 九巽 四鼎	上 十一小畜 六泰	初
六二 正小过 八观	三 三谦 十同人	四 五蹇 二大畜	五 七渐 二旅	上 九家人 四明夷	初 十一小畜 六井	二
六三 正坤 八无妄	四 三比 十损	五 五观 十二需	七 七益 二复	初 九中孚 四坎	二 十一小畜 六渐	三
九四 正萃 八睽	五 三否 十夬	上 五无妄 十二巽	初 七履 二困	二 九乾 四遁	三 十一小畜 大益	四
六五 正晋 八大壮	上 三噬嗑 十益	初 五睽 十二家人	二 十大有 二旅	三 九大畜 四颐	四 十一小畜 六履	五
上六 正震 八升	初 三归妹 十既济	二 五大壮 十二中孚	三 七泰 二复	四 九需 四兑	五 十一小畜 六大有	上

䷐ 随卦

初九 正兑/八明夷	二 三夬/十损	三 五需/十二鼎	四 七泰/二归妹	五 九大畜/四乾	上 十一蛊/六井	初
六二 正革/八颐	三 三既济/十旅	四 五明夷/十二巽	五 七贲/二同人	上 九艮/四蹇	初 十一蛊/六泰	二
六三 正屯/八晋	四 三复/十涣	五 五颐/十二升	上 七剥/二比	初 九蒙/四临	二 十一蛊/六贲	三
九四 正震/八讼	五 三噬嗑/十恒	上 五晋/十二大畜	初 七未济/二归妹	二 九鼎/四离	三 十一蛊/六剥	四
九五 正无妄/八大过	上 五晋/十小畜	初 五讼/十二艮	二 七姤/二同人	三 九巽/四观	四 十一蛊/六未济	五
上六 正萃/八需	初 三困/十谦	二 五大过/十二蒙	三 七井/二比	四 九升/四解	五 十一蛊/六姤	上

䷑ 蛊卦

初六 正艮/八讼	二 三剥/十咸	三 五晋/十二屯	四 七否/二渐	五 九萃/四坤	上 十一随/六噬嗑	初
九二 正蒙/八大过	三 三未济/十节	四 五讼/十二震	五 七困/二师	上 九兑/四睽	初 十一随/六否	二
九三 正鼎/八需	四 三姤/十丰	五 五大过/十二无妄	上 七夬/二大有	初 九萃/四遁	二 十一随/六困	三
六四 正巽/八明夷	五 三井/十益	上 五需/十二萃	初 七既济/二渐	二 九屯/四坎	三 十一随/六夬	四
六五 正升/八颐	上 三泰/十豫	初 五明夷/十二兑	二 七复/二师	三 九震/四大壮	四 十一随/六既济	五
上九 正大畜/八晋	初 三贲/十履	二 五颐/十二革	三 七噬嗑/二大有	四 九无妄/四家人	五 十一随/六复	上

临卦

初九 正复 八夬　二 三明夷 十无妄　三 五丰 十二渐　四 七革 二屯　五 九同人 四贲　上 十一遁 六小过　初

九二 正泰 八履　三 三大壮 十巽　四 五夬 十二旅　五 七乾 二大畜　上 九姤 四恒　初 十一遁 六革　二

六三 正归妹 八涣　四 三兑 十晋　五 五履 十二咸　上 七讼 二解　初 九否 四随　二 十一遁 六乾　三

六四 正节 八剥　五 三中孚 十蹇　上 五涣 十二同人　初 七观 二屯　二 九归妹 四小畜　三 十一遁 六讼　四

六五 正损 八谦　上 三离 十蒙　初 五剥 十二姤　二 七艮 二大畜　三 九旅 四未济　四 十一遁 六观　五

上六 正师 八丰　初 三坤 十大过　二 五谦 十二否　三 七小过 二解　四 九咸 四比　五 十一遁 六艮　上

观卦

初六 正涣 八旅　二 三巽 十解　三 五姤 十二泰　四 七归妹 二蒙　五 九恒 四比　上 十一大壮 六鼎　初

六二 正渐 八豫　三 三遁 十明夷　四 五旅 十二夬　五 七小过 二蹇　上 九丰 四同人　初 十一大壮 六鼎　二

六三 正否 八复　四 三晋 十兑　五 五豫 十二大有　上 七震 二无妄　初 九归妹 四未济　二 十一大壮 六小过　三

六四 正剥 八节　五 三坤 十大畜　上 五复 十二恒　初 七临 二蒙　二 九泰 四谦　三 十一大壮 六震　四

九五 正比 八小畜　上 三屯 十大过　初 五节 十二丰　二 七需 二蹇　三 九夬 四随　四 十一大壮 六临　五

上九 正益 八姤　初 三中孚 十离　二 五小畜 十二归妹　三 七乾 二无妄　四 九大有 四损　五 十一大壮 六需　上

噬嗑卦

初九 正睽 八家人	二 三大有 十节	三 五大畜 十二大过	四 七小畜 二履	五 九需 四大壮	上 十一井 六蛊	初
六二 正离 八屯	三 三贲 十咸	四 五家人 十二升	五 七既济 二丰	上 九蹇 四艮	初 十一井 六小畜	二
六三 正颐 八萃	四 三益 十师	五 五屯 十二巽	上 七比 二剥	初 九坎 四中孚	二 十一井 六既济	三
六四 正无妄 八解	五 三随 十姤	上 五萃 十二需	初 七困 二履	二 九大过 四革	三 十一井 六比	四
六五 正震 八鼎	上 三豫 十泰	初 五解 十二蹇	二 七恒 二丰	三 九升 四坤	四 十一井 六困	五
上九 正晋 八大畜	初 三未济 十渐	二 五鼎 十二坎	三 七蛊 二剥	四 九巽 四讼	五 十一井 六恒	上

贲卦

初九 正大畜 八无妄	二 三损 十夬	三 五睽 十二坎	四 七履 二小畜	五 九兑 四临	上 十一困 六未济	初
六二 正颐 八革	三 三噬嗑 十比	四 五无妄 十二解	五 七随 二履	上 九萃 四晋	初 十一困 六履	二
九三 正离 八蹇	四 三同人 十恒	五 五革 十二讼	上 七咸 二旅	初 九大过 四乾	二 十一困 六随	三
六四 正家人 八升	五 三既济 十涣	上 五蹇 十二兑	初 七夬 二小畜	二 九坎 四屯	三 十一困 六咸	四
六五 正明夷 八蒙	上 三谦 十归妹	初 五井 十二革	二 七师 二复	三 九解 四屯	四 十一困 六井	五
上九 正艮 八睽	初 三蛊 十否	二 五蒙 十二大过	三 七未济 二旅	四 九讼 四巽	五 十一困 六师	上

䷖ 剥卦

初六 正蒙 八遁	**二** 三蛊 十困	**三** 五鼎 十二需	**四** 七姤 二涣	**五** 九大过 四升	**上** 十一夬 六大有	**初**
六二 正艮 八萃	**三** 三旅 十既济	**四** 五遁 十二大壮	**五** 七咸 二谦	**上** 九革 四离	**初** 十一夬 六姤	**二**
六三 正晋 八屯	**四** 三否 十归妹	**五** 五萃 十二乾	**上** 七随 二噬嗑	**初** 九兑 四讼	**二** 十一夬 六咸	**三**
六四 正观 八临	**五** 三比 十小畜	**上** 五屯 十二大过	**初** 七节 二涣	**二** 九需 四蹇	**三** 十一夬 六随	**四**
六五 正乾 八大畜	**上** 三复 十恒	**初** 五临 十二萃	**二** 七泰 二谦	**三** 九大壮 四震	**四** 十一夬 六节	**五**
上九 正颐 八鼎	**初** 三损 十同人	**二** 五大畜 十二兑	**三** 七大有 二噬嗑	**四** 九乾 四中孚	**五** 十一夬 六泰	**上**

䷗ 复卦

初九 正临 八革	**二** 三泰 十履	**三** 五大壮 十二巽	**四** 七夬 二节	**五** 九乾 四大畜	**上** 十一姤 六恒	**初**
六二 正明夷 八无妄	**三** 三丰 十渐	**四** 五革 十二鼎	**五** 七同人 二贲	**上** 九遁 四小过	**初** 十一姤 六夬	**二**
六三 正震 八观	**四** 三遁 十未济	**五** 五无妄 十二大过	**上** 七否 二豫	**初** 九讼 四兑	**二** 十一姤 六同人	**三**
六四 正屯 八蒙	**五** 三益 十井	**上** 五观 十二乾	**初** 七涣 二节	**二** 九巽 四家人	**三** 十一姤 六否	**四**
六五 正颐 八升	**上** 三剥 十大有	**初** 五蒙 十二遁	**二** 七蛊 二贲	**三** 九鼎 四晋	**四** 十一姤 六涣	**五**
上六 正坤 八大壮	**初** 三师 十咸	**二** 五升 十二讼	**三** 七恒 二豫	**四** 九大过 四坎	**五** 十一姤 六蛊	**上**

无妄卦

初九 正履 八贲	二 三乾 十升	三 五小畜 十二恒	四 七大畜 二睽	五 九泰 四夬	上 十一升 六巽	初
六二 正同人 八复	三 三家人 十小过	四 五贲 十二井	五 七明夷 二革	上 九谦 四渐	初 十一升 六大畜	二
六三 正益 八豫	四 三颐 十坎	五 五复 十二蛊	上 七坤 二观	初 九师 四损	二 十一升 六明夷	三
九四 正噬嗑 八困	五 三震 十鼎	上 五豫 十二泰	初 七解 二睽	二 九恒 四丰	三 十一升 六坤	四
九五 正随 八姤	上 三萃 十需	初 五困 十二谦	二 七大过 二革	三 九井 四比	四 十一升 六解	五
上九 正否 八小畜	初 三讼 十艮	二 五姤 十二师	三 七巽 二观	四 九蛊 四未济	五 十一升 六小畜	上

大畜卦

初九 正贲 八履	二 三颐 十革	三 五噬嗑 十二比	四 七无妄 二家人	五 九随 四复	上 十一萃 六晋	初
九二 正损 八夬	三 三睽 十坎	四 五履 十二豫	五 七兑 二临	上 九困 四未济	初 十一萃 六无妄	二
九三 正大有 八井	四 三乾 十小过	五 五夬 十二否	上 七大过 二鼎	初 九咸 四同人	二 十一萃 六兑	三
六四 正小畜 八谦	五 三需 十观	上 五井 十二随	初 七蹇 二家人	二 九比 四节	三 十一萃 六大过	四
六五 正泰 八剥	上 三升 十震	初 五谦 十二困	二 七坤 二临	三 九豫 四恒	四 十一萃 六蹇	五
上九 正蛊 八噬嗑	初 三艮 十讼	二 五剥 十二咸	三 七晋 二鼎	四 九否 四渐	五 十一萃 六坤	上

䷚ 颐卦

初九 正损 八同人	二 三大畜 十兑	三 五大有 十二井	四 七乾 二中孚	五 九夬 四泰	上 十一大过 六鼎	初
六二 正贲 八随	三 三离 十蹇	四 五同人 十二恒	五 七萃 二明夷	上 九咸 四旅	初 十一大过 六乾	二
六三 正噬嗑 八比	四 三无妄 十解	五 五随 十二姤	上 七萃 二晋	初 九困 四履	二 十一大过 六革	三
六四 正益 八师	五 三屯 十巽	上 五比 十二夬	初 七坎 二中孚	二 九井 四既济	三 十一大过 六萃	四
六五 正履 八蛊	上 三坤 十大壮	初 五师 十二咸	二 七升 二中孚	三 九恒 四豫	四 十一大过 六坎	五
上九 正剥 八大有	初 三蒙 十遁	二 五蛊 十二困	三 七鼎 二晋	四 九姤 四涣	五 十一大过 六升	上

䷛ 大过卦

初六 正咸 八师	二 三萃 十艮	三 五比 十二噬嗑	四 七坤 二小过	五 九剥 四否	上 十一颐 六屯	初
九二 正困 八蛊	三 三坎 十睽	四 五师 十二益	五 七蒙 二讼	上 九损 四节	初 十一颐 六坤	二
九三 正井 八大有	四 三升 十家人	五 五蛊 十二复	上 七大畜 二需	初 九贲 四谦	二 十一颐 六蒙	三
九四 正恒 八同人	五 三鼎 十震	上 五大有 十二剥	初 七离 二小过	二 九噬嗑 四未济	三 十一颐 六大畜	四
九五 正姤 八随	上 三乾 十观	初 五同人 十二损	二 七无妄 二讼	三 九益 四小畜	四 十一颐 六离	五
上六 正夬 八比	初 三萃 十临	二 五随 十二贲	三 七屯 三需	四 九复 四丰	五 十一颐 六无妄	上

坎卦

初六 正比 八恒	二 三蹇 十晋	三 五咸 十二贲	四 七小过 二坤	五 九旅 四渐	上 十一离 六革	初
九二 正井 八未济	三 三大过 十大畜	四 五恒 十二同人	五 七鼎 二巽	上 九大有 四夬	初 十一离 六小过	二
六三 正困 八损	四 三解 十无妄	五 五未济 十二丰	上 七睽 二兑	初 九噬嗑 四豫	二 十一离 六鼎	三
六四 正师 八益	五 三蒙 十明夷	上 五损 十二旅	初 七颐 二坤	二 九贲 四蛊	三 十一离 六睽	四
九五 正涣 八既济	上 三中孚 十遁	初 五益 十二大有	二 七家人 二巽	三 九同人 四履	四 十一离 六颐	五
上六 正节 八咸	初 三屯 十大壮	二 五既济 十二噬嗑	三 七革 二兑	四 九丰 四复	五 十一离 六家人	上

离卦

初九 正大有 八益	二 三睽 十需	三 五损 十二困	四 七中孚 二乾	五 九节 四归妹	上 十一坎 六旅	初
六二 正噬嗑 八既济	三 三颐 十萃	四 五益 十二师	五 七屯 二震	上 九比 四剥	初 十一坎 六中孚	二
九三 正贲 八咸	四 三家人 十升	五 五既济 十二涣	上 七蹇 二艮	初 九井 四小畜	二 十一坎 六屯	三
九四 正同人 八恒	五 三革 十讼	上 五咸 十二节	初 七大过 二乾	二 九困 四随	三 十一坎 六蹇	四
六五 正丰 八未济	上 三小过 十临	初 五恒 十二比	二 七解 二震	三 九种 四谦	四 十一坎 六大过	五
上九 正旅 八损	初 三鼎 十观	二 五未济 十二升	三 七蒙 二艮	四 九涣 四姤	五 十一坎 六解	上

咸卦

<table>
<tr><td>初六 正大过
八坤</td><td>二 三困
十蛊</td><td>三 五坎
十二睽</td><td>四 七师
二恒</td><td>五 九蒙
四讼</td><td>上 十一损
六节</td><td>初</td></tr>
<tr><td>六二 正萃
八艮</td><td>三 三比
十噬嗑</td><td>四 五坤
十二屯</td><td>五 七剥
二否</td><td>上 九颐
四屯</td><td>初 十一损
六师</td><td>二</td></tr>
<tr><td>九三 正蹇
八离</td><td>四 三谦
十小畜</td><td>五 五艮
十二临</td><td>上 七贲
二既济</td><td>初 九大畜
四升</td><td>二 十一损
六剥</td><td>三</td></tr>
<tr><td>九四 正小过
八乾</td><td>五 三旅
十归妹</td><td>上 五离
十二蒙</td><td>初 七大有
二恒</td><td>二 九睽
四晋</td><td>三 十一损
六贲</td><td>四</td></tr>
<tr><td>九五 正遁
八兑</td><td>上 三同人
十涣</td><td>初 五乾
十二颐</td><td>二 七履
二无妄</td><td>三 九中孚
四家人</td><td>四 十一损
六大有</td><td>五</td></tr>
<tr><td>上六 正革
八坎</td><td>初 三夬
十复</td><td>二 五兑
十二大畜</td><td>三 七节
二既济</td><td>四 九临
四大壮</td><td>五 十一损
六履</td><td>上</td></tr>
</table>

恒卦

<table>
<tr><td>初六 正小过
八坎</td><td>二 三豫
十渐</td><td>三 五坤
十二无妄</td><td>四 七比
二咸</td><td>五 九观
四晋</td><td>上 十一益
六复</td><td>初</td></tr>
<tr><td>九二 正解
八巽</td><td>三 三师
十履</td><td>四 五坎
十二颐</td><td>五 十涣
二未济</td><td>上 九中孚
四临</td><td>初 十一益
六比</td><td>二</td></tr>
<tr><td>九三 正升
八乾</td><td>四 三井
十贲</td><td>五 五巽
十二屯</td><td>上 七小畜
二泰</td><td>初 九家人
四蹇</td><td>二 十一益
六涣</td><td>三</td></tr>
<tr><td>九四 正大过
八离</td><td>五 三姤
十随</td><td>上 五乾
十二观</td><td>初 七同人
二咸</td><td>二 九无妄
四讼</td><td>三 十一益
六小畜</td><td>四</td></tr>
<tr><td>六五 正鼎
八震</td><td>上 三大有
十剥</td><td>初 五离
十二孚</td><td>二 七噬嗑
二未济</td><td>三 九颐
四大畜</td><td>四 十一益
六同人</td><td>五</td></tr>
<tr><td>上六 正大壮
八坤</td><td>初 三丰
十节</td><td>二 五震
十二家人</td><td>三 七复
二泰</td><td>四 九屯
四革</td><td>五 十一益
六噬嗑</td><td>上</td></tr>
</table>

遁卦

初六 正姤 八剥	二 三讼 十升	三 五涣 十二归妹	四 七蒙 二鼎	五 九师 四困	上 十一临 六中孚	初
六二 正否 八谦	三 三观 十震	四 五剥 十二节	五 七坤 二萃	上 九复 四益	初 十一临 六蒙	二
九三 正渐 八丰	四 三艮 十需	五 五谦 十二损	上 七明夷 二家人	初 九泰 四蛊	二 十一临 六坤	三
九四 正旅 八夬	五 三小过 十睽	上 五丰 十二师	初 七大壮 二鼎	二 九归妹 四豫	三 十一临 六明夷	四
九五 正咸 八履	上 三革 十坎	初 五夬 十二复	二 七兑 二萃	三 九节 四既济	四 十一临 六大壮	五
上九 正同人 八涣	初 三乾 十颐	二 五履 十二泰	三 七中孚 二家人	四 九损 四大有	五 十一临 六兑	上

大壮卦

初九 正丰 八节	二 三震 十蒙	三 五复 十二否	四 七屯 二萃	五 九益 四噬嗑	上 十一观 六坤	初
九二 正归妹 八小畜	三 三临 十讼	四 五节 十二剥	五 七中孚 二睽	上 九涣 四师	初 十一观 六屯	二
九三 正泰 八姤	四 三需 十艮	五 五小畜 十二比	上 七巽 二升	初 九渐 四既济	二 十一观 六中孚	三
九四 正夬 八旅	五 三乾 十萃	上 五姤 十二益	初 七遁 二革	二 九否 四随	三 十一观 六巽	四
六五 正大有 八豫	上 三鼎 十颐	初 五旅 十二涣	二 七贲 二睽	三 九剥 四蛊	四 十一观 六遁	五
上六 正恒 八复	初 三小过 十坎	二 五豫 十二渐	三 七坤 十井	四 九比 四咸	五 十一观 六晋	上

䷢ 晋卦

初六 正未济 八渐	二 三鼎 十坎	三 五蛊 十二夬	四 七巽 二讼	五 九井 四恒	上 十一需 六大畜	初
六二 正旅 八比	三 三艮 十萃	四 五渐 十二泰	五 七蹇 二小过	上 九既济 四贲	初 十一需 六巽	二
六三 正剥 八随	四 三观 十临	五 五比 十小畜	上 七屯 二颐	初 九节 四涣	二 十一需 六蹇	三
九四 正否 八归妹	五 三萃 十乾	上 五随 十二井	初 七兑 十讼	二 九夬 四咸	三 十一需 六屯	四
六五 正豫 八大有	上 三震 十升	初 五归妹 十二既济	二 七大壮 二大过	三 九泰 四复	四 十一需 六兑	五
上九 正噬嗑 八蛊	初 三睽 十家人	二 五大有 十二节	三 七大畜 二颐	四 九小畜 四履	五 十一需 六大壮	上

䷣ 明夷卦

初九 正泰 八随	二 三临 十乾	三 五归妹 十二涣	四 七兑 二需	五 九履 四损	上 十一讼 六解	初
六二 正履 八明夷	三 三震 十观	四 五随 十二未济	五 七无妄 二颐	上 九否 四豫	初 十一讼 六兑	二
九三 正丰 八渐	四 三革 十鼎	五 五同人 十二困	上 七遁 二小过	初 九姤 四夬	二 十一讼 六无妄	三
六四 正既济 八蛊	五 三家人 十坎	上 五渐 十二履	初 七巽 二需	二 九涣 四益	三 十一讼 六遁	四
六五 正贲 八师	上 三艮 十睽	初 五蛊 十二否	二 十一蒙 二颐	三 九比 四旅	四 十一讼 六巽	五
上六 正谦 八归妹	初 三升 十萃	二 五师 十二姤	三 七解 二小过	四 九困 四升	五 十一讼 六蒙	上

家人卦

初九 正小畜 八噬嗑	二 三中孚 十大壮	三 五履 十二师	四 七睽 二大畜	五 九归妹 四节	上 十一解 六讼	初
六二 正益 八丰	三 三无妄 十坤	四 五噬嗑 十二困	五 七震 二屯	上 九豫 四否	初 十一解 六睽	二
九三 正同人 八谦	四 三离 十大过	五 五丰 十二未济	上 七小过 二遁	初 九恒 四大有	二 十一解 六震	三
六四 正贲 八井	五 三明夷 十蒙	上 五谦 十二归妹	初 七升 二大畜	二 九师 四复	三 十一解 六大过	四
九五 正既济 八涣	上 三蹇 十兑	初 五升 十二豫	二 七坎 二屯	三 九困 四咸	四 十一解 六升	五
上九 正益 八履	初 三巽 十晋	二 五涣 十二恒	三 七讼 二遁	四 九未济 四蛊	五 十一解 六坎	上

睽卦

初九 正噬嗑 八小畜	二 三离 十屯	三 五贲 十二咸	四 七家人 二无妄	五 九既济 四丰	上 十地蹇 六艮	初
九二 正大有 八节	三 三大畜 十大过	四 五小畜 十二谦	五 七需 十大壮	上 九井 四蛊	初 十一蹇 六家人	二
六三 正损 八困	四 三中孚 十坤	五 五节 十二渐	上 七坎 二蒙	初 九比 四益	二 十一蹇 六需	三
九四 正履 八豫	五 三兑 十遁	上 五困 十二既济	初 七萃 二无妄	二 九咸 四夬	三 十一蹇 六坎	四
六五 正归妹 八履	上 三解 十明夷	初 五豫 十二井	二 七小过 二大壮	三 九谦 四节	四 十一蹇 六萃	五
上九 正未济 八贲	初 三晋 十巽	二 五旅 十二比	三 七艮 二蒙	四 九渐 四否	五 十一蹇 六小过	上

蹇卦

<table>
<tr><td>初六 正井
八豫</td><td>二 三坎
十鼎</td><td>三 五困
三损</td><td>四 七解
二升</td><td>五 九未济
四涣</td><td>上 十一睽
六兑</td><td>初</td></tr>
<tr><td>六二 正比
八旅</td><td>三 三萃
十颐</td><td>四 五豫
十二履</td><td>五 七晋
二观</td><td>上 九噬嗑
四随</td><td>初 十一睽
六解</td><td>二</td></tr>
<tr><td>九三 正咸
八贲</td><td>四 三小过
十乾</td><td>五 五旅
十二归妹</td><td>上 七离
二萃</td><td>初 九大有
四恒</td><td>二 十一睽
六晋</td><td>三</td></tr>
<tr><td>六四 正谦
八小畜</td><td>五 三艮
十临</td><td>上 五贲
十二未济</td><td>初 七大畜
二升</td><td>二 九损
四剥</td><td>三 十一睽
六离</td><td>四</td></tr>
<tr><td>九五 正渐
八节</td><td>上 三家人
十讼</td><td>初 五小畜
十二噬嗑</td><td>二 七中孚
二观</td><td>三 九复
四同人</td><td>四 十一睽
六大有</td><td>五</td></tr>
<tr><td>上六 正既济
八困</td><td>初 三需
十震</td><td>二 五节
十二大有</td><td>三 七兑
二革</td><td>四 九归妹
四泰</td><td>五 十一睽
六中孚</td><td>上</td></tr>
</table>

解卦

<table>
<tr><td>初六 正豫
八井</td><td>二 三小过
十观</td><td>三 五谦
十二同人</td><td>四 七蹇
二萃</td><td>五 九渐
四旅</td><td>上 十一家人
六明夷</td><td>初</td></tr>
<tr><td>九二 正恒
八涣</td><td>三 三升
十乾</td><td>四 五井
十二贲</td><td>五 七巽
二鼎</td><td>上 九小畜
四泰</td><td>初 十一家人
六蹇</td><td>二</td></tr>
<tr><td>六三 正师
八履</td><td>四 三坎
十颐</td><td>五 五涣
十二既济</td><td>上 七中孚
二临</td><td>初 九益
四比</td><td>二 十一家人
六巽</td><td>三</td></tr>
<tr><td>九四 正困
八噬嗑</td><td>五 三讼
十革</td><td>上 五履
十二渐</td><td>初 七无妄
二萃</td><td>二 九同人
四姤</td><td>三 十一贲
六中孚</td><td>四</td></tr>
<tr><td>六五 正未济
八丰</td><td>上 三睽
十艮</td><td>初 五噬嗑
十二小畜</td><td>二 七离
二鼎</td><td>三 九贲
四损</td><td>四 十一家人
六无妄</td><td>五</td></tr>
<tr><td>上六 正归妹
八谦</td><td>初 三震
十需</td><td>二 五丰
十二益</td><td>三 七明夷
二临</td><td>四 九既济
四随</td><td>五 十一家人
六离</td><td>上</td></tr>
</table>

损卦

初九 正乾 八颐	二 三贲 十随	三 五离 十二蹇	四 七同人 二益	五 九革 四明夷	上 十一咸 六旅	初
九二 正大畜 八兑	三 三大有 十井	四 五乾 十二小过	五 七夬 二泰	上 九大过 四鼎	初 十一咸 六同人	二
六三 正睽 八坎	四 三履 十豫	五 五兑 十二遁	上 七困 二未济	初 九萃 四无妄	二 十一咸 六夬	三
六四 正中孚 八坤	五 三节 十渐	上 五坎 十二革	初 七比 二益	二 九蹇 四需	三 十一咸 六困	四
六五 正临 八艮	上 三师 十丰	初 五坤 十二大过	二 七谦 二泰	三 九小过 四解	四 十一咸 六比	五
上九 正蒙 八离	初 三剥 十姤	二 五艮 十二萃	三 七旅 二未济	四 九遁 四观	五 十一咸 六谦	上

益卦

初九 正中孚 八离	二 三小畜 十归妹	三 五乾 十二升	四 七大有 二损	五 九大壮 四需	上 十一恒 六姤	初
六二 正家人 八震	三 三同人 十谦	四 五离 十二大过	五 七丰 二既济	上 九小过 四遁	初 十一恒 六大有	二
六三 正无妄 八坤	四 三噬嗑 十困	五 五震 十二鼎	上 七豫 二颐	初 九解 四睽	二 十一恒 六丰	三
六四 正颐 八坎	五 三复 十蛊	上 五升 十二大壮	初 七师 二离	二 九升 四明夷	三 十一恒 六豫	四
九五 正屯 八巽	上 三比 十夬	初 五坎 十二小过	二 七井 二既济	三 九大过 四萃	四 十一恒 六师	五
上九 正观 八乾	初 三涣 十旅	二 五巽 十二解	三 七姤 二否	四 九鼎 四蒙	五 十一恒 六升	上

䷪ 夬卦

初九 正革 八临	二 三随 十贲	三 五屯 十二晋	四 七复 二丰	五 九颐 四无妄	上 十一剥 六比	初
九二 正兑 八大畜	三 三节 十未济	四 五临 十二观	五 七损 二履	上 九蒙 四坎	初 十一剥 六复	二
九三 正需 八鼎	四 三泰 十渐	五 五大畜 十二坤	上 七蛊 二井	初 九艮 四明夷	二 十一剥 六损	三
九四 正大壮 八遁	五 三大有 十豫	上 五鼎 十二颐	初 七旅 二丰	二 九晋 四睽	三 十一剥 六蛊	四
九五 正乾 八萃	上 三姤 十益	初 五遁 十二蒙	二 七否 二履	三 九观 四巽	四 十一剥 六旅	五
上六 正大过 八屯	初 三咸 十师	二 五萃 十二艮	三 七比 二井	四 九坤 四小过	五 十一剥 六否	上

䷫ 姤卦

初六 正遁 八蒙	二 三否 十谦	三 五观 十二震	四 七剥 二旅	五 九萃 四坤	上 十一复 六益	初
九二 正讼 八升	三 三涣 十归妹	四 五蒙 十二屯	五 七师 二困	上 九中孚 四临	初 十一复 六剥	二
九三 正巽 八大壮	四 三蛊 十既济	五 五升 十二颐	上 七泰 二小畜	初 九明夷 四艮	二 十一复 六师	三
九四 正鼎 八革	五 三恒 十噬嗑	上 五大壮 十二坤	初 七蛊 二旅	二 九解 四震	三 十一复 六泰	四
九五 正大过 八无妄	上 三夬 十比	初 五萃 十二临	二 七随 二困	三 九需 四屯	四 十一复 六丰	五
上九 正乾 八观	初 三同人 十损	二 五无妄 十二明夷	三 七益 二小畜	四 九离 四颐	五 十一复 六随	上

䷬ 萃卦

初六 正困 八谦	二 三大过 十蒙	三 五井 十二大有	四 七升 二解	五 九蛊 四姤	上 十一大畜 六需	初
初二 正咸 八剥	三 三蹇 十离	四 五谦 十二小畜	五 七艮 二遁	上 九贲 四既济	初 十一大畜 六升	二
六三 正比 八噬嗑	四 三坤 十中孚	五 五剥 十二泰	上 七颐 二屯	初 九损 四师	二 十一大畜 六艮	三
九四 正豫 八履	五 三晋 十大壮	上 五噬嗑 十二蛊	初 七暌 二解	二 九大有 四旅	三 十一大畜 六艮	四
九五 正否 八夬	上 三无妄 十巽	初 五履 十二贲	二 七乾 二屯	三 九小畜 四益	四 十一大畜 六暌	五
上六 正随 八升	初 三兑 十明夷	二 五夬 十二损	三 七需 二屯	四 九泰 四归妹	五 十一大畜 六乾	上

䷭ 升卦

初六 正谦 八困	二 三坤 十遁	三 五豫 十二益	四 七萃 二蹇	五 九否 四剥	上 十一无妄 六震	初
九二 正师 八姤	三 三解 十中孚	四 五困 十二噬嗑	五 七讼 二蒙	上 九履 四归妹	初 十一无妄 六萃	二
九三 正恒 八小畜	四 三大过 十离	五 五姤 十二随	上 七乾 二大壮	初 九同人 四咸	二 十一无妄 六讼	三
六四 正井 八贲	五 三巽 十屯	上 五小畜 十二否	初 七家人 二蹇	二 九益 四涣	三 十一无妄 六乾	四
六五 正蛊 八复	上 三大畜 十晋	初 五贲 十二履	二 七颐 二蒙	三 九噬嗑 四大有	四 十一无妄 六剥	五
上六 正泰 八豫	初 三明夷 十兑	二 五复 十二同人	三 七震 二大壮	四 九随 四既济	五 十一无妄 六颐	上

困卦

初六 正萃 八升	二 三咸 十剥	三 五蹇 十二离	四 七谦 二豫	五 九艮 四遁	上 十一贲 六既济	初
九二 正大过 八蒙	三 三井 十大有	四 五升 十二家人	五 七蛊 二姤	上 九大畜 四震	初 十一贲 六谦	二
六三 正坎 八睽	四 三师 十益	五 五蒙 十二颐	上 七损 二节	初 九颐 四坤	二 十一贲 六坤	三
九四 正解 八无妄	五 三未济 十丰	上 五睽 十二艮	初 七噬嗑 二豫	二 九离 四鼎	三 十一贲 六损	四
九五 正讼 八革	上 三履 十渐	初 五无妄 十二大畜	二 七同人 二姤	三 九家人 四中孚	四 十一贲 六噬嗑	五
上六 正兑 八蹇	初 三随 十泰	二 五革 十二颐	三 七既济 二节	四 九明夷 四震	五 十一贲 六同人	上

井卦

初六 正蹇 八解	二 三比 十旅	在 五萃 十二颐	四 七豫 二谦	五 五晋 四观	上 十一噬嗑 六随	初
九二 正坎 八鼎	三 三困 十损	四 五解 十二无妄	五 七未济 二涣	上 九睽 四兑	初 十一噬嗑 六豫	二
九三 正大过 八大畜	四 三恒 十同人	五 五鼎 十二震	上 七大有 二夬	初 九离 四小过	二 十一噬嗑 六未济	三
六四 正井 八家人	五 五蛊 十履	上 五大畜 十二晋	初 七贲 二谦	二 九颐 四蒙	三 十一噬嗑 六大有	四
九五 正巽 八屯	上 三小畜 十否	初 五家人 十二睽	二 七益 二涣	三 九无妄 四乾	四 十一噬嗑 六贲	五
上六 正需 八萃	初 三既济 十归妹	二 五屯 十二离	三 七随 二夬	四 九震 四明夷	五 十一噬嗑 六益	上

䷰ 革卦

初九 正夬 八复	二 三兑 十大畜	三 五节 十二未济	四 七临 二大壮	五 九损 四履	上 十一蒙 六坎	初
六二 正随 八贲	三 三屯 十晋	四 五复 十二涣	五 七颐 二无妄	上 九剥 四比	初 十一蒙 六临	二
九三 正既济 八旅	四 三明夷 十巽	五 五贲 十二师	上 七艮 二蹇	初 九蛊 四泰	二 十一蒙 六颐	三
九四 正丰 八姤	五 三离 十解	上 五旅 十二损	初 七鼎 二大壮	二 九未济 四噬嗑	三 十一蒙 六艮	四
九五 正同人 八困	上 三遁 十中孚	初 五姤 十二剥	二 七讼 二无妄	三 九涣 四渐	四 十一蒙 六鼎	五
上六 正咸 八节	初 三大过 十坤	二 五艮 十二蛊	三 七坎 二蹇	四 九师 四恒	五 十一蒙 六讼	上

䷱ 鼎卦

初六 正旅 八涣	二 三晋 十蹇	三 五剥 十二随	四 七观 二遁	五 九比 四豫	上 十一屯 六颐	初
九二 正未济 八升	三 三蒙 十兑	四 九涣 十二复	五 七坎 二解	上 九节 四损	初 十一屯 六观	二
九三 正蛊 八夬	四 三巽 十明夷	五 五井 十二益	上 七需 二大畜	初 九既济 四渐	二 十一屯 六坎	三
九四 正姤 八丰	五 三大过 十无妄	上 九夬 十二比	初 七革 二遁	二 九随 四困	三 十一屯 六节	四
六五 正恒 八噬嗑	上 三大壮 十坤	初 五丰 十二节	二 七震 二解	三 九复 四泰	四 十一屯 六革	五
上九 正大有 八剥	初 三离 十中孚	二 五噬嗑 十二既济	三 七颐 二大畜	四 九益 四同人	五 十一屯 六震	上

䷲ 震卦

初九 正归妹 八既济	二 三大壮 十中孚	三 五泰 十二姤	四 七需 二兑	五 九小畜 四大有	上 十一巽 六升	初
六二 正丰 八益	三 三明夷 十屯	四 五既济 十二蛊	五 七家人 二离	上 九渐 四谦	初 十一巽 六需	二
六三 正复 八否	四 三屯 十蒙	五 五益 十二井	上 七观 二涣	初 九涣 四节	二 十一巽 六家人	三
九四 正随 八未济	五 三无妄 十大过	上 五否 十二小畜	初 七讼 二兑	二 九姤 四同人	三 十一巽 六观	四
六五 正噬嗑 八恒	上 三晋 十大畜	初 五未济 十二渐	二 七鼎 二离	三 九蛊 四剥	四 十一巽 六讼	五
上六 正豫 八泰	初 三解 十蹇	二 五恒 十二涣	三 七升 二坤	四 九井 四困	五 十一巽 六鼎	上

䷳ 艮卦

初六 正蛊 八否	二 三蒙 十大过	三 五未济 十二节	四 七讼 二巽	五 九困 四师	上 十一兑 六睽	初
六二 正剥 八咸	三 三晋 十屯	四 五否 十二归妹	五 七萃 十坤	上 九随 四噬嗑	初 十一兑 六讼	二
九三 正旅 八既济	四 三随 十大壮	五 五咸 十二履	上 七革 二离	初 九夬 四姤	二 十一兑 六萃	三
六四 正渐 八泰	五 三蹇 十中孚	上 五既济 十二困	初 七需 二巽	二 九节 四比	三 十一兑 六革	四
六五 正谦 八损	上 三明夷 十解	初 五泰 十二随	二 七临 二坤	三 九归妹 四丰	四 十一兑 六需	五
上九 正贲 八未济	初 三大畜 十无妄	二 五损 十夬	三 七睽 二离	四 九履 四小畜	五 十一兑 六临	上

渐卦

初六 正巽 八晋	二 三涣 十恒	三 五讼 十二师	四 七未济 二蛊	五 九解 四坎	上 十一归妹 六履	初
六二 正观 八小过	三 三否 十复	四 五晋 十二兑	五 七豫 二比	上 九震 四无妄	初 十一归妹 六未济	二
九三 正遁 八明夷	四 三旅 十夬	五 五小畜 十二睽	上 七丰 二同人	初 九大壮 四鼎	二 十一归妹 六豫	三
六四 正艮 八需	五 三谦 十损	上 五明夷 十二解	初 七泰 二蛊	二 九临 四坤	三 十一归妹 六丰	四
九五 正蹇 八中孚	上 三既济 十困	初 五需 十二震	二 七节 二比	三 九兑 四革	四 十一归妹 六泰	五
上九 正家人 八讼	初 三小畜 十噬嗑	二 五中孚 十二大壮	三 七履 二同人	四 九睽 四大畜	五 十一归妹 六节	上

归妹卦

初九 正震 八需	二 三丰 十益	三 五明夷 十二遁	四 七既济 二随	五 九家人 四离	上 十一渐 六谦	初
九二 正大壮 八中孚	三 三泰 十姤	四 五需 十二艮	五 七小畜 二大有	上 九巽 四升	初 十一渐 六既济	二
六三 正临 八讼	四 三节 十剥	五 五中孚 十二蹇	上 七涣 二师	初 九观 四屯	二 十一渐 六小畜	三
九四 正兑 八晋	五 三履 十咸	上 五讼 十二家人	初 七否 二随	二 九遁 四乾	三 十一渐 六涣	四
六五 正睽 八小过	上 三未济 十贲	初 五晋 十二巽	二 七旅 二大有	三 九艮 四蒙	四 十一渐 六否	五
上六 正解 八明夷	初 三豫 十井	二 五小过 十二观	三 七谦 二节	四 九蹇 四萃	五 十一渐 六旅	上

丰卦

初九 正大壮 八屯	二 三归妹 十小畜	三 五临 十二讼	四 七节 二夬	五 九中孚 四睽	上 十一涣 六师	初
六二 正震 八家人	三 三复 十否	四 五屯 十二蒙	五 七益 二噬嗑	上 九观 四坤	初 十一涣 六节	二
九三 正明夷 八遁	四 三既济 十蛊	五 五家人 十二坎	上 七渐 二谦	初 九巽 四需	二 十一涣 六益	三
九四 正革 八鼎	五 三同人 十困	上 五遁 十二中孚	初 七姤 二夬	二 九讼 四无妄	三 十一涣 六渐	四
六五 正离 八解	上 三旅 十损	初 五鼎 十二观	二 七未济 二噬嗑	三 九蒙 四艮	四 十一涣 六姤	五
上六 正小过 八临	初 三恒 十比	二 五解 十二巽	三 七师 二谦	四 九坎 四大过	五 十一涣 六未济	上

旅卦

初六 正鼎 八观	二 三未济 十井	三 五蒙 十二兑	四 七涣 二姤	五 九坎 四解	上 十一节 六损	初
六二 正晋 八蹇	三 三剥 十随	四 五观 十二临	五 七比 二豫	上 九屯 四颐	初 十一节 六涣	二
九三 正艮 八革	四 三渐 十泰	五 五蹇 十二中孚	上 七既济 二贲	初 九需 四巽	二 十一节 六比	三
九四 正遁 八大壮	五 三咸 十履	上 五革 十二坎	初 七夬 二姤	二 九兑 四萃	三 十一节 六既济	四
六五 正小过 八睽	上 三丰 十师	初 五大壮 十二屯	二 七归妹 二豫	三 九临 四明夷	四 十一节 六夬	五
上九 正离 八蒙	初 五大壮 十益	二 五睽 十二需	三 七损 二贲	四 九中孚 四乾	五 十一节 六归妹	上

巽卦

<table>
<tr><td>初六 正渐
八未济</td><td>二 三观
十小过</td><td>三 五否
十二复</td><td>四 七晋
二艮</td><td>五 九豫
四比</td><td>上 十一震
六无妄</td><td>初</td></tr>
<tr><td>九二 正涣
八恒</td><td>三 三讼
十临</td><td>四 五未济
十二随</td><td>五 七解
二坎</td><td>上 九归妹
四履</td><td>初 十一震
六否</td><td>二</td></tr>
<tr><td>九三 正姤
八泰</td><td>四 三鼎
十革</td><td>五 五恒
十二噬嗑</td><td>上 七大壮
二乾</td><td>初 九丰
四旅</td><td>二 十一震
六解</td><td>三</td></tr>
<tr><td>六四 正蛊
八既济</td><td>五 三升
十颐</td><td>上 五泰
十二豫</td><td>初 七乾
二艮</td><td>二 九复
四师</td><td>三 十一震
六大壮</td><td>四</td></tr>
<tr><td>九五 正井
八益</td><td>上 三需
十萃</td><td>初 五既济
十二归妹</td><td>二 七屯
二坎</td><td>三 九随
四夬</td><td>四 十一震
六明夷</td><td>五</td></tr>
<tr><td>上九 正小畜
八否</td><td>初 三家人
十睽</td><td>二 五益
十二丰</td><td>三 七无妄
二乾</td><td>四 九噬嗑
四贲</td><td>五 十一震
六屯</td><td>上</td></tr>
</table>

兑卦

<table>
<tr><td>初九 正随
八泰</td><td>二 三革
十颐</td><td>三 五既济
十二旅</td><td>四 七明夷
二震</td><td>五 九贲
四同人</td><td>上 十一艮
六蹇</td><td>初</td></tr>
<tr><td>九二 正夬
八损</td><td>三 三需
十鼎</td><td>四 五泰
十二渐</td><td>五 七大畜
二姤</td><td>上 九蛊
四井</td><td>初 十一艮
六明夷</td><td>二</td></tr>
<tr><td>六三 正节
八未济</td><td>四 三临
十观</td><td>五 五损
十二谦</td><td>上 七蒙
二坎</td><td>初 九剥
四复</td><td>二 十一艮
六大畜</td><td>三</td></tr>
<tr><td>九四 正归妹
八否</td><td>五 三睽
十小过</td><td>上 五未济
十二贲</td><td>初 七晋
二震</td><td>二 九旅
四大有</td><td>三 十一艮
六蒙</td><td>四</td></tr>
<tr><td>九五 正履
八咸</td><td>上 三讼
十家人</td><td>初 五否
十二蛊</td><td>二 七遁
二乾</td><td>三 九渐
四涣</td><td>四 十一艮
六晋</td><td>五</td></tr>
<tr><td>上六 正困
八既济</td><td>初 三萃
十升</td><td>二 五咸
十二剥</td><td>三 七蹇
二坎</td><td>四 九谦
四豫</td><td>五 十一艮
六遁</td><td>上</td></tr>
</table>

涣卦

初六 正观 八鼎	二 三渐 十豫	三 五遁 十二明夷	四 七旅 二剥	五 九小过 四蹇	上 十一丰 六同人	初
九二 正巽 八解	三 三姤 十泰	四 五鼎 十二革	五 七恒 二井	上 九大壮 四乾	初 十一丰 六旅	二
六三 正讼 八临	四 三未济 十随	五 五屯 十二离	上 七归妹 二履	初 九震 四晋	二 十一丰 六恒	三
六四 正蒙 八屯	五 三师 十贲	上 五临 十二小过	初 七复 二剥	二 九明夷 四升	三 十一丰 六归妹	四
九五 正坎 八家人	上 三节 十咸	初 五屯 十二大壮	二 七既济 二井	三 九蒙 四兑	四 十一丰 六复	五
上九 正中孚 八屯	初 三益 十大有	二 五家人 十二震	三 七同人 二履	四 九离 四颐	五 十一丰 六既济	上

节卦

初九 正屯 八大壮	二 三既济 十噬嗑	三 五革 十二艮	四 七丰 二复	五 九离 四家人	上 十一旅 六咸	初
九二 正需 八睽	三 三夬 十蛊	四 五大壮 十二随	五 七大有 二小畜	上 九鼎 四大过	初 十一旅 六丰	二
六三 正兑 八蒙	四 三归妹 十否	五 五睽 十二小过	上 七未济 二困	初 九晋 四震	二 十一旅 六大有	三
六四 正临 八观	五 三损 十豫	上 五蒙 十二离	初 七剥 二复	二 九艮 四大畜	三 十一旅 六未济	四
九五 正中孚 八蹇	上 三涣 十同人	初 五观 十二鼎	二 七渐 二小畜	三 九遁 四讼	四 十一旅 六剥	五
上六 正坎 八革	初 三比 十恒	二 五蹇 十二晋	三 七咸 二困	四 九小过 四坤	五 十一旅 六渐	上

䷼ 中孚卦

初九 正益 八大有	二 三家人 十震	三 五同人 十二谦	四 七离 二颐	五 九丰 四既济	上 十一小过 六遁	初
九二 正小畜 八归妹	三 三乾 十升	四 五大有 十二咸	五 七大壮 二需	上 九恒 四归妹	初 十一小过 六离	二
六三 正履 八师	四 三睽 十萃	五 五归妹 十二旅	上 七解 二讼	初 九豫 四噬嗑	二 十一小过 六大壮	三
六四 正损 八比	五 三临 十艮	上 五师 十二丰	初 七坤 二颐	二 九谦 四泰	三 十一小过 六解	四
九五 正节 八渐	上 三坎 十革	初 五比 十二恒	二 七蹇 二需	三 九咸 四困	四 十一小过 六坤	五
上九 正涣 八同人	初 三观 十鼎	二 五渐 十二豫	三 七遁 二讼	四 九旅 四剥	五 十一小过 六蹇	上

䷽ 小过卦

初六 正恒 八比	二 三解 十巽	三 五师 十二履	四 七坎 二大过	五 九涣 四未济	上 十一中孚 六临	初
六二 正豫 八渐	三 三坤 十无妄	四 五比 十二损	五 七观 二晋	上 九益 四复	初 十一中孚 六坎	二
九三 正谦 八同人	四 三蹇 十大畜	五 五渐 十二节	上 七家人 二明夷	初 九小畜 四井	二 十一中孚 六观	三
九四 正咸 八大有	五 三遁 十兑	上 五同人 十二涣	初 七乾 二大过	二 九履 四否	三 十一中孚 六家人	四
六五 正旅 八归妹	上 三离 十蒙	初 五大有 十二益	二 七睽 二晋	三 九损 四贲	四 十一中孚 六乾	五
上六 正丰 八师	初 三大壮 十屯	二 五归妹 十二小畜	三 七临 二明夷	四 九节 四家人	五 十一中孚 六睽	上

䷾ 既济卦

初九 正需 八震	二 三节 十大有	三 五兑 十二家	四 十归妹 二泰	五 九睽 四中孚	上 十一未济 六困	初
六二 正屯 八离	三 三随 十剥	四 五震 十二讼	五 七噬嗑 二益	上 九晋 四萃	初 十一未济 六归妹	二
九三 正萃 八艮	四 三丰 十姤	五 五离 十二解	上 七旅 二咸	初 九鼎 四大壮	二 十一未济 六噬嗑	三
六四 正明夷 八革	五 三贲 十师	上 五艮 十二睽	初 七蛊 二泰	二 九节 四颐	三 十一未济 六蛊	四
九五 正家人 八坎	上 三渐 十履	初 五革 十二离	二 七涣 二益	三 九讼 四遁	四 十一未济 六蛊	五
上六 正蹇 八兑	初 三井 十豫	二 五坎 十二鼎	三 七困 二咸	四 九解 四升	五 十一未济 六涣	上

䷿ 未济卦

初六 正晋 八比	二 三旅 十比	三 五艮 十二革	四 七渐 二否	五 九蹇 四小过	上 十一既济 六贲	初
九二 正鼎 八坎	三 三蛊 十夬	四 五巽 十二明夷	五 七井 二恒	上 九需 四大畜	初 十一既济 六渐	二
六三 正蒙 八兑	四 三涣 十复	五 五坎 十二家人	上 七节 二损	初 九屯 四观	二 十一既济 六井	三
九四 正讼 八震	五 三困 十同人	上 五兑 十二蹇	初 七随 二否	二 九革 四大过	三 十一既济 六节	四
六五 正解 八离	上 三归妹 十谦	初 五震 十二需	二 七丰 二恒	三 九明夷 四临	四 十一既济 六随	五
上九 正睽 八艮	初 三噬嗑 十小畜	二 五离 十二屯	三 七贲 二损	四 九家人 四无妄	五 十一既济 六丰	上

河洛理数卷之六

参评秘诀辨 客有以河洛见访者，相与上下论议，谈及参评秘诀，乃曰："此数自图南传于邵氏，富贵贫贱，吉凶祸福，毫发不爽矣。今复以参评之说加之，宁不谓疣赘耶?"予谢之曰："昔孟夫子不以好辩为得已，予于斯数，敢以疣赘为讳也?"盖河洛卦中，有辞吉则吉者，有辞凶则凶者，此固易从易知。至于卦内有辞吉而理凶者，有辞凶而理吉者，此则由乎节气之浅深，爻位之当否。初学遇之，如水月镜花，未易把捉，必以此数参评品骘，庶几如着裘者之挈其领，举网者之提其纲。考诸数内，有金玉、龙麟、桂兰、星斗之类，则为富贵子息之命。若数内有刀箭、雪霜、旱云、争斗、空缺之类，则为鳏寡孤独，非贫则夭，或多官非横祸。更数中多用故典，即须参考故典吉凶断之。如"马陵书大字，斗志有孙庞"，此凶数也。如"御沟一红叶，流水出深宫"，此吉数也。大运流年，一一如此参评，则虽众命森列于前，出吾之数以参别之，则如王良之驭马，庖丁之解牛，决无控闲折刃之患矣。故参评之加，虽似疣赘，然与初学解惑决疑，其亦孟氏不得已之心哉!

河洛参评例

一、数有水、火、木、金、土之五部，不拘男女之命，各循其部而求之，斯无错误也。

二、此数名目，谨依皇极之例，以千百十零为定局。但彼则从右而左横下，今更而直下，盖欲学者便于观察。如水部三三三〇，乃三千三百三十。其〇者，乃零位无数也。其上层"洞门"二句，乃男子之命；其中层"闺门"二句，乃女人之命；其下层"半空"二句，乃男女相共大运流年也。其二二三一，乃二千二百三十零一数。上层"月在"二句，男子命；中层"年来"二句，女人命；下层"酒醒"二句，男女相共大运流年也。举此二数为例，余可类推。

三、中层女命数空无字者，乃贫贱夭折之命。

四、下层大运流年数空无字者，重者损寿，轻者破耗刑克，或空一二字者，即一二分之灾咎也。

起参评秘诀金锁银匙歌

阴阳具用二千祖，日至生时百中数。
时日皆从子上轮，十零本位月休睹。

岁君水火廿七加，木金虚度五十土，
再将一二三四五，配却水火木金土。
得策寻纳看当生，时日顺冲还共语。

起大运例　阴阳俱用二千同，只将大运替时轮。
其余一一依前例，万命堪凭断吉凶。

起流年例　流年之法是何如，干上同前自不殊。
只把日支对太岁，替却日时一例推。

释明用算盘打数定局　凡学打此数，须用算盘一个，于算盘中间横梁上，先写定“千、百、十、零”四字于其上。然后照依金锁银匙歌，将八字逐句打上算盘停当，看千上有几千，百上有几百，十上有几十，零数有几个，再凭年庚所属，或水、或火、或木、或金、或土，照其纳音所属之部而寻之，毫无差错。

一金锁银匙之法，并不用八字天干，只用年上纳音，与日支时支为重，月令干支俱弃去不用。

逐句释明水部金锁银匙歌诀

阴阳俱用二千祖

此句，假如八字是乙卯、戊子、壬戌、壬寅，不论阴阳男女，虚将二千之数，先加于算盘千位上为祖，所谓“阴阳俱用二千祖”是也。

日至生时百中数

此句只就日时地支说，不用天干。如前八字是壬戌日、壬寅时，只将日支戌字，数至时支寅字，戌、亥、子、丑、寅，共五个字，一个字准一百数算，五个字作五百数算。将此五百数，加于算盘百位上，所谓“日至生时百中数”是也。连前虚加二千祖，再加此五百，共是二千五百数也。

时日皆从子上轮，十零本位月休睹。

此二句，亦只就日时地支说，不用天干。所谓“皆从子上轮”者，假如前壬戌日、壬寅时，除天干不用，日支是戌，从“子”字轮起，至日支戌字，子、丑、寅、卯、辰、巳、午、未、申、酉、戌，隔十一个字，一字准一数算，十一个字，记十一数。再以壬寅时除天干不用，时支是寅，从子字轮起，至时支寅字，子、丑、寅，隔三个字，一字准一数算，隔三个字记三数。故曰“时日皆从子上轮”是也。连前日支得十一数，时支得三数，共得十四数，以十数加于算盘十位上，再以四数加于算盘零位上，所谓“十零本位”是也。通前二千五百，再加一十四，共得二千五百一十四数也。其曰“月休睹”者，谓此数只以日时为切要，月令干支俱不入数，故曰“月休睹”是也。

岁君水火廿七加

此句就当生年上纳音说。如前八字乙卯生，纳音属水，再加二十七数于算盘上，如前数二千五百一十四，再加二十七数，共得二千五百四十一数也。纳音不是水，不加二十七数。

木金虚度五十土

其曰“木金虚度”者，谓当生年上纳音属木属金者，则不必加数，所谓“木金虚度”是也。其曰“五十土”者，谓当生年上纳音属土者，则加五十数是也。纳音不属土者，不必加。

再将一二三四五，配却水火木金土。

此二句，亦就年上纳音说。如年纳音属水，则配以一数加之；年上纳音属火，则配以二数加之；年上纳音属木，则配以三数加之；年上纳音属金，则配以四数加之；年上纳音属土，则配以五数加之。故曰“再将一二三四五，配却水火木金土”是也。如前数二千五百四十一，今又以年上乙卯纳音属水，配加一数，共得二千五百四十二数是也。

得策寻纳看当生策：即数也。纳：即纳音。

此句谓八字之数算毕，看所得之数，千上几千，百上几百，十上几十，零数几个。然后寻当生年上纳音，水火金木土五部，依其纳音所属之部而寻之便是。如前乙卯、戊子、壬戌、壬寅，总数得二千五百四十二，乙卯生人纳音属水，即于水部去寻二五四二，其诗曰：“掌中秋月扇，举动好风生。”此一武将八字也。

时日顺冲还共语冲，即逆也。

此一句因前“日至生时百中数”之句尚欠详备，故再言此以发明之。假如人八字演出之数，其诗有两句者，有四句者，其故何也？盖由此数顺数有一个，逆数有一个，如前壬戌日、壬寅时，从日支戌字数至时支寅字，共五个字，作五百算，去前顺算日至生时五百之数，再以逆算九百之数加上，是此数得二千九百四十二，亦于水部去寻二九四二，其诗曰：“玉壶无别物，赤蚁聚蜂屯”是也。顺冲之说，其法固当如此发明。然此数中间，或有顺逆各有其诗者，或顺有而逆无者，或逆有而顺无者，不可执泥也。水、火、木、金、土五部皆同。

逐句释明火部金锁银匙歌诀

阴阳俱用二千祖

此一句，假如八字是丙寅、戊戌、壬戌、辛丑，不论阴阳男女，虚将二千之数加于算盘千位上为祖，所谓“阴阳俱用二千祖”是也。

日至生时百中数

此句只就日时地支说，不用天干。假如前八字是壬戌日、辛丑时，只将日支戌字数至时支丑字，戌、亥、子、丑，共四个字。一个字准一百数算，四个字作四百数算，所谓“日至生时百中数”是也。将此四百数加于算盘百位上，连前虚加二千祖，再加此四百，共二千四百数也。

时日皆从子上轮，十零本位月休睹。

此二句亦只就日时地支说。假如前壬戌日辛丑时，除天干不用，日支是戌，从子上轮起至日支戌字，子、丑、寅、卯、辰、巳、午、未、申、酉、戌，隔十一个字，一字准一数，十一个字记十一数；再以辛丑时除天干不用，时支是丑，从子字轮起，至支丑字，子、丑隔两个字，一字准一数，两个字记二数，故曰“时日皆从子上轮”是也。连前日支十一数，时支二数，共得十三数。以十数加于算盘十位上，以三数加于算盘零位上，，所谓“十零本位”是也。通前二千四百数，再加一十三数，共得二千四百一十三数也。其曰“月休睹”者，水部已详，不再赘。

岁君水火廿七加

此句亦就当生年上纳音说。如前八字丙寅生，纳音属火，再加二十七数于算盘上，通前二千四百一十三，今加二十七数，共得二千四百四十数。纳音不属火，不加二十七数。

木金虚度五十土

木金土部已详，兹不再赘。

再将一二三四五，配却水火木金土。

此二句亦就年上纳音说。如年上纳音属水，则加一数配之；年上纳音属火，则加二数配之；年上纳音属木，则加三数配之；年上纳音属金，则加四数配之；年上纳音属土，则加五数配之。故曰“再将一二三四五，配却水火木金土”是也。如前数二千二百四十，今又以年上丙寅纳音属火，再加二数，共得二千四百四十二数也。

得策寻纳看当生

此句谓八字之数算毕，看所得之数多少，千上几千，百上几百，十上几十，零数几个。然后寻当生纳音。如前丙寅生，纳音属火，即于火部去寻二四四二，其诗曰："太白骑龙马，禹门波浪乾"。此一参政命也。

时日顺冲还共语

此一句因前"日至生时百中数"之语尚欠详备，故再言此以发明之。盖人八字演出之数，其诗有两句者，有四句者，何也？由此数顺数有一个，逆数有一个，加前壬戌日辛丑时，从日支戌字数至丑字，隔四个字，作四百算，是顺也。即前二千四百四十二，其诗"太白骑龙马"是也。再从时支丑字数至日支戌字，丑、演、卯、辰、巳、午、未、申、酉、戌，隔十个字，一个字准一百，十个字作一千算。如前二千四百四十二，今逆数得一千，去前顺数四百之数，以后一千加上，是此数得三千四十二，无百数也，亦于火部纳音寻三〇四二。若火部寻不见三〇四二，则止有前二四四二"太白骑龙马"一个数，无第二个数也。余仿此。

逐句释明木部金锁银匙歌诀

阴阳俱用二千祖

假如八字是壬子、癸丑、己卯、己巳，不论阴阳男女，虚将二千之数，加于算盘千位上为祖。故曰"俱用二千祖"也。

日至生时百中数

此句只就日时地支说，不用天干。如前八字是己卯日、己巳时，只将日支卯字数至时支巳字，卯、辰、巳，共三个字，一字准一百数，三个字作三百数算，所谓"日至生时百中数"是也。将此数加于算盘百位上，连前虚加二千，共二千三百数也。

时日皆从子上轮，十零本位月休睹。

此二句亦只就日时地支说。如前八字，日是己卯，则从子字轮起，至日支卯字，子、丑、寅、卯，隔四个字，一字准一数，四个字记四数。时是己巳，则从子字轮起，数至时支巳字，子、丑、寅、卯、辰、巳，隔六个字，一字准一数，六个字记六数。以日支四数，合时支六数，共得十数，加于算盘十上，所谓"时日皆从子上轮，十零本位"是也。连前二千三百，再加此十数，共得二千三百一十数也。"月休睹"详于水部，兹不赘。

岁君水火廿七加

此句水部已详，兹不赘。

木金虚度五十土

此句亦就年上纳音说。如前壬子生人，纳音属木，则不必加数，只虚度而已。金纳音同。其“五十土”句，已详水部，兹不赘。

再将一二三四五，配却水火木金土。

此二句亦就年上纳音说。水纳音加一，火纳音加二，木纳音加三，金纳音加四，土纳音加五。如前数二千三百一十，壬子生人，纳音属木，木属三，故再加三数，共得二千三百一十三数是也。

得策寻纳看当生

此句谓八字之数算毕，看得几千、几百、几十、零几数，然后于当生纳音所属之部寻之。如前壬子生人，纳音属木，即于木部去寻二三一三，其诗曰：“禹门波浪急，冬月井中鱼”，此翁状元命也。禹门波浪，本变化之象，惟冬月水旺则吉。井者乃汲井之井，乃两个井字，谓四十上下登科及第时也。生于春夏月不利，秋稍次之。

时日顺冲还共语。

前部已详，兹不再赘。

逐句释明金部金锁银匙歌诀

阴阳俱用二千祖

此一句，假如八字是壬申、己酉、戊申、庚申，不论阴阳男女，虚将二千之数，先加于算盘千位上为祖，故曰“阴阳俱用二千祖”是也。

日至生时百中数

此句只就日时地支说。如前戊申日、庚申时，只将日支申字数至时支申字，申、酉、戌、亥、子、丑、寅、卯、辰、巳、午、未、申，隔十三个字，一个字准一百数，十三个字作一千三百数算。将此一千三百加于算盘千位百位上，所谓“日至生时百中数”也。连前虚加二千祖，再加一千三百，共三千三百数也。

时日皆从子上轮，十零本位月休睹。

此二句，亦只就日时地支说。如前戊申日支之时，除天干不用，日支是申。从子字轮起，至日支申字，子、丑、寅、卯、辰、巳、午、未、申，隔九个字，一字准一数算，九个字记九数。再以庚申时除天干不用，时支亦是申，从子字轮起，至时支申字，子、丑、寅、卯、辰、巳、午、未、申，亦隔九个字，一字准一数，九个字记九数，故曰“时日皆从子上轮”也。以前日支九数，后时支九数，共得十八数。以十数加于算盘十位，以八数加于算盘零位上，故曰“十零本位”是也。连前三千三百数，再加一十八数，共得三千三百一十八数。其曰“月休睹”者，水部已详，兹不再赘。

岁君水火廿七加

详于水火纳音，兹不再赘。

木金虚度五十土

其曰“木金虚度”者，如前壬申年，纳音属金，便不加数，只虚度而过。木纳音者同此。“五十土”详于别部，兹不赘。

再将一二三四五，配却水火木金土。

此句亦就年上纳音说。水纳音加一，火纳音加二，木纳音加三，金纳音加四，土纳音加五。如前数三千三百一十八，壬申生人，纳音属金，再加四数，共得三千三百二十二数是也。

得策寻纳看当生

此句谓八字算毕，看所得之数多少，如前三千三百二十二数，壬申生人，纳音属金，即于金部去寻三三二二，其诗曰：“圭田如玉洁，一点不生尘。”此唐状元命也。

时日顺冲还共语

此一句详于别部，兹不再赘。

逐句释明土部金锁银匙歌诀

阴阳俱用二千祖

假如八字是庚午、癸未、癸亥、乙卯，不论阴阳男女，虚将二千之数，先加于算盘千位上为祖，故曰“阴阳俱用二千祖”也。

日至生时百中数

此句只就日时地支说，不用天干。如前八字是癸亥日、乙卯时，只将日支亥字，数至时支卯字，亥、子、丑、寅、卯，隔五个字，一个字准一百数，五个字作五百数算，所谓“日至生时百中数”也。将此五百数，加于算盘百位上，连前虚加二千祖，再加五百，共二千五百数也。

时日皆从子上轮，十零本位月休睹。

此二句亦只就日时地支说。如前癸亥日乙卯时，除天干不用，日支是亥，从子字轮起，至日支亥字，子、丑、寅、卯、辰、巳、午、未、申、酉、戌、亥，隔十二个字，一字准一数，十二个字记十二数。再以乙卯时除天干不用，时支是卯，从子字轮起至卯字，子、丑、演、卯，隔四个字，一字准一数，四个字记四数，以日支十二数，时支四数，共得一十六数。以十数加于算盘十位上，以六数加于算盘零位上，故曰“十零本位”是也。连前二千五百，再加一十六数，共得二千五百一十六数也。其曰“月休睹”者，水部已详，兹不赘。

岁君水火廿七加

此句水火部已详，不多赘。

木金虚度五十土

“木金虚度”，已详木金部。“五十土”，此乃就土部当生年纳音说。如前庚午生人，纳音属土，再加五十数，连前二千五百一十六，再加五十，共得二千五百六十六数。

再加一二三四五，配却水火木金土。

此二句亦就当生年上纳音说。水纳音加一数，火纳音加二数，木纳音加三数，金纳音加四数，土纳音加五数。如前庚午生人，连前二千五百六十六，再加五数，共得二千五百七十一数也。

得策寻纳看当生

此句谓八字算毕，看所得之数多少。如前二千五百七十一数，庚午生人，纳音属土，即于土部去寻二五七一。其诗曰“阳春三月景，杜鹃花正开。”此赵尚书命也。

时日顺冲还共语

此一句因前“日至生时百中数”之语尚欠详备，故再言此以发明之。假如人八字演出之数，其诗有两句者，有四句者，其故何也？盖由此数，顺数有一个，逆数有一个。如前癸亥日、乙卯时，从日支数至时支，亥、子、丑、寅、卯，隔五个字，加五百数，是顺数也。即前二千五百七十一，其诗“阳春三月景”二句是也。再从时支卯字数至日支亥字，卯、辰、巳、午、未、申、酉、戌、亥，隔九个字，一个字准一百数，九个字作九百算，去前顺数五百，加后逆数九百，是此数得二千九百七十一。亦于土部内寻二九七一，其诗曰:“嫦娥在月宫,镜照红颜改”是也。

逐句释明起大运金锁银匙歌诀

阴阳俱用二千同

此句谓起大运之法,与起八字法一般,俱虚用二千于算盘上为祖。

只将大运替时轮

此句谓起大运,无别方法,只将人八字时支,弃去不用,以大运地支,逐运对日地支算便是。

其余一一依前例,万命堪凭断吉凶。

所谓“一一依前例”者,谓起运之法,句句照依金锁银匙歌打算,如起八字法一般,看得数多少,于水、火、木、金、土纳音运部寻之便是。

逐句释明推流年金锁银匙歌诀

流年之法是何如,千上同前自不殊。

此二句亦只说,与虚加二千祖之法一般。

只把日支对太岁,替却日时一例推。

此二句谓不用日时地支打算,只将流年太岁地支与大运地支,句句依金锁银匙之法推算,看得数多少。于水、火、木、金、土五部运内寻之便是。

河洛水部参评秘诀

	男命竖看	女命竖看	岁运竖看
三三三〇	洞门无锁钥, 便是一闲人。	闺门深似海, 应不染红尘。	半空明月稀, 一枕清风静。
二二三一	月在清波底, 维舟向树边。	年来十二月, 月长日西沉。	酒醒何处去, 柳岸晚风轻。
二三三二	商山秦岭花, 开向三冬雪。	花果一时新, 回首四面隔。	商山采药去, 意望作神仙。
二四三三	元宵好灯烛, 却向五更明。	紫燕语离情, 新巢重引子。	将军欲断桥, 谋为何计策。

二五三四	三年不言道， 梦傅说旁求。	牛女星方度， 谁家波浪生。	梅花开雪下， 已自压群花。
二六三五	观鼎取其象， 稼穑下艰难。	花上莺声急， 东风叹短长。	苍鹰与良犬， 须日渐从游。
二七三六	结绳代书契， 八卦未曾成。	革故取鼎新， 姻缘事非偶。	骏马已登途， 阻防蹄暂住。
二八三七	华渚星虹动， 海棠云雨飞。	罗帐怕霜侵， 云外衣裳冷。	凤鸣在高冈， 百鸟皆集视。
二九三八	鸿毛飞白雪， 羊角上清霄。	惟愿日长好， 旬西还自东。	用扇作飞帘， 粪尘如风卷。
三〇三九	鱼虾北海过， 海水变桑田。	葛藟系樛木， 前程自有期。	凿井得逢泉， 先劳而后畅。
二一四〇	惟鱼与熊掌， 二者岂能兼？	清沟自澄彻， 莫使决污泥。	生义人所欲， 二者岂能兼？
二二四一	虎皮包干戈， 华山未归马。	江天欲暮时， 惆怅神仙侣。	蝴蝶上天飞。 寻花去上苑。
三三三二	自牖看天心， 咫尺天颜近。	春风酒一壶， 明月人千里。	雪满芳郊外， 此心惟是忧。
二二三三	月出四更静， 长天雁字横。	要知天不晓， 月色转三更。	定前须向日， 何在更登楼。
二三三四	海棠三月开， 雨洗胭脂脸。	梅子坠金风， 不见钗头凤。	马过危桥上， 提防足下空。
二四三五	白露结珠花， 东边太阳上。	明珠生老蚌， 莫戏绿杨津。	□□□□□， □□□□□。
二五三六	绣针为铁柱， 江海暗中瀛。	铁磬与铜盆， 相刚方稳当。	得薪又无米， 恍惚又忧惶。
二六三七	二气包鳌极， 五行犹未分。	天边问明月， 已度又还圆。	夜深闻雷声， 疑有所思时。
二七三八	花笺黑水染， 空月五云飞。	仙曲何人和， 玉箫吹夜寒。	扁舟兼得舫， 向后飞出常。

二八三九	赤电闪红旗， 黑云拖铁骑。	月中丹桂子， 开处待秋风。	蛇蟠当道上， 进退自为忧。
二九四〇	巫山千里远， 欲听鸟声音。	郑北春风生， 霜雪摧蒲柳。	禽蟹脱云谷， 振羽欲飞时。
三〇四一	龙舟争胜负， 欲定一时名。	东风蒲柳花， 西风何太急。	画舫过洪波， 棹短难得渡。
三一四二	榼棘共梧槚， 取养在场师。	鲍鱼混芝兰， 馨香依旧在。	桂林无雨露， 山泽有风云。
三三三四	物均衡斗正， 益寡以裒多。	杨朱恶修身， 难遇天仙子。	闲更听驻笛， 躁进恐无由。
二二三五	龙蛇争一室， 飞向百花丛。	云开月色新， 阴晴犹未保。	猛虎居林丛， 笑吼自生风。
二二三六	高下花飞处， 莺声春画间。	水二府莲花， 尘中留不住。	三月艳阳天， 融和生宇宙。
二四三七	水入犀牛角， 龙蛇出海来。	极目高楼上， 太阳天上天。	野火自烧山， 禽飞并兔走。
二五三八	坐井观天象， 明知八阵图。	荷叶叠青钱， 鸳鸯水面风。	飞鹰思得兔， 反获岂容嗟。
二六三九	荆棘凯风吹， 枝头烟一抹。	春光重首□， 何人落少年。	立地待行人， 长江空渺渺。
二七四〇	玉兔与金乌， 东西任来往。	芙蓉在秋江， 风露已高声。	江山千里外， 遇处可为家。
二八四一	剥果见花开， 时人逞烂熳。	雨余云半飞， □济自东出。	腐草化为萤， 难于分明白。
二九四二	玉壶无别物， 赤蚁众蜂屯。	气情贞玉德， 丰薄奇佳人。	暗室偶逢灯， 自然分明白。
三〇四三	江梅开雪下， 先报一枝春。	对镜看青鸾， 光阴来不再。	折梅逢明使， 寄与陇头人。
三三三六	红莲依绿水， 摇影动龙鱼。	□□□□□， □□□□□。	枯鱼时得水， 喜跃自无穷。

二二三七	龙行蛇穴去， 飞雁遇风吹。	一枝林下竹， 难脱锦棚儿。	春雷自收声， 蛰虫从此振。
二三三八	点火茂林头， 猛风吹蔓草。	日月两团圆， 天地应难晓。	得弓无箭用， 欲射不能为。
二四三九	烛心作梁栋， 不假斧斤成。	日月愿长明， 天地先来祷。	朝霜逢暖日， 立便减寒威。
二五四〇	射隼于高墉， 飞鸟已先散。	宝钗金镜里， 重整旧家风。	浅水内藏鱼， 莫遂优悠性。
二六四一	九州四海凶， 举目是我家。	若问好姻缘， 红丝牵傀儡。	鸦与人同群， 吉凶还自异。
二七四二	草际飞萤出， 火星流入西。	春山与秋水， 几度撚东风。	中秋月夜明， 何方不照耀。
二八四三	方寸木不揣， 可使高岑楼。	□□□□□， □□□□□。	片片□云蟹， 难分始与终。
二九四四	江山千里外， 草木放精神。	风损花枝折， 医治待神仙。	清秋天宇阔， 雁字写长空。
三三三八	三月艳阳景， 一襟风月闲。	朱颜枝上花， 万里云空碧。	二龙争一珠， 一得还一失。
二二三九	周流天地间， 还波水常性。	□□□□□， □□□□□。	鹭鸳觉鱼钓， 昂头须观步。
二三四〇	苍湘湖水上， 应有洞庭人。	可惜花开处， 天公叹不常。	风云相会处， 平步上青天。
二四四一	雪浪震天鼓， 扁舟在下行。	雪浪震天鼓， 扁舟水上行。	塞花红日近， 迤逦有疏通。
二五四二	掌中秋月扇， 举动好风生。	春风玉镜台， 莫落他人手。	大鹏生六畜， 其羽可为仪。
二六四三	流转运元气， 阴阳有准绳。	水上种仙花， 花开根未稳。	秋露既成珠， 团圆多不久。
二七四四	两羊排山崖， 披烟看钩栈。	庭竹长尤孙， 岁寒风雪里。	燕雀出巢来， 自有飞腾志。

二八四五	登山延木设， 桃吐落杨花。	嫣婉□宜求， 难教霜点鬓。	蛇鼠正相触， 难道无两活。
三三四〇	一点浮云翳， 鸿羽逐风飞。	画堂人散后， 烛影怕当风。	夜月望青天， 悠悠生意绪。
二二四一	舟放浪波飞， 洞庭风送雁。	梅花迥出群， 清香自潇洒。	好礼富人家， 未若贫而乐。
二三四二	华亭鸣鹤唳， 云月出西山。	井畔听瑶琴， 知音且如此。	冬霖忽晴霁， 有炊尽欣颜。
二四四三	琴上挂田租， 移人于河东。	姻女乘龙去， 犹疑结子昌。	池畔抚琴声， 游鱼已出听。
二五四四	虎兕出于押， 征夫不能行。	好生横翠黛， 晓露滴方环。	战胜凯歌回， 论功先后处。
二六四五	轩辂飏清风， 虚心皆自贯。	烟柳弄轻风， 垂丝系白日。	庙廊重百器， 宝鼎玉居先。
二七四六	乘舟渡日月， 天表厌烟波。	鹦鹉在金笼， 声娇得自由。	野渡自逢舟， 先劳而后豫。
三三四二	岩畔青松树， 根磐石上生。	井上种仙花， 子结玲珑蕊。	凤箫无孔窍， 何用奏韶音。
二二四三	金波浸明月， 雷电捧天香。	芝兰谁种得， 还羡满庭芳。	勿升被云大， 时下暗光辉。
二三四四	蜂酿百花酒， 其甘与世殊。	春归当断路， 梅子酿酸时。	卞和献璞玉， 先辱后荣恩。
二四四五	竹花开石上， 结果不生笋。	琵琶江上曲， 回首重堪悲。	大风多拔木， 根本难两留。
二五四六	点火入九渊， 匮中有龟玉。	花开桃岸雨， 子结桂林霜。	良田种松竹， 节操自盘根。
二六四七	寸阴惟我惜， 稼穑为君爱，	春园恣竹闲， 士女竞光阴，	风恬浪自静， 过渡不为忧。
三三四四	泰宇清明地， 无言独履霜。	绳绳□在堂， 要接连天宇。	夜雨正逢春， 宇宙生和气。

二二四五	云电斗星见， 石路马蹄轻。	齐大非吾偶， 姻缘自己排。	登楼眺望间， 乘兴立千里。
二三四六	北斗日中见， 斯言传古今。	白壁一双好， 留心手内擎。	□□□□□， □□□□□。
二四四七	初生嫩松柏， 栽向雪霜中。	□□□□□， □□□□□。	□□□□□， □□□□□。
二五四八	惟我有用禾， 一井供万灶。	秋月当空满， 鸡鸣又向西。	决水东西流， 难定从彼势。
三三四六	茅屋蒿供祭， 百神皆享之。	蕙帐共兰房， 春风与明月。	笋生于林下， 长养自萌芽。
二二四七	烟霞朝日食， 吾道不雷同。	绿衣缘自部， 何用假黄裳。	惟鱼与熊罴， 二者岂能兼?
二三四八	去敲天上鼓， 跣足履冰霜。	晚风留芍药， 须避筑风台。	背月登楼望， 风生星斗移。
二四四九	红添绿减处， 鸟啼三月天。	月娥留桂子， 圆缺又同情。	鸡儿方出壳， 各自奔前程。
三三四八	丘陵势自殊， 井地分经界。	为问女佳人， 春光能有几。	机事不密成， 反遭其悔吝。
二二四九	太岁属木人， 厥德从风掩。	草羡螽斯好， 青天露不宜。	□□□□□， □□□□□。
二三五〇	天为蓬岛屋， 风云作锦屏。	迷失从前路， 桃源尚可寻。	遥望海漫漫， 不见蓬莱岛。
三三五〇	邃屋密房间， 凤凰在鼠穴。	好修清净缘， 莫入风尘队。	园林过风处， 草木自修然。
二二五一	提剑北方起， 飞金雪岭尘。	百花蜂恋采， 勤苦为谁忙。	蓬莱须日见， 遥望水漫漫。
三三五二	雨涨长江急， 烟波万顷潮。	天边有明月， 何处照人间。	古镜复重磨， 百金须有喜。

河洛火部参评秘诀

	男命竖看	女命竖看	岁运竖看
三三三一	宇宙世三才， 乾坤犹未足。	空中光焰出， 调鼎事重新。	食鼠有糇粮， 大数皆前定。
二二三二	却将三尺竿， 来作中流柱。	喜鹊营巢久， 鸠居忽变迁。	急水补漏舟， 狂波难砥柱。
二三三三	天表霓虹见， 风吹向洌泉。	莫报东风急， 好花春日开。	仓库鼠损处， 小亏有大盈。
二四三四	凤箫无一窍， 不开奏韶音。	虽无金铿刀， 解使琴弦断。	孤云才出岭， □去便无回。
二五三五	杯水成海河， 乾坤自我持。	青天雷一声， 惊散梁间燕。	红尘百花处， 蜂蝶两交加。
二六三六	田既授以井， 心宁安厥常。	龟鹤期高寿， 风光恐暗移。	三足鼎分峙， 缺一尚不可。
二七三七	穴居而野处， 栋宇自清凉。	鱼水百年间， 锦鳞三十六。	扶梁凭短棹， 得渡过江东。
二八三八	清波泛百川， 引出蓼浦泽。	出海珊瑚树， 枝柯只自垂。	吕公遇钟离， 得丹须变观。
二九三九	闲锁芳亭月， 门扃细柳春。	身在宝瓶中， 莫行金井畔。	燕期秋社归， 遥遥看初路。
三〇四〇	一虫生两翅， 飞入百花丛。	丽日正芬芳， 春风吹绿柳。	黄蜂与粉蝶， 撩亮百花丛。
三一四一	拱把之桐梓， 斫为栋梁材。	孤舟流水急， □向溪滩□。	工师得大木， 必去胜其任。
三二四二	田猎在高山， 迩麟奔麋鹿。	春风花始开， 枝头悭结子。	良马羁其足， 百鞭亦难进。
三三三三	秋天霖雨集， 平地水中行。	玉树好移根， 东风终结子。	轻舟将过浪， 一喜一忧惊。

二二三四	独将一叶舟， 去向桃花浪。	丁香连豆蔻， 结果玉梢头。	灯光夜结花， 吉兆先期报。
二三三五	金钱买松竹， 白云深处栽。	□□□□□， □□□□□。	道途皆平坦， 涉履更何忧？
二四三六	烛与月争光， 飞空天上絮。	宝瑟十三弦， 更张韵更清。	舟行得水脉， 波浪不为忧。
二五三七	壁上画山水， 四时维如一。	春风应转蕙， 秋水有明珠。	过江及思饮， 临渡却思回。
二六三八	铁船再江水， 船内有鱼游。	秋月来天上， 清光照世间。	老骥强伏枥， 志在远方游。
二七三九	冬生秦岭上， 兰蕙出蓬蒿。	金石兼盟好， 光阴自短长。	捕禽与得兔， 凡事无心出。
二八四〇	律己非绳尺， 修身无斧斤。	寝寐将何倚， 雎雄在河洲。	百花开烂熳， 蝶蜂戏春园。
二九四一	九年禹洪水， 七载汤亢阳。	亲亲人未久， 重整旧家风。	铜壶并滴漏， 一定不由人。
三〇四二	舟停绿水上， 雁字写长空。	寒梅空自白， 芳草为谁新。	秋天净如洗， 雁字写长空。
三一四三	饭糗犹茹草， 被袗衣鼓琴。	前生缘分定， 虚度几重山。	深潭龙自跃， 变化得其时。
三三三五	广寒深邃处， 凛凛扇寒风。	东君休叹老， 花谢又还生。	神仙居洞府， 欲括世荣枯。
二二三六	昼间人秉烛， 直入洞房中。	夫人神气定， 绰有林下风。	入山去采木， 自可求良匠。
二三三七	蓬莱隔弱水， 子女生舟中。	□□□□□， □□□□□。	风急水漫漫， 不见蓬莱岛。
二四三八	麦秋天气到， 燕语画梁头。	鸟鹊驾天桥， 佳宾莫空负。	鼎中兼有物， 济事自无亏。
二五三九	鸿影汨秋塘， 月中星斗见。	有鹿自衔花， 无猿谁献果。	宝剑试重磨， 光芒须复现。

二六四〇	椒花守岁除， 剥枣已先滥。	涤器有长才， 玉容何惜整。	塞雁偶失群， 难期排阵序。
二七四一	天地我屋宇， 坎离为户庭。	莫夸鱼水乐， 提防泛柏舟。	李下去弹冠， 自可生疑虑。
二八四二	影浸秋波下， 声传空谷中。	花开春正好， 人不在长安。	呢喃双紫燕， 春日自融和。
二九四三	霓裳羽衣曲， 不鼓缶而歌。	红莲开水面， 青草怕飞霜。	春燕日争巢， 须分前后至。
三〇四四	青天一轮月， 却向五更出。	长空月一钩， 却向五更出。	旱苗逢时雨， 秀实得其宜。
二三三七	鲲浪上扁舟， 纵横随波动。	瓜葛本相连， 荆棘何劳尔。	鸡虽将出声， 五德有鸣期。
二二三八	泥桥逢雨雪， 浅水钓金鳞。	玉容那改移， 只恐花惊镜。	旱枯并水竭， 鱼鳖岂容身。
二三三九	连峰接云汉， 秋月照空山。	秋风丽日中， 蜂恨花须落。	负鼎去三场， 遂成汤天下。
二四四〇	饮泉流脉干， 将见水中月。	江梅花正开， 春色风中度。	青天阔万里， 月皎鹊惊飞。
二五四一	月宫吾欲往， 摘草作天梯。	无根却有根， 结果难为果。	□桂在高山， 大用须成器。
二六四二	凤德幽深远， 驹阴过玉台。	荠甘与苦荼， 却在下场头。	曲直自从绳， 正直元须取。
二七四三	巫山十二峰， 不与凡人上。	天上神仙女， 人间富豪家。	意欲钩舟子， □□□□济。
二八四四	海棠花烂熳， 独立雨中看。	父子聚嘻嘻， 风光保无恙。	将薪去传火， 产便见烟成。
二九四五	流水下高山， 孰能相止遏。	日月有阴晦， 求贤难独难。	运筹帷幄中， 决胜千里外。
二三三九	燕下凤凰台， 江山活计中。	居柔却用刚， 刚柔能既济。	一虫生两翅， 飞入百花丛。

二二四〇	烟焰逐浮去，月明金井地。	凤凰飞去后，明月见光辉。	燥火助太阳，青天云敛尽。
二三四一	开樽乘月夜，曲水暗中流。	绮罗媚春风，好花容易过。	对景邀明月，杯中酒不空。
二四四二	太白骑龙马，禹门波浪干。	天边瑞气凝，牡丹花露湿。	狂风吹残烛，光阴诚难住。
二五四三	日本重阳主，三更避斗牛。	晓风残月影，别为一枝香。	田猎无一禽，徒劳费鸳鸯。
二六四四	万里迢迢路，旁溪曲径通。	斜阳人嗔渡，流水泛天涯。	九月去登高，福中还发福。
二七四五	花发向波心，天香施水面。	菡萏波中出，鸳鸯水面游。	能任成大器，负鼎去干汤。
二八四六	秋色来天上，寒光到世间。	香兰终月满，桂子落秋风。	风云三吐哺，尽力诗书贤。
三二四一	牡丹花树下，蜂蝶结云屯。	蜂蝶怕春寒，好花风里过。	狂蛟来撼草，节操自然端。
二二四二	春昼玉壶闲，桃花芳草陌。	海棠春正发，惆怅五更风。	百花开似绵，春日自融和。
二三四三	蚍蜉重两翅，飞上九重天。	海棠春正发，夜雨湿胭脂。	遗刀还得剑，见喜有其年。
二四四四	避害以趋利，虹霓作渡桥。	出水珊瑚树，春风费力裁。	一雨过三千，青山峰色好。
二五四五	太虚中大厦，鸳瓦接青霄。	花果修缘好，葫芦水上浮。	海水自生来，优游星火炎。
二六四六	躬行于万境，声色在吾为。	夫唱妇相随，末终在谋始。	如人初食蔗，自尾及其头。
二七四七	螟蛉入蜂巢，得见蜂王面。	失叶怕春风，吹破桃李萼。	莺雏初出谷，飞羽自欹斜。
三三四三	春深花卉发，细柳为谁青。	玉楼防失足，金菊暗伤情。	巨鱼跳龙门，须凭三尺浪。

二二四四	榴花枝上火， 风动拟空烧。	风雨鸡鸣夜， 春风欲暮时。	百炼忘真金， 自然添火力。
二三四五	南柯鸾风立， 天表景星行。	蜂酿百花酒， 其甘与世殊。	青山才雨过， 清兴逸无穷。
二四四六	御沟一红叶， 流水出深宫。	二六巫山远， 朝云何处飞。	深山藏日久， 威势自英雄。
二五四七	浮舟上急水， 飞跃多鸢鱼。	河东狮子吼， 好事叹难完。	云收兼雾散， 万里见晴光。
二六四八	八维内寒暑， 其端自我持。	一家人尽喜， 提防井上安。	草庐三顾问， 明良相济遇。
三三四五	道是无形器， 四时万物生。	参昴正当天， 江月半分破。	鬼佛两同途， 善恶皆相惧。
二二四六	背水相传信， 行看花影风。	黄花晚节香， 老圃见秋色。	有雷无雨下， 旱处可忧煎。
二三四七	大海变桑田， 宏开日月落。	四月正东上， 皎洁又西坠。	美玉未分明， 逞光桃隋阴。
二四四八	积雪待来年， 云开逢暖日。	飞雪上梅花， 沛云开暖日。	古镜又重磨， 终是颜先在。
二五四九	持刀破鱼腹， 珍异在其中。	双飞鸾凤曲， 莫道怨知音。	伯夷君子节， 自不改初衷。
三三四七	鸿毛草上风， 阴阳互寒暑。	天寒雁影孤， 日落销金帐。	万里迢迢路， 旁溪曲径通。
二二四八	足踏云霄上， 蓬人弱水流。	□□□□□， □□□□□。	雀羽喜当生， 摩空须有渐。
三三四九	暴虎以冯河， 屹然为砥柱。	瑶池人宴后， 明月夜空寒。	太公未遇时， 日钓渭江边。
二四五〇	渭水有肥鱼， 竿头无钓饵。	花开难结实， 策杖且扶身。	停帆顺风后， 躁进恐成忧。
二三四九	纪纲吾掌上， 网漏吞舟鱼。	夫征与妇育， 天际一浮云。	孤舟如遇浪， 险阻谨提防。

二二五〇	举足达紫薇， 梅花随雪堕。	蟠桃花未实， 不用怨东风。	为祥不为灾， 得名兼得利。
二三五一	西风送行色， 斜日照丹墀。	琴弹广零散， 无语怨黄昏。	长蛇自退皮， 劳神并改性。
三三五一	彤弓架朱箭， 用射石麒麟。	福星虽灿烂， 孤星也照临。	花门逢杜萤， 多不减芸香。
二二五二	梁园花木绽， 东苑彻金风。	积木起高楼， 风月事分破。	药变损丹炉， 神空已度设。
二三五三	御沟流不尽， 水脉到甘泉。	琴弹山水曲， 曲曲自知音。	斜日欲流西， 光辉已先散。

河洛木部参评秘诀

	男命竖看	女命竖看	岁运竖看
二三〇五	云霞文发散， 舞动锦飞鸾。	鱼向水中游， 须防天降旱。	飞花自腾远， 不须风雨翻。
二二〇六	洞庭风叶舞， 抚手上南山。	鸥鹭泛江天， 不典蛟龙立。	求之于规矩， 目可取方圆。
二三〇七	身生乾坤甑， 自知炎暑威。	休弹陌上筝， 莫取桑间女。	佯狂并设诈， 苟有见灾危。
二四〇八	水银专铸鼎， 日月煮黄粱。	鹦鹉尚声娇， 佳人空自老。	织锦停机杼， 机边看锦花。
二五〇九	微涨天河流， 冬江雪浪起。	夕阳无限好， 争奈易黄昏。	设井遇枯泉， 何由得济渴。
二六一〇	金城千里地， 举目望征人。	春暮飞花急， 暗随流水边。	梦魂千里远， 六怨离恨多。
二七一一	木牛出祁山， 流马入斜谷。	冬天暖似春， 江梅花正吐。	春兰与秋蕙， 各自及时香。

二八一二	强澜既四倒， 地道有常经。	姻缘同比翼， 风送上天去。	雷声才出地， 远近自然惊。
二九一三	秋月照寒水， 飞雁落沙汀。	风吹香梦醒， 天瞑子规啼。	萧何定律法， 轻重自分明。
三〇一四	鹊巢高树上， 风雨绝尘埃。	冷淡是生涯， 何须花簇簇。	桃花三月景， 百草一齐新。
三一一五	赵人兼晋璧， 欢时起利心。	活计水中萍， 姻缘风裹絮。	登高复临水， 传命探梅花。
三二一六	梭掷锦机中， 花纹随后起。	天长地久时， 只怕多风雨。	浮云将蔽日， 先暗后光明。
三三〇七	椿松在槐棘， 月色染云霓。	春闺人梦断， 明月又当前。	明镜自当台， 何忧不照烛。
二二〇八	木人逢此地， 平步上青云。	雨余天欲霁， 江上好峰青。	蓝桥玉壶春， 鸳鸯解鸣雨。
二三〇九	漏水自天浆， 八方皆可去。	玉杯出清淡， 龙蛇多争室。	凿井得甘泉， 源源自流出。
二四一〇	牡丹花影中， 走马弓弦上。	池中多污泥， 忽出莲花新。	走马过危桥， 不道成惆怅。
二五一一	东山有人麦， 生向雪霜中。	高木蝉声噪， 安知红树秋。	举足路紫微， 青云生平地。
二六一二	蚕宫簇上茧， 宛转吐丝纶。	神仙不用求， 自有桃源路。	抱薪就火燃， 谨当慎自主。
二七一三	掌火焚山泽， 连天草木除。	白发喜相逢， 齐眉并举案。	莺笼才得出， 飞动有其时。
二八一四	万籁清风裹， 吹箫秋月明。	一声秋夜雷， 明月落谁家。	双燕巢梁间， 呢喃自相语。
二九一五	举目仰天人， 用除三伏暑。	红莲初出水， 春草怕飞霜。	骊珠将照水， 光耀自如然。
三〇一六	水影照天文， 森罗成万象。	井云天外飞， 方见云中月。	自牖看天心， 咫尺天颜近。

三二一七	子产畜生鱼， 校人得烹食。	万里白云绕， 江南日暮春。	守株而待兔， 空滞好光阴。
三三〇九	牛溲马渤功， 不假金丹术。	此木非寻常， 堪作高堂室。	喜生不测处， 枯木再逢春。
二二一〇	芳枝开月下， 秋叶舞春风。	深园空夜月， 琴调几知音。	流水与高山， 自有真佳趣。
二三一一	当道雪中草， 青蛇用蔽身。	利器手中持， 消息长无苦。	车无輗与轨， 其可以行路。
二四一二	玉盏凝丝竹， 蟾宫火上山。	还解馨香祝， 清虚度化生。	玉兔东方山， 夕阳留彩虹。
二五一三	花渠暗水流， 出没世难识。	风蒲美转定， 能化青蛇剑。	海岸系孤舟， 何须忧浪竭。
二六一四	攘背取珊瑚， 击破生铁柱。	鸾凤引雏飞， 只缘多儿戏。	泾渭分流处， 一浊一清源。
二七一五	假山生柳桂， 秋月散金花。	种出无方药， 方知造化神。	风雨栽培处， 可待长萌菜。
二八一六	冰霜得令节， 以候辨阴阳。	芳草正连天， 那看黄悔雨。	倒把龙泉剑， 叉手空相伤。
二九一七	江上一犁雨， 芳菲起淡烟。	月兔夜光圆， 向晚金乌出。	风生浪不静， 未可息忧怀。
三〇二八	溪养浮萍草， 流芳自吐奇。	鸡栖生凤子， 回首隔尘埃。	欲求鱼与兔， 须用得筌蹄。
三二一一	朔风从北起， 水鉴照青天。	芝兰出蓬蒿， 莫染花间尘。	金堂步紫微， 玉殿生芳草。
二二一二	分庆诞辰中， 花下人相顾。	水边多绿草， 翠竹喜相逢。	举杯邀明月， 花下人相觑。
二三一三	禹门波浪急， 冬月井中鱼。	日日任东风， 女子贞不字。	□□□□□， □□□□□。
二四一四	瓦冷霜华重， 飞灰葭管中。	岂料狂风恶， 花开落嫩红。	准定用权衡， 轻重当自取。

二五一五	骑牛逐麋鹿， 前程路不迷。	木非凡水比， 可用作门楣。	龙蛇争一室， 飞向百花丛。
二六一六	斗秤皆均物， 权衡有万殊。	流莺语燕娇， 日暮花飞雨。	风过大林中， 草木皆回偃。
二七一七	柳线系春光， 暮天色已定。	传言桃李春， 为惜桑树是。	鹊噪喜白日， 信通心更切。
二八一八	掌上握风云， 前生已先定。	兰房花正开， 门帐人如玉。	闲人风送远， 正醒心自乐。
二九一九	驾屋桥梁上， 依山又带河。	寒人下秋天， 连芳湿五彩。	月白典风清， 因斯知有待。
三三一三	景星移北陆， 荧惑出南宫。	云雨归何处， 巫山十二峰。	昼行人秉烛， 直入洞房中。
三二一四	牡丹花影中， 灵清海棠湿。	月之长大照， 片云天外遮。	桂枝花下影， 秋月弄金风。
二三一五	多少鱼虾出， 波流天自红。	红梅影苍竹， 惟有岁寒情。	久晦遇晴明， 已慰众人望。
二四一六	金乌未出海， 玉兔已先沉。	莫恨花飞急， 枝头子渐垂。	金乌拜玉兔， 各自列东西。
二五一七	金鱼沟内跃， 风动纸鸢飞。	玉云荷盘里， 琼珠碎碎圆。	舟行望峰移， 自生疑惑处。
二六一八	身自携筐去， 忧勤等采薇。	□□□□□， □□□□□。	灯光夜结花， 喜信必须得。
二七一九	夜寝游仙梦， 通灵各有神。	江水映秋风， 水落花去速。	穴居而野处， 栋宇自接凉。
二八二〇	清淡梧桐树， 风摇金井间。	莺花三月景， 天气又重新。	陆行如推车， 是以常自苦。
三三一五	荏苒风霜至， 竹梅花自开。	上林花正发， 只恐起东风。	自我来西郊， 密云空不语。
二二一六	万里桑麻地， 鱼龙相约侵。	春花太逼人， 蝶向谁家宿。	幸结残花实， 喜生枯树枝。

二三一七	江漾南山影， 雁从云处飞。	姚黄并魏紫， 相遇五更风。	鸳鸯宿池塘， 姻缘自相守。
二四一八	地轴天轮转， 壶中日月长。	采莲曲未终， 扁舟空荡漾。	红芳看满地， 蜂蝶绕花丛。
二五一九	能开顷刻花， 结果不能食。	要祝花宜寿， 须求菊蕊仙。	遇水得逢桥， 忧心俱什然。
二六二〇	碧落出乌轮， 众星拱北斗。	难许自由身， 是心难飞走。	□□□□□， □□□□□。
二七二一	雷是震天鼓， 青天无片云。	金杯休覆水， 琴瑟再调弦。	行人立渡头， 待船空已久。
三三一七	泉源并土脉， 雨露作根基。	菱花空谷响， 桂子落重川。	视形频把镜， 内外不相同。
二二一八	采山堪茹美， 钓水鳄鱼藏。	班扇重狂风， 安知炎暑退。	有矢恨无弓， 先阶后须放。
二三一九	木筝写青天， 砚内龙蛇动。	杏花须自红， 葑菲定不美。	黄蜂采密成， 久后谁甘苦。
二四二〇	仗剑断鳌足， 鸿飞荒野山。	枝头春玉李， 一朵绽先红。	箭射南山虎， 仗剑斩龙蛇。
二五二一	把扇作飞廉， 粪尘咸席卷。	□□□□□， □□□□□。	宝剑藏深匣， 光芒不等闲。
二六二二	八荒惟我室， 变动体无常。	娥眉月圆缺， 桂子漫传香。	游鱼戏新荷， 在沼乐其乐。
三三一九	万里有循环， 阴阳无久驻。	锦绣霭春闺， 梧桐在金井。	红芳成艳色， 俱起动花心。
二二二〇	惟斯属木人， 水清在阴地。	雪里出梅花， 犹待春风至。	错节与盘根， 自然别利器。
二三二一	寻钓梦春泽， 投身北海间。	暮去更朝来， 春花几芳馥，	花开向波心， 天香施红味。
二四二二	东海植扶桑， 西海载弱水。	天外雁声孤， 唤醒佳人梦。	万里迢迢路， 径行不见踪。

二五二三	蛇斗郑门中， 广陵盟亦载。	把镜称月影， 朱颜浑未改。	斛水用藏龙， 淹回其云气。
三三二一	井上有绿李， 盐梅气味同。	花开向春晚， 花谢果还稀。	野猴啼夜月， 衰草更逢春。
一一一一	红波推画舫， 绿棹逐蛇龙。	江上月清明， 金鞭何处去。	大厦与高堂， 燕雀生成就。
二三二三	三月无根柳， 空中舞柳花。	梨花满院香， 莫收春带雨。	阳春三月景， 柳絮满天飞。
二四二四	波中生日月， 镜底见乾坤。	蜾蠃负螟蛉， 新枝发旧花。	杏花雨濛濛， 喜苏人耜犁。
三二二三	将灯入洞坐， 洞里有轻风。	水畔插垂杨， 孙阳黄金屋。	线断钓沉底， 深嗟不已情。
二二二四	滹沱水雪飞， 足踪履水迹。	凿池通流水， 开辟天外风。	蓝关逢雪拥， 骏马不能行。
二三二五	莲花随步起， 风雨过池塘。	芳草碧连天， 尘襟临弦索。	羝羊触其角， 何苦自伤残。
三三二五	斧柄在我手， 山行随意行。	水边佳会处， 休唱阿奴娇。	驾箭与弯弓， 偶射须百中。
二二二六	四境风云起， 金乌照太空。	四野风烟瞑， 飞花落燕泥。	斫轮将有就， 乘鸾在当时。
三三二七	地形接霄汉， 在下有星辰。	风烟欲瞑天， 日暮江南树。	□□□□□， □□□□□。

河洛金部参评秘诀

	男命竖看	女命竖看	岁运竖看
三三〇六	鹤在白云栖， 鸥鸮不翔举。	花开花上花， 风起风中絮。	鸿鹄丈夫志， 岂能知岁雀。
二二〇七	白云随月出， 引领拜舟墀。	李桃贪结子， 莫恨五更风。	日出自扶桑， 众人皆仰视。
二三〇八	大树蜉蝣撼， 精神百怪通。	银烛照红妆， 莫遣佳人睡。	燕雀雨间飞， 一生遇一死。
二四〇九	花钿委地中， 沙暖见春云。	水面群鸥浴， 风来浪拍天。	枯木经春发， 忧老遇孤霜。
二五一〇	梧桐金井上， 枝叶接松筠。	生来在尘中， 不作尘中人。	洞门无锁钥， 便是一闲人。
二六一一	钟声彻万里， 食后上楼敲。	人间喜梦觉， 孤月又当空。	琴瑟弦忽断， 难便正音传。
二七一二	下漏在军门， 日中留客饮。	玉箫声未断， 重结好姻缘。	笼鹦虽巧语， 犹自被羁縻。
二八一三	井井浮阳气， 新田禾黍繁。	夜雨滴梧桐， 春风损桃李。	当逢千寻木， 折令遇其时。
二九一四	犹苑沟渠里， 翩翩一点红。	红叶有前缘， 水流何太急。	寒犬吠明月， 空自贾情怀。
三〇一五	两曜循天地， 五星惟顺缠。	黄菊有佳色， 秋光何太迟。	雷是震天鼓， 青天无片云。
三一一六	千驷马弗视， 甘心惟步行。	管弦醉春风， 何如枯冷淡。	舟行帆自捲， 欲进路无由。
三二一七	桑麻天地产， 不必问耕桑。	奈有仙风骨， 壶中日月闲。	一箭射胸中， 万事能假从。
三三〇八	草木年年改， 山河竟自如。	枯杨生绿柳， 雪里自阳春。	铜镜未会人， 暂时生尘垢。

二二〇九	金命既如此， 天花桂影风。	欲指神仙路， 云山几万里。	冒暑去投林， 当途风少息。
二三一〇	举箭射青天， 月淡星稀候。	春日种梅花， 秋风生桂枝。	月明与星稀， 乌鹊南飞起。
二四一一	酒罢醉和风， 峨眉山上色。	福禄从天降， 不求保自生。	遨游成秀地， 不觉日平西。
二五一二	丹崖万仞高， 中有蜉蝣上。	秋风动桂枝， 桂子应难有。	停帆遇顺风， 千里终须到。
二六一三	麾盖样虚空， 白云深处出。	兔丝负女萝， 缠绵成一家。	虎落在阱中， 地偶难回避。
二七一四	九河循故道， 蚯蚓绕山行。	桑麻深雨露， 桃李正芳菲。	渴时须饮水， 临井又无泉。
二八一五	高枝投宿鸟， 广厦上林燕。	风月宴年年， 更阑人散后。	晓日离云阵， 寒威渐渐分。
二九一六	扁舟过夏口， 赤壁火烧天。	君子期偕老， 江山逝若川。	子期逢伯牙， 正是好知音。
三〇一七	桂林无雨露， 山泽有雷风。	双燕春风暖， 孤鸿落日斜。	月被乌云庶， 光明暂一时。
三一一八	宝镜当空照， 光明人自知。	庭前有丹桂， 肌肤带天香。	匈奴降苏武， 汉节不能屈。
三三一〇	猫鼠祟墉上， 安居备不虞。	青春花不发， 冬岭伴苍松。	忧辱无所怨， 安居且虑危。
二二一一	重重又重重， 好弹无弦琴。	鸳鸯飞水面， 花落又花新。	琴瑟忽断弦， 便不同音韵。
二三一二	将火照明月， 浮云一点无。	自有好姻缘， 方识今日镜。	风吹水上萍， 东西任来去。
二四一三	都门千余里， 城阙烟生尘。	东园花易开， 西园果先熟。	投身向弱水， 剖蚌取明珠。
二五一四	蝴蝶在林中， 采花为曲蘖。	吹箫人去后， 仙境又重登。	上阵长枪遇， 前途须我约。

二六一五	巍巍数仞墙， 不得其门入。	当生金不多， 谁知来路难。	木生毫末间， 从微须著至。
二七一六	芝草穿珍珠， 玉堂高挂地。	并蒂双莲出， 风光共一家。	织女未乘机， 精神自频绪。
二八一七	藻芹离泮水， 炉火爇明香。	着意栽桃李， 须防困蒺藜。	和风吹折柳， 光景与天同。
二九一八	日照雪中山， 银河波自起。	春花方竞秀， 夏日又成阴。	寒鸦终夜噪， 恍惚有惊疑。
三〇一九	绮罗裁剪下， 一线逐针行。	更深玉漏残， 月里嫦娥去。	大匠欲斫轮， 劳费绳与尺。
三三一二	孤军临大敌， 剖竹可分符。	寒梅空自白， 芳草为谁青。	和羹用盐梅， 苦旱用霖雨。
二二一三	辰卯从革人， 玉殿生芳草。	短长由自己， 苦乐在他人。	水映千江月， 山含万木春。
二三一四	山上水仙花， 非是江河养。	莲花绿水香， 莫怨秋风早。	丹崖万仞高， 中有蜉蝣上。
二四一五	枫叶芦花岸， 满江秋月明。	娇莺细柳中， 春暮多风雨。	急浪自呼舟， 求济何时脱。
二五一六	四方风一动， 古木自纵横。	绿柳正摇风， 雪花飞天上。	东邻杀牛时， 不如西禴祭。
二六一七	衣裳藏在笥， 锁钥不相投。	红叶手中持， 春残花未开。	月内一蟾蜍， 影收光又散。
二七一八	再经风作纬， 欲织一机罗。	凤飞鸾亦飞， 鸡鸣子正和。	急浪收晚棹， 进退自徘徊。
二八一九	粪土变城墙， 使人高数仞。	明月逐人来， 风尘随马去。	黄蜂作蜜后， 已苦别人利。
二九二〇	井给奠西井， 舟行载日光。	青绳曾系足， 何事又伐柯。	问其造处士， 取舍在人间。
三三一四	掉舟过苍海， 风云生八荒。	蕙兰花一处， 各自逞馨香。	蕙兰花一处， 各自逞馨香。

二二一五	青天江海流， 前定事如是。	断云残雨后， 缺月又重辉。	无根三月柳， 花絮满天飞。
二三一六	月明春水满， 四面八方流。	饮泉风吹美， 不觉浪花翻。	玄豹变成虚， 喜意自非常。
二四一七	金风疏落叶， 赵璧保珊瑚。	万木怕秋风， 桂独一枝花。	□□□□□， □□□□□。
二五一八	因赴武陵约， 桃花逐水流。	绣带绾春罗， 尘满菱花镜。	吞钓鱼上钩， 沉机大小渊。
二六一九	壶口孟津间， 冀州先载水。	镜里花颜改， 枝头果未圆。	祥日频晓日， 轮转有祥光。
二七二〇	夜寝游仙梦， 通灵各有神。	莫讶今朝景， 修缘好闲空。	有舟无棹处， 过渡有忧疑。
二八二一	挟山超北海， 缘木以求鱼。	昔日青天上， 风光再主持。	电光烁秋月， 方寸自生疑。
三三一六	斗柄横云汉， 西山晓月浸。	东方才得意， 夜月改梨花。	竹笋已抽簪， 成林自有日。
二二一七	细柳新蒲绿， 夕阳流彩红。	兼织回纹锦， 重圆月影花。	蜂蝶竞争雄， 可存芳树上。
二三一八	斗牛星会处， 兰麝自馨香。	紫穗吐奇芳， 光阴逐流水。	鱼潜水上藻， 思跃有其时。
二四一九	鱼凫在虎穴， 鸾凤宿花丛。	嫩笋出阶前， 杨花飞满院。	镕金欲铸印， 成用有其时。
二五二〇	辍来不耕莘， 行车遇霖雨。	前定四时春， 只怕东风恶。	旅食在他乡， 何时归本地。
二六二一	明堂空谷中， 不纳三伏暑。	断桥流水急， 准拟上扁舟。	苦求药用之， 于人又何咎。
二七二二	舟下急流中， 山阴不可去。	屏间金孔雀， 那个是前缘。	刀箭既相怨， 此心怀一快。
三三一八	织女机上梭， 往来同日月。	虽不是丁兰， 刻木也成形。	高堂怀栋梁， 架缘无所靳。

二二一九	神仙居洞府， 欲活烂柯棋。	玄霜谁捣就， 只恐又姻缘。	斗牛星会处， 兰麝自馨香。
二三二〇	竹影连山影， 松声问水声。	芙蓉秋夜花， 莫怨东风错。	明月三杯酒， 清风一曲琴。
二四二一	青天蜀道难， 背剑跳云栈。	禄马度前桥， 须还跳井口。	剑斩长桥蛟， 箭射白额虎。
二五二二	青天如水净， 旱魃比云霓。	水面宿鸳鸯， 凤凰那时出。	大旱望云霓， 沛然天下雨。
二六二三	心是无星秤， 均同一气形。	箕帚自相当， 瓦璋犹未定。	多禽见膺鹗， 不测自刑伤。
三三二〇	松柏悉兹漫， 丹青石上生。	绿颜流水急， 谁念百花新。	大冶可陶金， 必定成金器。
二二二一	积雪遇和日， 池塘春草生。	可惜花开处， 风光叹不常。	临春花柳香， 好遂遨游世。
二三二二	扬竿钓渭水， 忍耻向淮阴。	种树于途旁， 行人受绿荫。	白头为钓叟， 晚节逼文王。
二四二三	金风西岭月， 光焰射杨花。	天地无凭准， 空余燕子楼。	乌江不可渡， 患害岂非常。
二五二四	草作擎天柱， 难当盛暑风。	望月伴嫦娥， 只作浮云翳。	淡云来掩日， 残云暂收光。
三三二二	圭田如玉洁， 一点不生尘。	自得操持手， 何须男子为。	于斯有美玉， 求善价估诸。
三二二三	天河玉浪起， 争奋鸿雁飞。	天台刘阮遇， 时景又云飞。	莫望红尘远， 出门天地宽。
二三二四	击柝重门外， 机边看锦花。	佳人天上月， 圆缺照谁家。	锦机梭过处， 随即起波纹。
二四二五	假山中草木， 鸟兽岂容藏。	天边有明月， 何处照人间。	春水初泮处， 任便戏新鱼。
三三二四	大道藏无极， 鸿蒙隐八维。	金多必有伤， 及早修缘事。	杀鸡须鼠约， 忠信自无疑。

二二二五	月华透梅雪， 水净见山阴。	残灯十空月， 争奈五更长。	花渠暗水流， 出没世难侧。
二三二六	形画麒麟阁， 毫端争一茎。	孤猿枝上啼， 明月空中落。	阳气喜初生， 萌芽将复展。
三三二六	牵牛过堂下， 问是梁惠王。	仙坛与佛塔， 功果好修为。	大旱望云霓， 青天空霹雳。
二二二七	风行江上去， 松竹竞争春。	古称朱陈村， 只恐花难老。	□□□□□， □□□□□。
三三二八	吾身何践履， 天外有烟霞。	画堂春正浓， 杨柳轻飘絮。	社燕自营巢， 不安期得便。

河洛土部参评秘诀

	男命竖看	女命竖看	岁运竖看
三三五七	蜘蛛结网罗， 箭射空中雨。	天边有彩鸾， 风举乘云路。	临渊空羡鱼， 取舍难为事。
二二五八	蓬蒿栖凤凰， 瞻望随堤柳。	腊日消残雪， 红杏又着花。	凉风井水阁， 散发又披襟。
二三五九	龙门舟未出， 蚯蚓载坤舆。	紫燕营新巢， 呢喃又无水。	梨园遇猴宿， 果熟不能存。
二四六〇	桃李浮瓜景， 广寒宫似水。	孤帆太湖远， 休上望夫山。	再磨龙剑用， 锐气彻青空。
二五六一	投身向弱水， 剖蚌取明珠。	柳絮舞春风， 晴云审暮雨。	春柳发萌芽， 浓阴堪待暑。
二六六二	置邮符驿使， 传命折梅花。	莫待尘缘结， 皈依好向空。	旅怀千里远， 日暮急奔程。
二七六三	广寒宫枕簟， 内有风雪生。	藤罗引高松， 阴阳调吕律。	弯弓兼得箭， 际遇莫踟蹰。

二八六四	蝴蝶梦方回， 寻花天上去。	玉女逢佳偶， 天风吹珮环。	筑坛来拜将， 万世好名杨。
二九六五	墙外生斑竹， 茎长接上苍。	换叶移根树， 花开子未圆。	阳春三月景， 桃李自芬芳。
三〇六六	鱼盐版筑人， 心志自先苦。	一匹红绫好， 春风几度求。	曲木转形影， 运动影随身。
三一六七	山径之蹊间， 介然而成路。	香草出河边， 寂寞春归晚。	鹊巢鸠打破， 有始却无终。
三二六八	河洛出图书， 伏羲不再画。	春光沸管弦， 秋风换罗绮。	笙歌频聒聒， 自可乐欢颜。
三三五九	万里长城去， 黄河犹旧流。	香盟于山岳， 未信晴云轻。	梨园遇猴宿， 果熟不能存。
二二六〇	大旱望云霓， 青霄隔风阻。	风烟隔明镜， 膏沐为谁容。	万物源于天， 密云浑不雨。
二三六一	风吹海水动， 巨蟹四方游。	桃花人面去， 黄菊又三秋。	寒光有重焰， 从此再回生。
二四六二	四海尘埃起， 随风蔽九天。	花落东流水， 高堂望杏红。	□□□□□， □□□□□。
二五六三	对月登楼望， 风生星斗移。	妙手连环解， 姻缘事不由。	日暮强奔程， 狂走途还失。
二六六四	壶顶山上鼓， 终日伏波闻。	气味芝兰美， 光阴日月行。	龙吟深大泽， 逸乐有其之。
二七六五	独舞菖蒲剑， 三军不可当。	风山花零落， 春风趁马蹄。	雄鸡齐唱晓， 暑色未分明。
二八六六	燕期秋社中， 遥指神仙路。	月中丹桂子， 开时待秋风。	大寒将索裘， 已失先期备。
二九六七	身在青云里， 天街我独行。	天地春风里， 江山夕照中。	春游时得喜， 骏马自驰驱。
三〇六八	旱天逢雨集， 沟浍自皆盈。	□□□□□， □□□□□。	虎鹿图一雀， 一悲还一喜。

三一六九　众逐虎负隅，擐臂下车搏。　重重天色晚，何处彩云飞。　猛虎依平林，收威并失势。

三三六一　江心秋月色，鱼隐在心中。　窃香人去后，月色又黄昏。　猛虎居山崖，前凶而后吉。

二二六二　竹从蜂蝶聚，落叶露珠倾。　暴虎冯河妇，如何柔济刚。　正当骏马时，情怀难自捲。

二三六三　白日片云收，青天一点雪。　薰风吹石榴，秋风破酸子。　田猎而获禽，自知得如愿。

二四六四　蔓草与长松，远看同一色。　姻缘竟若无，浮云落流水。　瑞云飞出洞，聚散不为常。

二五六五　正当三伏暑，昼寝复青毡。　日断楚天空，星河何处觅。　杏花红十里，归去马如飞。

二六六六　豫州城似铁，强弩不能穿。　汀兰井岸芷，泛宅奉浮家。　大厦要扶持，诚然非一木。

二七六七　天汉彩云横，斗牛星不动。　花天几度春，日月应难光。　众棹若扶持，一时须得渡。

二八六八　南亩金城外，一鞭风月清。　龙凤喜同巢，乾坤风景异。　蜂蝶戏春深，先益而后损。

二九六九　三月清明节，桃源不老春。　黄莺出空谷，燕采落花泥。　举足倾天河，用除三伏暑。

三〇七〇　王事不敢废，抽矢扣车轮。　桃花逐水流，空锁武陵春。　春天喜胜游，冬日真可爱。

三三六三　九穗嘉禾起，吴江风月清。　南国有佳人，花影空中雾。　鱼龙在钓饵，志乐在其中。

二三六四　古道多芳草，武陵花自红。　芙蓉不怕霜，霜里好开花。　夜光流星落，中心亦可忧。

二三六五　虹霓射日光，五彩空中散。　一曲神仙引，风吹别调闻。　青天当午日，迤逦有藏云。

二四六六　身登竹叶舟，更不假篙楫。　机锦织成花，未许金刀剪。　子房遇黄石，受履显光荣。

二五六七	高山雨露深， 一人骑虎至。	赏花人散后， 金勒马嘶风。	春游知得意， 信步自忘劳。
二六六八	白日晴天里， 东方出五星。	春光媚华堂， 秋月照穹空。	未雨时先雷， 阴云空密布。
二七六九	桃浪江深处， 蛇从螃蟹行。	霜雪似刀剑， 斫断飞鸳侣。	田猎出无心， 捕禽而得兔。
二八七〇	岁寒知松柏， 犹自蔼柔芽。	□□□□□， □□□□□。	初生新出月， 皎白有明时。
二九七一	嫦娥会月宫， 镜照红颜改。	绝代有佳人， 青镜朱颜改。	琴瑟不调和， 其弦急可整。
三三六五	泰山添土壤， 春草自辉煌。	一曲醉金卮， 野烟生碧树。	方泽水溶溶， 鱼龙俱得势。
二二六六	嫦娥伴玉兔， 醉倒桂花丛。	嫦娥在月窟， 三五圆又缺。	弯弓弦忽改， 帐望独咨嗟。
二三六七	龙脱初生骨， 飞潜花苑中。	篱菊绽金钱， 玉露生秋草。	浮云迷皎月， 暂时处朦胧。
二四六八	山中有一道， 不露神仙迹。	绿蚁其佳人， 巫山连楚梦。	病久遇良医， 贵人相提挈。
二五六九	珠履腾空去， 一双凫上天。	要看枝上花， 却看花稍月。	流水下高山， 谁能相止遏。
二六七〇	英雄一上将， 来作负荆人。	春草暗连山， 王孙应恨别。	珍珠俱已成， 何须多草艾。
二七七一	画屏堂半开， 上有丹青笔。	□□□□□， □□□□□。	舜日得当空， 坚水须尽什。
二八七二	江汉源流水， 同来井路中。	月烟夜光圆， 向晓金乌出。	黄莺声百啭， 其可乐春迟。
三三六七	庙堂知重器， 宝鼎玉居先。	春树发新条， 风光喜恋新。	旅况在穷途， 得薪又无火。
二二六八	采薇除蔓草， 蜂蝶在红尘。	鸾凤乘何远， 熊罴梦已回。	荒田多野草， 空自负耕犁。

二三六九	当途白日虎， 草下现其身。	好花临水畔， 风雨隔前林。	叶落为辞树， 正不为干枝。
二四七〇	聚沙为五岳， 一篑岂容亏。	自是闺门好， 须防半疾殃。	柏树长高岗， 乔枝须出群。
二五七一	阳春三月景， 杜鹃花正开。	名园花果香， 春风皆吹瞑。	良画为归祝， 志存杨柳间。
二六七二	即墨得神仙， 飞鸟悉翔舞。	嫦狐在月宫， 秋光共谁处。	二将竞争功， 一得须一失。
二七七三	松筠侵日月， 星斗见长天。	芍药花开遍， 清和转夏天。	水由地中行， 江淮朝宗汉。
三三六九	飞云随水起， 燕雀语花阴。	浮云蔽白日， 仿佛见参商。	风动水中萍， 往来无定处。
二二七〇	修行下蝼蚁， 衔泥叠泰山。	牡丹花半开， 春色无留意。	两两忽交锋， 自当宜谨慎。
二三七一	横池龟曳尾， 入水散清波。	姻缘此日兼， 只恐姻缘阻。	痴心问人影， 否泰出何心。
二四七二	白水对青山， 玉衡齐七政。	春色天涯远， 燕归人亦归。	田欲成秀苗， 必先除草芥。
二五七三	柳岸春风处， 波纹漾碧天。	宝镜画堂前， 莫遣青鸾舞。	路遥频马往， 心困与神疲。
二六七四	义兵不用诈， 背水战何因。	灼灼枝上花， 春时天又雨。	乔松方出土， 难得生嫩枝。
三三七一	博浪沙中立， 海滨车驾行。	天生连理枝， 莫遣风霜苦。	有金无火炼， 作器恐无期。
二二七二	随山刊古木， 鲜食奠山川。	缘分宜娇客， 难教挂丁香。	明珠生蚌内， 方寸自然光。
二三七三	上阳宫里人， 相伴白云宿。	天外彩云飞， 化作白云去。	工师得大木， 以胜栋梁材。
二四七四	庭月射花影， 散作五更怨。	虽是好罗裙， 犹同纱帽里。	广大置车轮， 行虽由正路。

二五七五	马陵书大字， 斗智有孙庞。	莺花春世界， 咫尺近春逢。	春鱼方跳跃， 得势漫东流。
三三七三	象取斗中气， 无边柳絮飞。	楼上有神仙， 人间无去客。	鞭生庭下长， 养竹自萌芽。
二二七四	用缶纳自牖， 泥途中得兴。	冰骨玉肌肤， 夏日当炎暑。	一刀还两断， 过意即分明。
二三七五	金灯对月华， 燕叠画梁巢。	红颜对明镜， 几度插花新。	男儿衣禄好， 女子命还危。
二四七六	水由地中行， 江汉朝宗海。	结发望齐眉， 莫负恩与爱。	酩酊见衔杯， 性真正自在。
三三七五	东山烟雾怖， 本棹入扁舟。	风动玉栏杆， 惊醒花间梦。	战马得金声， 雄心期便振。
二二七一	鸿鹄竟飞鸣， 深居而简出。	夏木黄鹂语， 梧桐叶早秋。	声传空谷中， 影浸清波下。
二三七七	天涯一望中， 燕雀任来往。	一花双结子， 惟恐到头难。	石上磨玉簪， 不测中有折。
三三七七	雷声震天地， 草木绝其根。	昼夕掩重门， 虚空久寂寞。	固垒池深处， 提防有不虞。
二二七八	乘桴浮海上， 四面任风吹。	骨肉前缘定， 修持好闲空。	游舟入水中， 进退不由己。
三三七九	八尺长灯檠， 清光射白昼。	长檠照珠翠， 烛影怕风吹。	塞翁须失马， 反祸又成福。

内一数

二八六九	阴阳皆失位， 无极自失宜。	流年如遇火， 一死复何疑。

河洛理数卷之七

是卷所刻，皆推算八字提纲，虽非希夷著述，然以命合数，故于星学诸篇尤属紧要。兹特附为末卷，以备学者便用。

起八字法

年上起月

甲己之年丙作首，乙庚之岁戊为头。
丙辛之年从庚上，丁壬壬位顺行流。
惟有戊癸何方觅，甲寅之上好追求。

日上起时

甲己还加甲，乙庚丙作初。
丙辛从戊起，丁壬庚子居。
戊癸何方发，壬子是真途。

起大运诀

行运专在月下论，甲、丙、戊、庚、壬生人属阳，乙、丁、己、辛、癸生人属阴。其法：阳男阴女，顺数月下未来，谓之顺运；阴男阳女，逆数月下已往，谓之逆运。但以三日为一岁，多一日除一日，少一日借一日也。

起小运诀

小运逆顺由时，如阳男阴女，则从生时逐一顺去；阳女阴男，则从生时逆数是也。

河洛数内，只以阳爻九年，阴爻六年为大运，不用子平之运。今载此者，后学兼而行之，则益精且详，而百发百中耳。

定太阳出没

正九出乙入申方，二八出兔入鸡肠。
三七出癸入申地，四六生人入犬藏。
五月出艮入乾上，仲冬出巽没坤方。
惟有十与十二月，出辰入申仔细详。

定寅时诀

正九五更二点彻，二八五更四点歇。
三七平光是寅时，四六日出寅无别。
五月日高三丈地，十与十二四更二。
仲冬才到四更初，便是寅时为君记。

定小儿生时诀

子午卯酉面仰天，寅申巳亥侧身眠。
辰戌丑未覆生下，千金君子不轻传。
亥子丑时面向北，寅卯辰人脚向西。
巳午未时头向南，申酉戌亥头持西。
辰戌丑未背太阳，父虽在家不在傍。
一个时辰分八刻，妙诀推究理无疆。

子午卯酉为中顶，主人性急，声高细小，仰身出世，向父而生也。

寅申巳亥双脑顶，若单顶，必斜也。主人面大口阔，声高发粗，侧身出世，向父。

辰戌丑未顶戴斜，主人沉性，顶次歪斜啼慢，背父生。父若在旁，覆身出世。

难产夜啼克应

子午号为黄泉路，卯酉呼为二八门。
难产易胎多疾厄，夜啼惊恐不堪闻。
生人顶髮稀疏，细瘦，易产难养。

知人形体论

乾：面圆，为人正大，好生恶杀，豁达大度。

坎：为人性情不定，大宽小急，善于陷人。

艮：背圆腰阔，眉秀眼长，为人性慢稳重，如山不动。

震：长大，美须髯，为人不怒而威，见者震恐。

巽：其形上长下短，面尖身瘦，为人颜色清减，言语柔顺，有仁慈之心。

离：面上尖下阔，精神闪烁，为人聪明性慧，语言辩给，乃文章之士。

坤：重厚肥胖，鼻大口方，为人行事沉重。

兑：破相也，缺唇疏齿，面或麻，声高清响，为人喜淫，好而无能。

详论合婚吉凶数

乾

坎	艮	震	巽	离	坤	兑
游魂	福德	天医	五鬼	绝命	绝体	生气

坤

兑	乾	坎	艮	震	巽	离
福德	绝体	绝命	生气	五鬼	天医	游魂

坎

艮	巽	震	离	坤	兑	乾
天医	福德	生气	绝体	绝命	五鬼	游魂

兑

乾	坎	艮	震	巽	离	坤
生气	五鬼	绝体	绝命	游魂	天医	福德

艮

震	巽	离	坤	乾	兑	坎
游魂	绝命	五鬼	生气	福德	绝体	天医

震

巽	离	坤	兑	乾	坎	艮
绝体	生气	五鬼	绝命	天医	福德	游魂

巽

离	坤	兑	乾	坎	艮	震
福德	天医	游魂	五鬼	生气	绝命	绝体

离

坤	兑	乾	坎	艮	震	巽
游魂	天医	绝命	绝体	五鬼	福德	生气

上以八卦相合看之，则天医、福德、游魂、绝体、五鬼、绝命、生气该属何卦，则吉凶自定矣。凡检婚姻，细看男子得何卦，坐在何爻。若男子得乾卦，女子得坎卦，演而为讼，合之则为游魂。男子得乾，女子得艮，演而为遁，合之则为福德。余以此推。又将男子得何卦在外，女子得何卦在内，合成一卦。男女若得卦辞皆吉者，则无刑克之患。若男坐爻辞凶，决被妻克；女坐爻辞凶，必为夫克矣。大抵天医、福德为上，绝体、游魂为次，生气又次之，五鬼为下，而绝命凶斯极矣。

诀　曰：

一鬼二德三绝体，四医五鬼游魂命。
生天福上五为下，魂体为次绝命凶。

推八卦所生游魂归魂诀　乾宫一世姤，二世遁，三世否，四世观，五世剥，游魂晋，归魂大有。余仿此。

推八卦世应所在法　一世卦应在四，二世卦应在五，三世卦应在六，四世卦应在初，五世卦应在二。游魂卦世在四，应在初。归魂卦世在三，应在六。八纯卦世在六，应在三。

八字三刑例　寅刑巳上巳刑申，丑戌相刑未与辰。
子刑卯上卯刑子，辰午酉亥自相刑。

六害例　寅巳相穿子与未，丑午相穿卯共辰。
申亥相穿酉共戌，犯者谁知损六亲。

三垢五墓例　三垢五墓得人愁，爹娘妻子尽无招。
春丑夏龙秋即未，三冬逢戌是三垢。
若依五墓火局对宫取，运限逢之必有忧。

女人地扫星　金人午未与申乡，土木龙蛇兔月当。
水逢鸡犬并亥月，火嫌牛鼠虎儿郎。
遇着地扫语不祥，当是离夫嫁远乡。
不是贵人门下妾，也须叫唤两夫郎。

天干相合例　甲合己，乙合庚，丙合辛，丁合壬，戊合癸。

地支相合例　子合丑，寅合亥，卯合戌，辰合酉，巳合申，午合未。

相冲例　子午冲，寅申冲，卯酉冲，辰戌冲，巳亥冲，丑未冲。

会局例　甲子辰水局，亥卯未木局，寅午戌火局，巳酉丑金局，辰戌丑未土局。

以上皆八字中切用者，故并录之。

司天历正星平秘览

太阴合朔三变

当闰之岁正朔虚，二危三奎四月胃。
五参六鬼七星宿，八翼九轸十房推。
十一箕初十二斗，术依此诀定为魁。
此论太阴当闰之年，每月初一宿。

太阴背闰正朔室，二奎三胃四从觜。
五鬼六星七月翼，八亢九房十月尾。
十一逢斗十二虚，此是太阴背闰理。
此论太阴背闰之年，每月初一日星宿。

太阴向闰正朔危，二壁三娄四毕推。
五井六昴七张宿，八角九亢十心随。
十一月初斗上起，时逢十二女星回。
此论太阴向闰之年，每月初一星宿。

太阳气朔躔度

立春虚一度，雨水危七求。惊蛰室七度，春分壁四游。
清明奎九度，谷雨娄七周。立夏胃十度，小满昴七流。
芒种毕十二，夏至参九邀。小暑井十四，大暑井廿九。
立秋昴十一，处暑张六游。白露翼三度，秋分翼十八。
寒露轸十四，霜降角十一。立冬氐三度，小雪尾六收。
大雪箕四度，冬至斗十一。小寒亢三度，大寒牛三走。
各从量天尺逐度数，至每月初一，日月合度。

太阴晨昏 初一为昏度，从酉上起，申时至卯时，逆宫逆度；戌亥时，顺宫顺度。

十五为晨度，从卯上起，辰时至酉时，顺宫顺度；寅丑子，逆宫逆度。

指掌图

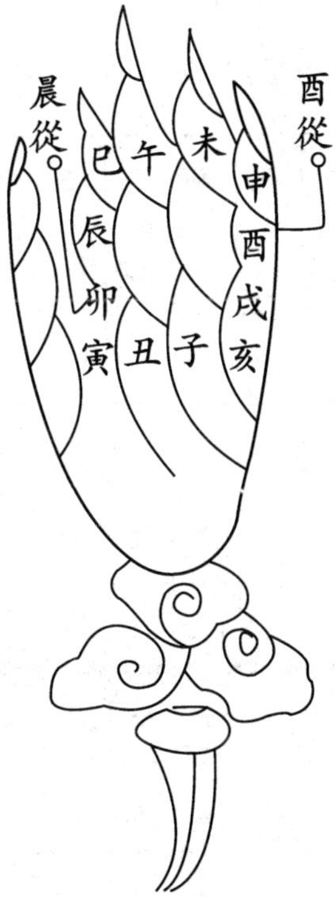

二十四气晨昏昼夜刻数长短日月交会之图

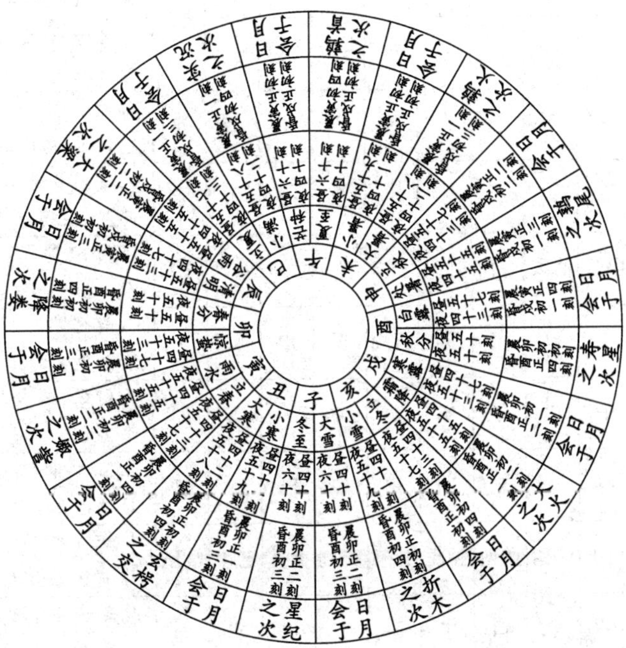

诸吉星神煞例吉则为星，凶则为煞。

直推横看	甲	乙	丙	丁	戊	己	庚	辛	壬	癸	解释
禄勋	火寅	孛卯	木巳	金午	土巳	月午	水申	气酉	计亥	罗子	下为禄，上为勋，入垣庙，则为贵。
玉堂	丑未	子申	亥酉	亥酉	丑未	子申	午寅	午寅	卯巳	卯巳	下为昼，生贵人。上为夜，生贵人。
文魁	罗月	计日	金罗	火计	金火	气金	木木	土孛	日气	月木	下为文，上为魁，主文章冠天下。
文昌	巳	午	申	酉	申	酉	亥	戌	寅	卯	此宫遇之归垣，文冠天人之贵。
官印	气木	水日	罗火	计月	孛土	火罗	金金	木计	月水	土孛	下为官，上为印，全者真贵人也。
催官	金	水	日	罗	水	气	孛	土	月	计	此星只利官任，到命限则进职。
禄神	木孛	水	计	罗	土	火	金	气	日	月	此为食禄，遇之则食俸享禄矣。
喜神	罗	计	气	水	月	土	金	木	孛	火	此星若到命限，主有喜事临勋。
天厨	巳	午	子	巳	午	申	寅	午	酉	亥	主食天禄，入杀宫主亦是。
天嗣	月	水	气	计	罗	火	孛	木	金	土	此系子孙星，得生复生，为上格。
飞禄	巳	午	子	巳	午	申	寅	午	酉	寅	如丙生人逢子是，丙禄在巳，年遁癸巳，癸禄子。
科名	木	木	火	火	土	土	金	金	水	水	此法以生年天干所属为此星，主名利也。
天乙贵人	未丑	申子	酉亥	亥酉	丑未	子申	午寅	寅午	卯巳	巳卯	下为阳贵人，上为阴贵人，遇之迪吉。
天官贵人	未	未	巳	寅	卯	酉戌	亥	申	酉戌	午	人命遇之，必作当朝之清贵也。
天厨贵人	巳	午	巳	午	申	酉	巳亥	子	寅	卯	天厨禄，若命限遇之，乃添爵也。
天福贵人	酉	申	子	亥	卯	寅	午	巳	午	巳	此宿入命限者，谈笑觅封侯也。
太极贵人	子午	子午	卯酉	卯酉	辰戌	丑未	亥寅	寅亥	巳申	申巳	人命遇之，加以贵格，合封万户三公之贵。
文星贵人	巳	午	申	酉	申	酉	亥	戌	寅	卯	此是奎星，遇之主聪明豁达也。

武星贵人	巳	未	巳	未	巳	未	亥	丑	亥	丑	又名山河节度，贵人遇之，权兼将相之人。
学堂学馆	巳申	巳申	申亥	申亥	亥寅	亥寅	寅巳	寅巳	寅巳	寅巳	下以官星生官取，上以官星临官取。

直推横看	子	丑	寅	卯	辰	巳	午	未	申	酉	戌	亥	解释
岁驾	土子	土丑	木寅	火卯	金辰	水巳	日午	月未	水申	金酉	火戌	木亥	或岁星会其上，犹妙。
爵星	土	水	木	气	孛	木	水	火	土	金	金	火	此乃进爵，余拜吉神。
正庙	危木	土	罗箕金	火	金	计水星	火罗	孛	气	毕日火娄	月水	计木	中有五救之神在内。
垣庙	木罗会	土斗	金土会	火房心	金亢	土气会	水星罗	木鬼孛柳	气参	月昴	日水奎	计壁	四会皆是救神，主贵。
乐旺	土孛计水	水月气	计水孛月	土计罗火	日罗土火	日金月水	日土水	木计	火水月	金孛水月	月火计气	气月水金	命限逢之，满用犹奇。
红鸾	卯	寅	丑	子	亥	戌	酉	申	未	午	巳	辰	此主流年，夫妻喜。
天喜	酉	申	未	午	巳	辰	卯	寅	丑	子	亥	戌	若逢此星，有喜事动。
天德	酉	戌	亥	子	丑	寅	卯	辰	巳	午	未	申	天月二德星，若坐命主贵。
月德	巳	午	未	申	酉	戌	亥	子	丑	寅	卯	辰	男女大贵，又名压杀星，吉。
解神	戌未	酉未	申申	未申	午酉	巳酉	辰戌	卯戌	酉亥	丑亥	子午	亥午	此二例，能化凶作吉。
赦文	赦文乃命之母星也，假如土为命主，有飞来火星生我者也。如土在巳上，乃土星失位，得飞火来，则木生火，火生土者是矣。												此星最喜入庙，禀令逢生，则得父母之力。
龙德	未	申	酉	戌	亥	子	丑	寅	卯	辰	巳	午	主一生近贵，大吉。
福德	酉	戌	亥	子	丑	寅	卯	辰	巳	午	未	申	此星入命限，则主福禄丰厚也。
岁合	丑	子	亥	戌	酉	申	未	午	巳	辰	卯	寅	此星合命，作事称意。
太阳	丑	寅	卯	辰	巳	午	未	申	酉	戌	亥	子	太岁前一位是，若命限遇之，能制凶杀。

诸凶神煞例

岁干竖看	甲	乙	丙	丁	戊	己	庚	辛	壬	癸	解释
羊刃	卯	辰	午	未	午	未	酉	戌	子	丑	此煞在天为紫暗星，在地为羊刃命吉星。
红艳	午	申	寅	未	辰	辰	戌	酉	子	申	此煞乃色欲之星也，任是宦家之女，亦有私期。
流霞	酉	戌	未	申	巳	辰	辰	卯	亥	寅	此煞犯之，男主他乡，女主产厄。
飞刃	酉	戌	子	丑	子	丑	卯	辰	午	未	乃羊刃对宫，是女命忌逢，产厄。

岁干竖看	子	丑	寅	卯	辰	巳	午	未	申	酉	戌	亥	解释
天空	丑	寅	卯	辰	巳	午	未	申	酉	戌	亥	子	驾前一位是也，吉星强宫忌之，杀星弱宫喜之。
天厄	未	申	酉	戌	亥	子	丑	寅	卯	辰	巳	午	若然值此，决主厄难矣。
血刃	戌	酉	申	未	午	巳	辰	卯	寅	丑	子	亥	主光血灾，女命逢之，有崩血疾。
勾绞	卯酉	辰戌	巳亥	午子	未丑	寅寅	酉卯	戌辰	亥巳	子午	丑未	申寅	一星乃三刑，定主恶死囚刑也。
白虎	申	酉	戌	亥	子	丑	寅	卯	辰	巳	午	未	主有官讼损财，女命逢之，则有六畜血财损。
丧门	寅	卯	辰	巳	午	未	申	酉	戌	亥	子	丑	此主哭泣，则有丧服之论也。
驿马	寅	亥	申	巳	寅	亥	申	巳	寅	亥	申	巳	此星到命限，利远行，百事俱吉。
六害	卯	子	酉	午	卯	子	酉	午	卯	子	酉	午	人命犯之，刑害六亲，朋友无情。
华盖	辰	丑	戌	未	辰	丑	戌	未	辰	丑	戌	未	此乃孤克之星也，逢空值妻子宫，僧道也。
劫杀	巳	寅	亥	申	巳	寅	亥	申	巳	寅	亥	申	连后杀二名，名为二杀。如命限冲合，生灾。

灾杀	午	卯	子	酉	午	卯	子	酉	午	卯	子	酉	此星值之，更加太岁逼临，必主官非丧孝。
天煞	未	辰	丑	戌	未	辰	丑	戌	未	辰	丑	戌	主有孝服灾疾，如命宫遇之，主形貌不完。
地煞	申	巳	寅	亥	申	巳	寅	亥	申	巳	寅	亥	此星主有门户争竞，若遇空亡无害。
年煞	酉	午	卯	子	酉	午	卯	子	酉	午	卯	子	此即岁煞也，乃阴阳毒害之辰，皆在岁死之地。
月煞	戌	未	辰	丑	戌	未	辰	丑	戌	未	辰	丑	主有非灾，若贵命遇之，则吉矣。
亡神	亥	申	巳	寅	亥	申	巳	寅	亥	申	巳	寅	一名破军，亦云七杀，人命逢之，有凶横之挠也。
将星	子	酉	午	卯	子	酉	午	卵	子	酉	午	卯	前有驿马板鞍，更遇天德天乙，则主大贵。
攀鞍	丑	戌	未	辰	丑	戌	未	辰	丑	戌	未	辰	此乃吉星，读者得之，加以天马，主利考也。
大耗	午	酉	申	亥	未	戌	丑	子	卯	寅	巳	辰	一名元神煞，若人命遇之，则财散食乏也。
指背	申	巳	寅	亥	申	巳	寅	亥	申	巳	寅	亥	名是非煞，命犯之，惹人嫉妒也。
阴煞	丑	戌	未	辰	丑	戌	未	辰	丑	戌	未	辰	一名琴堂月煞，主人啾唧暗耗。
卒暴	卯	辰	巳	午	未	申	酉	戌	亥	子	丑	寅	此星主人陡然之灾，立减光阴。
吞陷	戌	寅	丑	戌	辰	卯	寅	寅	戌	戌	寅	寅	人命时日值之，兼大限三刑，主骨肉刑也。
天刑	未	申	酉	戌	亥	子	丑	寅	卯	辰	巳	午	主六亲骨肉之刑争。
催命大煞	寅	亥	辰	巳	戌	子	亥	寅	丑	卯	申	酉	若见红鸾天喜，亦云此杀，决主寿尽者矣。

破碎	巳	丑	酉	巳	丑	酉	巳	丑	酉	巳	丑	酉	一名白衣杀，合此主破财刑并也。
囚狱	午	卯	子	酉	午	卯	子	酉	午	卯	子	酉	此星若犯，必有牢狱刑责之苦。
八煞	甲了旬 申　寅 甲午旬 申　寅				甲戌旬 辰　戌 甲辰旬 辰　戌				甲申旬 子　午 甲寅旬 子　午				此星与吉星同，主福非常；与凶星同宫，为灾不小也。
空亡	甲子旬 戌　亥 甲午旬 辰　巳				甲戌旬 申　酉 甲辰旬 寅　卯				甲申旬 午　未 甲寅旬 子　丑				煞逢空，凶可化，神逢空，则无用。
天哭	午	巳	辰	卯	寅	丑	子	亥	戌	酉	申	未	此星主有孝服之凶。
天狗	戌	亥	子	丑	寅	卯	辰	巳	午	未	申	酉	此星主无子息。
披头	辰	卯	寅	丑	子	亥	戌	酉	申	未	午	巳	若逢恶星太岁，亦主刑并制服。
吊客	戌	亥	子	丑	寅	卯	辰	巳	午	未	申	酉	若有解神到，则不妨也。
飞符	辰	巳	午	未	申	酉	戌	亥	子	丑	寅	卯	此星主有祸，官事也。
病符	亥	子	丑	寅	卯	辰	巳	午	未	申	酉	戌	此星主有争讼，疾病之患也。
剑锋	子癸	丑戊	寅甲	卯乙	辰己	巳丙	午丁	未己	申庚	酉辛	戌戊	亥壬	身命值之，加以羊刃，主恶亡，限遇尤不美。
伏尸	子虚 三	丑女 二	寅尾 十四	卯尾 一	辰角 一	巳轸 十	午星 二	未柳 四	申井 一	酉毕 四	戌娄 二	亥壁 三	此星男主脓血，女主落胎，失星脉矣。
栏杆	午张 三	未标	申参 四	酉毕 五	戌奎 九	亥室 一	子危 二	丑女 二	寅箕 二	卯尾 初	辰亢 二	巳巽 二	主见伤残，自缢之命也。
贯索	卯氐 九	辰亢 七	巳巽 二	午张 七	未井 十九	申井 四	酉昂	戌娄 十	亥室 九	子危 五	丑牛 四	寅箕 初	主有官讼徒流杖责之刑也。
孤神寡宿	寅戌	寅戌	巳丑	巳丑	巳丑	申辰	申辰	申辰	亥未	亥未	亥未	寅戌	若值此星，乃孤寡寡克之命也。
咸池	酉	午	卯	子	酉	午	卯	子	酉	午	卯	子	一名桃花杀，带贵合，主多淫欲。

附:天罡小儿关煞

竖推横看	甲	乙	丙	丁	戊	己	庚	辛	壬	癸	解释
天关	日	日	木	木	水	水	金	金	土	土	此星乃天马之关也,如科举遇之,则吉也。
天帑	月	土	气	水	罗	计	孛	火	金	木	此星乃财库,人命财星,主为富室之命也。
鸡飞关	巳酉丑	子时	子时	子时	子时	丑巳酉	卯未亥	卯未亥	寅午戌	寅午戌	童命犯之难养,夜生不妨,命限遇之亦凶。
落井关	巳	子	申	戌	卯	巳	子	申	戌	卯	若流年浮沉命之少壮命,皆有水厄之灾,切宜慎之。
阎王关	申子辰	申子辰	申子辰	申子辰	亥卯未	亥卯未	亥卯未	寅午戌	寅午戌	寅午戌	无别凶杀相并,单逢此主病,有杀相并,日干弱主死。
雷公关	丑	午	子	子	戌	戌	寅	寅	酉	亥	限遇此,而流年天厄卒暴,羊刃值之,主雷火之死也。
千日关	午	午	申	申	巳	巳	寅	寅	丑亥	亥丑	此若犯之,有惊风吐乳之灾也。

竖推横看	子	丑	寅	卯	辰	巳	午	未	申	酉	戌	亥	解释
夜啼关	未	酉	寅未	未	酉	寅未	未	酉	寅未	未	酉	寅未	利害难治,只是两样,起例不同。
撞命关	巳	未	巳	子	午	午	丑	丑	午	亥	未	亥	小儿相离祖,不然难养,寿夭也。
短命关	巳	寅	辰	未	巳	寅	辰	未	巳	寅	辰	未	此时上带,生时主惊叫,夜难养。
鬼门关	酉午未	酉午未	酉午未	申亥戌	申亥戌	申亥戌	丑寅卯	丑寅卯	丑寅卯	子辰巳	子辰巳	子辰巳	时辰论小儿,时上并童限逢之,不可远行。
汤火杀	午	未	寅	午	未	寅	午	未	寅	午	未	寅	犯此频招火汤之厄,壮老亦忌。
五鬼关	辰	卯	寅	丑	子	亥	戌	申	酉	未	午	巳	此只是死气也,四柱多见,难养。
休庵关	辰戌丑未	子午卯酉	寅申巳亥	辰戌丑未	子午卯酉	寅申巳亥	辰戌丑未	子午卯酉	寅申巳亥	辰戌丑未	子午卯酉	寅申巳亥	此关忌日时全见,凶,单犯,有太阳贵人压之,吉。
天吊关	巳午	卯子	辰午	午申	巳午	卯子	辰午	午申	巳午	卯子	辰午	午申	要重拜父母,过房抚育则可。
天狗关	戌	亥	子	丑	寅	卯	辰	巳	午	未	申	酉	小儿童限值之,有惊怖血光疾。

<table>
<tr><th>竖推横看</th><th>正</th><th>二</th><th>三</th><th>四</th><th>五</th><th>六</th><th>七</th><th>八</th><th>九</th><th>十</th><th>十一</th><th>十二</th><th>解释</th></tr>
<tr><td>百日关</td><td>辰戌丑未</td><td>寅申巳亥</td><td>子午卯酉</td><td>辰戌丑未</td><td>寅申巳亥</td><td>子午卯酉</td><td>辰戌丑未</td><td>寅申巳亥</td><td>寅申巳亥</td><td>辰戌丑未</td><td>寅申巳亥</td><td>子午卯酉</td><td>童限犯之，月内百日必有星辰。</td></tr>
<tr><td>断桥关</td><td>寅</td><td>卯</td><td>申</td><td>丑</td><td>戌</td><td>酉</td><td>辰</td><td>巳</td><td>午</td><td>未</td><td>亥</td><td>子</td><td>此关以日建，遇十二时支论，小儿值之难养。</td></tr>
<tr><td>金锁关</td><td>申</td><td>酉</td><td>戌</td><td>亥</td><td>子</td><td>丑</td><td>申</td><td>酉</td><td>戌</td><td>亥</td><td>子</td><td>丑</td><td>惟犯则不可佩金银钱镯之物。</td></tr>
<tr><td>四柱关</td><td>巳亥</td><td>辰戌</td><td>卯酉</td><td>寅申</td><td>丑未</td><td>子午</td><td>巳亥</td><td>辰戌</td><td>卯酉</td><td>寅申</td><td>丑未</td><td>子午</td><td>俗云忌坐轿子，大抵亦无甚凶。</td></tr>
<tr><td>将军箭</td><td colspan="3">春　辰酉戌</td><td colspan="3">夏　子卯未</td><td colspan="3">秋　丑寅午</td><td colspan="3">冬　丑寅亥</td><td>酉戌辰时春生，带箭相冲，则弓箭全不吉。</td></tr>
<tr><td>浴盆杀</td><td colspan="3">春辰</td><td colspan="3">夏未</td><td colspan="3">秋戌</td><td colspan="3">冬丑</td><td>此杀主下池之时节不可用脚盆，先用铁锅火盆洗之，无忌也。</td></tr>
<tr><td>四季关</td><td colspan="3">春　丑巳</td><td colspan="3">夏　辰申</td><td colspan="3">秋　未亥</td><td colspan="3">冬　寅戌</td><td>此关人命逢日，有始无终，苗而不秀，亦难养也。</td></tr>
<tr><td>急脚关</td><td colspan="3">春　亥子</td><td colspan="3">夏　卯未</td><td colspan="3">秋　寅戌</td><td colspan="3">冬　丑辰</td><td>此是八座杀也，惟忌动土修造，犯之则凶也。</td></tr>
<tr><td>深水关</td><td colspan="3">春　寅申</td><td colspan="3">夏未</td><td colspan="3">秋酉</td><td colspan="3">冬丑</td><td>此关名作建破杀，犯者主多忧破财，脱童限无妨也。</td></tr>
<tr><td>水火厄</td><td colspan="3">春　戌未</td><td colspan="3">夏　丑辰</td><td colspan="3">秋　丑戌</td><td colspan="3">冬　辰未</td><td>此关时日犯之，有水火之难，少壮忌。</td></tr>
<tr><td>下精关</td><td colspan="3">春　寅酉子</td><td colspan="3">夏　戌亥巳</td><td colspan="3">秋　申丑</td><td colspan="3">冬　酉午</td><td>此关日时忌犯，值之小儿难养。</td></tr>
<tr><td>白虎关</td><td colspan="2">金卯</td><td colspan="3">木酉</td><td colspan="2">水午</td><td colspan="2">火子</td><td colspan="3">土午</td><td>此主时时见惊风之症，忌出痘时带，难养。</td></tr>
<tr><td>铁蛇关</td><td colspan="2">金戌</td><td colspan="3">木辰</td><td colspan="2">水　丑寅</td><td colspan="2">火　未由</td><td colspan="3">土　丑寅</td><td>此关时日忌犯，少壮行限值之，亦有凶灾。</td></tr>
</table>

合婚法

男女生命	三元男女合婚总法							上元	中元	下元
	甲子	癸酉	壬午	辛卯	庚子	己酉	戊午	男七女八	男一女二	男四女八
	乙丑	甲戌	癸未	壬辰	辛丑	庚戌	己未	男六女六	男九女三	男三女九
	丙寅	乙亥	甲申	癸巳	壬寅	辛亥	庚申	男五女七	男八女四	男二女一
	丁卯	丙子	乙酉	甲午	癸卯	壬子	辛酉	男四女八	男七女八	男一女二
	戊辰	丁丑	丙戌	乙未	甲辰	癸丑	壬戌	男三女九	男六女六	男九女三
	己巳	戊寅	丁亥	丙申	乙巳	甲寅	癸亥	男二女一	男二女七	男八女四
	庚午	己卯	戊子	丁酉	丙午	乙卯		男一女二	男四女八	男七女五
	辛未	庚辰	己丑	戊戌	丁未	丙辰		男九女三	男三女九	男六女六
	壬申	辛巳	庚寅	己亥	戊申	丁巳		男八女四	男二女一	男五女七

生气	上	一	四	二	八	三	九	六	七	福德	上	一	三	二	七	八	六	九	四
	吉	四	一	八	二	九	三	七	六		吉	三	一	七	二	六	八	四	九
天医	上	一	八	三	四	三	六	九	七	五鬼	中	一	七	二	三	六	四	九	八
	吉	八	一	四	三	六	三	七	九		吉	七	一	三	二	四	六	八	九
游魂	中	一	六	二	九	三	八	七	四	绝体	下	一	九	二	六	三	四	八	七
	吉	六	一	九	二	八	三	四	七		凶	九	一	六	二	四	三	七	八
归魂	中	一	一	二	二	三	三	四	四	绝命	下	一	二	三	七	四	八	九	六
	吉	六	六	七	七	八	八	九	九		凶	二	一	七	三	八	四	六	九

男女生命

男女生命		子	丑	寅	卯	辰	巳	午	未	申	酉	戌	亥
骨髓破	男破女家	二	三	十	五	十二	正	八	五	四	十	六	七
	女破男家	六	四	三	正	六	四	三	正	六	四	三	正
铁扫帚	男扫女家	正	六	四	二	正	六	四	二	正	六	四	二
	女扫男家	十一	九	七	八	十二	九	七	八	十二	九	七	八
六害	六亲不和	六	五	四	三	二	正	十一	十二	十	九	八	七
大败	大败大发	四	七	十	十	四	四	十	正	七	七	正	正

八败	男女俱忌	六	九	十二	十二	六	六	十二	三	九	九	三	三
狼籍	男女亦忌	五	八	十一	十一	五	五	十一	二	八	八	二	二
小狼籍	男女损衣	四九	八十	十二	四九	四九	十二	二六	八十	八十	二六	二六	十二
飞天狼籍	又名八败	二三	正七	五六	五六	三二	三二	五六	十一	正七	正七	十一	十一

男　命

男命	金	木	水	火	土
益财	七月至十二月 益女家十七年	七月至十二月 益女家四十年	正月至六月 益女家四十年	四月至九月 益女家三十年	五月至十月 益女家三十年
退财	正月至六月 退女家九年	正月至六月 退女家九年	七月至十二月 退女家五十年	十月至三月 退女家十九年	十一月至四月 退女家廿九年
望门守鳏	七月	四月	十月	正月	四月
妻多厄	五月六月	二月三月	八月九月	十二月二月	二月三月
死墓绝妨妻	五六七月	二三四月	八九十月	十一十二正月	二三四月

女　命

女命	金	木	水	火	土
益财	十二月至五月 益夫家二十九年	三月至八月 益夫家二十九年	七月至十二月 益夫家三十七年	六月至十一月 益夫家三十九年	十月至三月 益女家五十年
退财	六月至十一月 退夫家十九年	九月至二月 退夫家二十五年	正月至六月 退夫家十九年	十二月至五月 退夫家三十九年	四月至九月 退夫家三十五家
望门守寡	十月	正月	四月	四月	七月
夫多厄	八月九月	十一月十二月	二月三月	二月三月	五月六月
死墓绝妨夫	五六七月	二三四月	八九十月	十一月十二月	二三四月

阴错阳差歌

阴错阳差是如何，辛卯壬辰癸巳多。
丙午丁未戊申位，辛酉壬戌癸亥过。
丙子丁丑戊寅日，十二宫中仔细歌。

女子逢之公姑寡，男子逢之退外家，与妻家是非少合，其杀不论男女，月日时两重或三重，犯之极重，只日家犯之则稍轻耳。纵有妻财，亦成虚花，向后与妻家如仇绝也。

新增辨论合婚

夫婚姻之礼，万化之原，男女之配，前定之数，岂细故哉？予尝阅古命书，未有合婚之理。至西汉时，帝因凶奴和亲，帝以家人子名公主娶之，因此单于往来中国，求亲不已。至大唐吕才设此术，以愚惑之，前何有是言哉？以至今时之人，数以此书神煞，计较畏避，以致求婚将成，而惑信斯煞，反有以退悔，而辜愿者多矣。愚尝检每合婚，有合得绝命、五鬼及退财、望门等煞，而反有名位福庆，育子偕老；又有合得生气、天医及退财、妨害等煞，俱已避之，宜乎福寿，及至数年，已有鳏寡长短，再醮重婚。由此观之，其宫八神煞，果何如哉？若实究其婚，如古指腹割襟，自奔合成者，皆得子孙昌盛，永寿齐眉，又何如哉？当以先儒言曰："凡议婚姻，当先察其婿与妇之性行，及家法何如。"又曰："娶于异姓，所附远厚别也。是以择婚者，须当论阀阅相对，名望相符，不可拘泥于神煞也。"世之知命者，但当论其五行生旺得失，八字纯粹剥杂，次及人品高下，情性善恶，其余神煞不必全信也。姑辨其概著此，以俟知者察之。